DE SAINT-LOUIS
AU PORT DE
TOMBOUKTOU

VOYAGE D'UNE CANONNIÈRE FRANÇAISE

SUIVI

D'UN VOCABULAIRE SONRAÏ

PAR

E. CARON
Lieutenant de Vaisseau

OUVRAGE ACCOMPAGNÉ DE QUATRE CARTES

PARIS
AUGUSTIN CHALLAMEL, ÉDITEUR
LIBRAIRIE COLONIALE
5, Rue Jacob et rue Furstenberg, 2

1891

A M. LE COLONEL GALLIÉNI

Mon Colonel,

En prenant le commandement du Soudan Français, vous aviez à cœur de faire réussir le voyage depuis longtemps projeté d'une canonnière vers Tombouktou.

Vous m'avez fait l'honneur de me désigner pour commander cette expédition enviée de tous et vous m'avez aidé à la préparer de tout votre pouvoir.

Permettez-moi donc de vous dédier ce livre en vous exprimant ma reconnaissance pour l'occasion que vous m'avez offerte de servir le pays et en vous assurant de mon affection toute respectueuse.

E. Caron.

PRÉFACE

En écrivant, sans aucune prétention, le présent livre avec les notes que je n'ai cessé d'inscrire au jour le jour, je n'ai d'autre but que de porter à la connaissance du lecteur des faits et des renseignements précis sur les contrées à peu près inconnues que j'ai parcourues pendant mon voyage vers Tombouktou.

Il s'adresse plus particulièrement aux explorateurs, aux géographes, aux administrateurs et aux officiers que le hasard de la carrière conduirait au Sénégal. J'espère cependant qu'il pourra être lu avec quelque intérêt par le public de plus en plus nombreux qui s'intéresse aux voyages de découverte et aux questions de colonisation. Puisse ce livre permettre à tous de se former une opinion sur la partie du Soudan qu'il m'a été donné de visiter, le premier, après le glorieux Français René Caillié (1827-1828).

E. Caron.

CHAPITRE PREMIER

Départ de Bordeaux. — Dakar. — Arrivée à Saint-Louis. — Séjour dans cette ville.

Le 20 août 1886, je quittais la France, et, bien que mes parents et mes amis ne montrassent pas beaucoup de confiance dans la réussite d'un voyage hasardeux, je partais plein d'espoir ; car, peu de temps auparavant, j'avais eu la bonne fortune de rencontrer le docteur Quintin, le célèbre compagnon de voyage de Mage, qui, seul il est vrai de son avis, m'avait dit que je pourrais conduire une canonnière devant Tombouktou.

Accompagné d'un quartier-maître nommé Mignet, je pris passage à Bordeaux, sur l'*Orénoque*, un des beaux bâtiments de la Compagnie des Messageries maritimes. Dès en embarquant, j'éprouvai une agréable surprise en rencontrant, dans la personne du commandant, mon premier officier de quart à bord du bâtiment-école des aspirants, M. Minier, dont j'avais conservé et conserve encore le plus affectueux souvenir.

Huit jours après le départ de Bordeaux, l'*Orénoque* mouillait sur la rade de Dakar, où j'aperçus l'aviso le *Goëland* que j'avais quitté quelques mois seulement auparavant.

Dès le lendemain, je pris, à six heures du matin, le chemin de fer qui, depuis 1885, conduit, à Saint-Louis. Par une chance assez rare en hivernage, il n'y eut ni accident, ni retard, et le trajet de 260 kilomètres s'accomplit dans les douze heures réglementaires, longue journée à passer dans des wagons étroits, mal aérés, échauffés par le soleil de serre humide qui caractérise l'hivernage. Toutefois, un couloir ménagé au milieu des compartiments permet de circuler d'un bout à l'autre du train.

Il faisait nuit quand j'arrivai à Saint-Louis et de grosses nuées arquées obscurcissaient le ciel, indiquant qu'une tornade était prête à éclater. Après avoir souffert toute la journée d'une chaleur de plomb, il me fallut recevoir un déluge de pluie. C'est au bruit répété du tonnerre que je montai, transi et à moitié aveuglé par les éclairs, à bord de l'aviso stationnaire l'*Africain* que secouaient les lames courtes du fleuve.

Les officiers de l'*Africain* m'accueillirent de suite avec la plus grande cordialité, et c'est avec reconnaissance que je me souviens de leur gracieuse hospitalité.

Le gouverneur du Sénégal, M. Genouille était absent. M. le capitaine de frégate Ferrat, commandant de la marine, le remplaçait et, dès ma première visite, me reçut avec la plus grande bienveillance.

Depuis, et pendant toute la durée de ma mission, non seulement je rencontrai toujours près de lui aide et protection, mais encore il voulut bien m'accorder des marques précieuses de sympathie et d'encouragement.

Faute d'instructions, je dus attendre à Saint-Louis, pendant deux mois, l'arrivée du commandant supérieur du Soudan

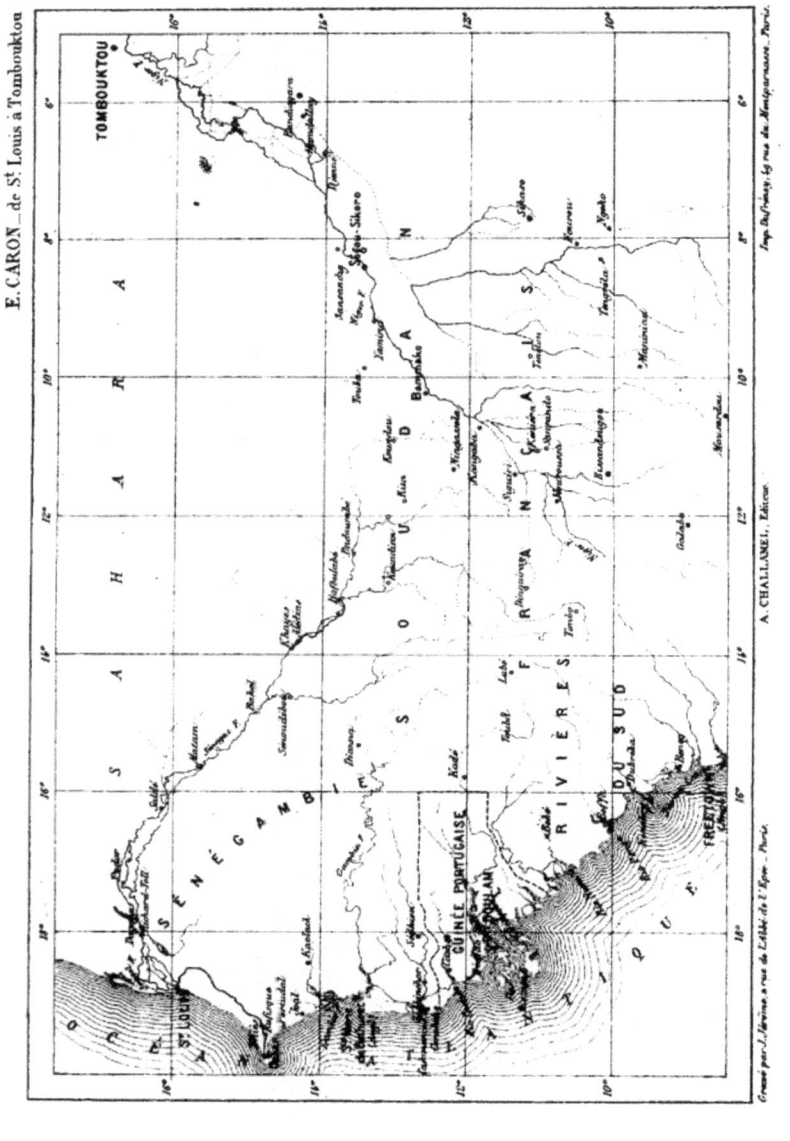

français. Je m'occupai à réunir le personnel et le matériel nécessaires à mon expédition, chose d'autant plus difficile qu'il ne fallait rien oublier et, qu'une fois à Bammako, je n'avais plus à compter sur les magasins de Saint-Louis. En outre, j'avais bien des études et recherches à faire pour lesquelles le temps m'avait jusqu'alors manqué. J'avais à lire presque tous les voyages de mes devanciers et, malheureusement, je ne possédais que les récits de Caillé et de Mage et la mauvaise traduction française de Barth. La bibliothèque de Saint-Louis n'était, chose extraordinaire, pas mieux pourvue. Je lus et relus surtout Mage, et, encore aujourd'hui, je ne connais pas de livre mieux écrit sur le Sénégal ; bien des fois, pendant ma mission, j'ai pu reconnaître l'exactitude remarquable de son récit.

Comme Mage, mon intention bien arrêtée était de ne prendre que des hommes de bonne volonté et en petit nombre. Dans une expédition au Sénégal, ce qu'il importe d'abord, c'est d'avoir des compagnons sûrs, dévoués, résistants et énergiques ; la quantité doit être sacrifiée à la qualité. D'ailleurs, je savais que la canonnière le *Niger* ne pouvait pas loger plus de dix personnes et qu'il serait très difficile de transporter des vivres pour un nombreux équipage, même en prenant des chalands à la remorque.

Ma première préoccupation fut de choisir deux mécaniciens européens capables de supporter la chauffe sous le climat du Soudan, chose si difficile qu'en général, après un voyage de Saint-Louis à Kayes, le personnel de la machine des avisos est obligé de s'aliter. Je rencontrai deux hommes énergiques, l'un le quartier-maître Rigaut, grand et vigoureux, l'autre, l'ouvrier Bernard, âgé de vingt ans à peine, et que j'hésitai d'abord à prendre, à cause de son apparence un peu chétive.

Un fourrier nommé Vivier s'offrit à m'accompagner comme secretaire. Il est certains caractères exubérants et audacieux qui s'accommodent mal de la régularité du bord et font, au contraire, de bons sujets dans les circonstances extraordinaires. Vivier était de ceux-là.

Je choisis comme interprète Sory Konary, attaché au cadre de Saint-Louis, qui parlait dix langues nègres, et, surtout, avait une grande réputation d'honnêteté, qualité que je considérais comme primordiale à cause de mon ignorance des dialectes soudaniens.

Sory était âgé de quarante-cinq ans, déjà un peu vieux pour un noir ; grand et bien proportionné, la physionomie ouverte, les cheveux crépus, le visage tatoué de trois cicatrices allant sur chaque joue, de la tempe au menton ; il avait, en un mot, tous les signes distinctifs d'un Bambara de race pure.

Les indigènes le saluaient en disant seulement Konaré, de son nom de famille, ce qui est un honneur chez les Bambaras.

Sory avait fait partie de la mission Galliéni et son dévouement à la France s'était souvent affirmé. Il demanda l'autorisation d'amener avec lui, jusqu'à Bammako, sa maison composée de deux femmes de douze à quatorze ans, l'une Aza, née dans le Ouassoulou, l'autre Bambara, qui paraissait aussi douce que son nom, Fili. Un jeune homme de quatorze ans, nommé Baba, lui servait de domestique.

En me promenant dans Saint-Louis, je rencontrai des laptots ou matelots indigènes que j'avais instruits à bord du

Goëland. Ils avaient conservé de moi un bon souvenir et vinrent m'accoster avec le tutoiement habituel : « Comment vas-tu, lieutenant? Veux-tu me prendre avec toi? » Bien qu'ils fussent de très bons laptots, je ne me hâtai pas de leur répondre, de peur d'exciter leurs prétentions. L'orgueil noir dépasse quelquefois tout ce que l'on peut imaginer, et, à mon avis, les laptots sont de grands enfants qu'il faut traiter avec un mélange de fermeté et de paternité. Les trois que j'avais choisis s'appelaient Suleiman, Amadi Gola et Abdoul-Samba, les deux premiers de race sarracolaise, la plus intelligente et la plus débrouillée du Sénégal, le dernier Toucouleur. Suleiman, le plus faible de tous, était le plus instruit et possédait plusieurs des qualités d'un timonier. Amadi Gola, d'une force herculéenne, était un très bon sondeur. Abdoul Samba, malgré son fanatisme musulman, m'était aussi dévoué que les deux autres.

Enfin, je choisis un cuisinier nommé Boly Diop qui, bien que jouissant à Saint-Louis d'une renommée très méritée de pâtissier, était décidé à courir les aventures. Il en donnait pour raison que sa femme dépensait tout ce qu'il gagnait. Boly-Diop était Yolof, têtu comme un breton, mais très dévoué. Il me présenta un jour son fils âgé d'environ dix ans et me demanda à l'emmener. Je me récriai d'abord devant sa jeunesse, mais Boly m'ayant assuré qu'il était aussi débrouillard que petit, je consentis à le prendre comme maître d'hôtel à l'essai. Ce gamin, surnommé microbe, à cause de sa taille, devait me suivre jusqu'à Tombouktou.

Sur ces entrefaites, un remorqueur arriva à bord duquel se trouvait mon meilleur camarade et collègue Davoust. Nous nous étions quittés en Chine en 1879 sans nous retrouver depuis. Nous nous jetâmes dans les bras l'un de l'autre ; mais combien mon ami Davoust était changé ; sa figure pâlie et émaciée révélait les fatigues endurées. Pour tous vêtements, il n'avait plus que des habits de toile à voile rapiécés et un chapeau de paille bambara. Il revenait épuisé et chagrin que les circonstances et la maladie l'eussent empêché d'aller jusqu'à Tombouktou ; certes, il n'avait pourtant pas tenu à lui que sa mission ne fût accomplie jusqu'au bout. Energique, audacieux et explorateur de vocation, il avait été trahi seulement par la fatigue. Davoust resta plusieurs jours à Saint-Louis pendant lesquels il me fit profiter, en excellent camarade, de son expérience acquise et je dois beaucoup à ses conseils la réussite de mon expédition. Entre nous, il n'y avait aucune rivalité ; mais, bien au contraire, communauté d'idées pour mener à bien la mission vers Tombouktou. Le jour du départ venu, j'allai conduire Davoust à la gare et l'embrasser une dernière fois ; il partait joyeux de revoir la France qu'il avait quittée près de trois ans auparavant.

Un laptot accompagnait Davoust, Adam Dyr, noir intelligent et dévoué qui venait d'être médaillé pour un acte de courage bien digne d'être rapporté. L'ordre avait été donné de conduire la canonnière le *Niger* jusqu'à Bammako, où elle devait être démontée. En passant les rapides de Sotuba, le *Niger*, sans vitesse contre le courant, jeté sur une roche et pris en travers, était sur le point de sombrer. Adam Dyr n'hésita pas à se jeter à la nage pour chercher des secours ; roulé par les tourbillons, heurté contre les rochers, il parvint enfin, tout meurtri, au bout d'une demi-heure de lutte, à gagner la rive. Quand il revint avec des pirogues, la canonnière était sauvée ; mais Adam

Dyr n'en avait pas moins exposé sa vie et tous l'avaient cru mort en le voyant disparaître dans l'écume. Ce fut le dernier laptot que je pris avec moi ; il devint rapidement le premier et tous mes noirs, s'inclinant devant sa supériorité incontestable, le reconnurent pour chef. Des traits de courage tels que celui d'Adam Dyr ne sont pas rares dans l'histoire du Sénégal et montrent bien le parti qu'on peut tirer des indigènes, qu'ils soient laptots, tirailleurs ou spahis.

C'est à l'escadron de spahis que j'appris à monter à cheval, afin de ne pas faire trop mauvaise figure pendant ma mission. Les noirs adorent faire courir (galoper) un cheval et s'imaginent que les blancs ne les valent pas à cet égard. Je m'efforçai donc d'apprendre à me tenir convenablement, chose difficile quand on ne s'est jamais assis sur une selle avant l'âge de vingt-neuf ans, et je fus aidé dans cette tâche par tous les officiers de l'escadron, parmi lesquels se trouvaient alors MM. le capitaine Balloy et le lieutenant Chauvet. Tous deux devaient se faire connaître bientôt pendant la révolte de Lat-Dior, damel du Cayor et l'on se rappelle encore le duel épique à coups de sabre du lieutenant Chauvet contre Lat-Dior, dont l'issue fut fatale à ce dernier.

Malgré ces occupations, la hâte que j'avais de me mettre en route me faisait trouver un peu long mon séjour à Saint-Louis. Nombre de voyageurs ont décrit cette ville, ses habitants et son commerce prospère ; nul, je crois, n'a dit son caractère profondément triste.

On conçoit très bien que la vue et la fréquentation constante des noirs, dont le naturel peu gai est encore rendu plus sombre par la pratique du Coran, ne soient pas favorables aux idées joyeuses. En outre, le climat est difficile à supporter ; sauf dans de rares endroits, le Sénégal n'est pas une colonie de peuplement. L'Européen ne s'y acclimate pas ; il peut y vivre pendant un certain nombre d'années, au bout desquelles il est obligé, sous peine de mort, d'aller se rétablir en France. Aussi, le commerçant n'a-t-il qu'un but, gagner le plus vite possible de l'argent et les fonctionnaires n'ont qu'une hâte, finir leur corvée généralement limitée à deux ans. Toutes ces causes font de Saint-Louis une ville morte où les fêtes et même les simples distractions sont rares. Il n'y a guère que deux promenades, l'une, celle du pont de bateaux de Sorr, où l'on va, au coucher du soleil, respirer la brise qui souffle sur le fleuve, l'autre, celle de Guet N'Dar, sur la plage de sable où souffle le vent de large et qui serait la plus agréable, si elle n'était couverte des immondices du village nègre. Rien n'est plus curieux que de voir, à marée basse, des bandes de crabes appelés tourlourous, grouiller sur le sable, s'enfuir à votre approche ou, s'ils sont surpris, se terrer dans un trou invisible. Bien des fois j'ai fait cette dernière promenade au moment où le soleil tout enflammé se perdait dans la mer, cette route de la patrie lointaine.

Le moral agissant sur le physique, on s'anémie rapidement à Saint-Louis. Dans les chambrées et à bord, tous s'entretiennent d'un camarade qui vient d'entrer à l'hôpital ou d'un autre qui a passé le pont de Sorr pour aller au cimetière. Ces conversations lugubres et l'oisiveté forcée sont peut-être les plus grandes causes de la mortalité des troupes.

En vérité, quelque pénible que soit le climat du Sénégal, on peut cependant y vivre plusieurs années et il n'y a pas de motif pour se laisser aller ainsi. La France n'est pas la seule nation qui ait des colonies d'exploitation ; les Anglais à Aden, les Hollandais à Batavia, leur tombeau, réagissent en se donnant le plus de confortable et de distractions possibles. Que ne les imitons-nous ?

CHAPITRE II

Arrivée du Commandant supérieur du Soudan français. — Départ de Saint-Louis. — Séjour à Kayes. — Départ pour Diamou.

Octobre avait pris fin et les pluies d'hivernage avaient cessé. Une partie de la colonne qui opère chaque année dans le Haut-Fleuve était déjà montée jusqu'à Kayes quand M. le lieutenant-colonel Galliéni arriva à Saint-Louis le 1er novembre, pour en prendre le commandement.

Le colonel Galliéni me fit savoir que les instructions ministérielles prescrivaient non seulement la préparation de la mission vers Tombouktou ; mais encore la construction d'une coque de canonnière en bois, sur place, à Bammako, avec les seuls moyens du pays. J'avais déjà réuni le personnel et le matériel nécessaires à mettre le *Niger* en état de faire l'exploration. Je demandai encore au colonel des cadeaux pour les chefs des pays traversés et aussi une provision de charbon de réserve qu'il voulut bien m'accorder.

J'étais donc prêt pour ma mission : mais, pendant mon long séjour à Saint-Louis, personne ne m'avait prévenu que j'avais à construire une coque destinée à porter une machine venue de France. Aucun plan ne m'était fixé et, comme les eaux du Sénégal commençaient à baisser, je n'avais que huit jours de délai pour réunir le matériel nécessaire et recruter les ouvriers indigènes.

D'ailleurs et dès que le colonel Galliéni m'eut donné ses instructions, il me laissa la plus grande liberté d'agir, n'intervenant que quand il était nécessaire de m'appuyer.

Le Gouverneur et le Commandant de la marine ayant donné des ordres pour que les magasins fussent mis à ma disposition, huit jours après, le matériel était emballé, chargé et parti sur les chalands à destination de Kayes. Il y avait en tout sept cents colis, pesant environ dix-sept tonneaux. Enfin, j'avais pu recruter, à Saint-Louis même, neuf ouvriers indigènes dont sept charpentiers, un calfat et un apprenti. Je les fis tous partir à l'avance en même temps que le personnel de la canonnière, ne gardant près de moi que ce que j'appelais ma maison, c'est-à-dire mon interprète, mon cuisinier et son fils.

Le 11 novembre, je quittais définitivement Saint-Louis, à bord de l'aviso la *Salamandre* qui transportait le colonel Galliéni et son état-major. Quelques instants avant le départ, le Commandant de la marine, M. Ferrat, monté à bord, me donna une chaleureuse accolade, en me souhaitant bonne chance. M. Picquié, inspecteur-adjoint, près de qui j'avais trouvé pendant mon séjour la plus aimable hospitalité, vint me faire ses adieux. Peu de temps après, le bâtiment se mettait en marche.

Pendant la saison sèche, les avisos ne peuvent remonter que jusqu'à Podor ; mais en juillet, dès que l'hivernage est commencé, la navigation devient possible jusqu'à Kayes et les bâtiments de la station locale ont à fournir le service le plus actif tant pour descendre ou remonter les colonnes que pour pourvoir à certaines expéditions ou transports. Pendant cette période, l'effet du climat se fait cruellement sentir sur les équipages blancs, d'autant, qu'à raison des coudes du fleuve, les accidents de navigation sont fréquents. A ces causes de fatigue vient s'ajouter l'encombrement ; partout où il y a une place, dans les cales, la batterie ou sur le pont on entasse des hommes et du matériel.

Cet encombrement qui, à mon sens, est peut-être le plus sérieux motif des maladies de l'équipage, est aussi une source de souffrances pour les passagers. Tous couchent sur le pont, malgré les moustiques ; quant aux officiers, ils ont le privilège de s'entasser, pendant les repas, dans un carré étroit, mal aéré et échauffé où, quelquefois, on mange par bordée. Cette sorte d'étape préparatoire aux misères du Haut-Fleuve est tellement pénible pour les passagers que c'est avec joie qu'ils arrivent à Kayes et qu'ils quittent sans regrets un bâtiment où les officiers de marine se sont pourtant efforcés de rendre le séjour du bord le plus supportable possible.

Par suite de la baisse rapide du fleuve, la *Salamandre* fut obligée de s'arrêter à Bakel. Après une journée de repos, je continuai ma route jusqu'à Kayes, sur un remorqueur du Haut-Fleuve, à faible tirant d'eau.

Kayes est situé à la limite de la navigation pratique sur le Sénégal. Une seule fois, à ma connaissance, les avisos ont dépassé les rapides de Kayes pour aller sauver Médine, sous le commandement du général Faidherbe. L'expédition arriva au moment où Paul Holl, cerné par l'armée considérable d'El Hadj Omar, et sans munitions, allait faire sauter le poste et s'ensevelir sous ses ruines.

Kayes est une sorte d'entrepôt où passent le personnel et le matériel qui doivent aller dans le Haut-Fleuve : c'est donc un poste fort mouvementé au moment de la montée de la colonne. Depuis l'incendie arrivé à Kayes, on a abandonné, pour la construction des cases, le bois et la paille, et employé la pierre. Le zinc qui couvre la toiture des logements les rend presque inhabitables et à cause de la chaleur je préférai aller occuper une case dans le village noir situé en dehors de l'enceinte qui a été construite, en 1886, en prévision d'une attaque du marabout Mahmadou Lamine.

Je restai à Kayes du 18 novembre au 9 décembre pour y organiser la montée de mon convoi jusqu'à Bammako. Durant ma mission, je devais m'attendre à ne pas toujours rencontrer le bois nécessaire à la chauffe et l'on conçoit dès lors l'importance que j'attachais à ce que les tonnes de charbon qui m'avaient été accordées arrivassent en bon état. Je les fis mettre dans des boîtes en zinc par lots de vingt-cinq kilos, de façon à pouvoir être chargées sur la tête des indigènes.

Tous les colis furent aussi refaits, de façon à ne pas dépasser le poids de vingt-cinq kilos et à être faciles à mettre sur des mulets ou des ânes, à l'exception toutefois de quelques objets encombrants, tels que grappin, chaînes, barres de fer, pièces de machine, etc...

Sur l'ordre du colonel Galliéni, le magasin des cadeaux m'avait été ouvert et j'y pris :

Six tabatières à 1 fr. 50	9 »
Trente mètres de toile de France supérieure à 0 fr. 99	29 70
A reporter. . .	38 70

Report . . .	38	70
Douze chechias à 3 fr. 30	39	60
Un manteau bleu, 90 fr.	90	»
Un cafetan en drap noir, 75 fr.	75	»
Un cafetan en soie verte, 67 fr. 50 . . .	67	50
Six corans, à 18 fr. l'un	108	»
Un sabre doré, 120 fr.	120	»
Un poignard circassien, 90 fr.	90	»
Trois fusils à pierre à 2 coups, à 45 fr. . .	135	»
Cent mètres damas rouge, à 9 fr. le mètre.	900	»
Cinq mètres de drap écarlate, à 18 fr. 75 le mètre.	93	75
Sept cent quatre-vingt-un mètres quarante centimètres d'indienne, à 1 fr. . . .	781	40
Vingt colliers corail, à 1 fr.	20	»
Neuf colliers sequin, à 7 fr.	63	»
Vingt-quatre couteaux, à 1 fr. 50. . . .	36	»
Douze rasoirs, à 3 fr.	36	»
Douze ciseaux, à 2 fr. 50.	30	»
Cinq boîtes de 12 flacons d'odeur, à 8 fr. .	40	»
Douze glaces petit format, à 1 fr. . . .	12	»
Cinq paires de bottes marocaines, à 16 fr. .	80	»
Deux colliers d'ambre, à 55 fr.	110	»
Six pipes, à 1 fr. 10.	6	60
Vingt embrasses, à 6 fr.	120	»
Une selle arabe, à 1.095 fr.	1 095	»
Un coffret, à 500 fr.	500	»
TOTAL. . . .	4.698	55

Les deux derniers articles m'avaient été remis pour être donnés, le cas échéant, à de hauts personnages. Je n'en eus point l'occasion et d'ailleurs je pris soin, pendant ma mission, de ne pas trop prodiguer les cadeaux.

Le matériel était prêt et mon personnel complet, sauf un second-maître mécanicien que j'attendis en vain. Deux fois je reçus avis que des candidats venant de l'industrie s'étaient offerts : malgré l'appât d'une solde supérieure, ils ne rejoignirent jamais.

Sur ces entrefaites, le colonel Galliéni resté quelque temps à Arrondou pour préparer une des colonnes contre Mahmadou Lamine, arriva à Kayes et me donna ses premières instructions. Jusqu'à Badumbé, je devais suivre, avec mon convoi, la ligne fluviale et profiter de mon voyage pour faire un rapport sur cette voie considérée au point de vue du ravitaillement. A partir de Badumbé, le transport serait effectué par terre et, dès mon arrivée à Bammako, mon premier soin serait de construire une coque de canonnière. Enfin le commandant supérieur me donnait des indications sur la ligne politique à étudier avant de me mettre en route sur Tombouktou.

Le jour du départ était fixé et j'avais déjà expédié par le chemin de fer la plus grande partie du matériel quand un violent accès de fièvre me surprit. Pendant cinq jours je restai couché, en proie au délire, absorbant de nombreux vomitifs et purgatifs sans pouvoir me débarrasser de la bile qui m'incommodait et quand, grâce à la quinine, la fièvre fut coupée, je demeurai tellement faible qu'il me fut impossible de me mettre de suite en route. J'avais payé mon premier tribut au paludisme ; la convalescence ne dura que quelques jours, au bout desquels je pris le chemin de fer qui conduit à Diamou.

Au moment de prendre le train, la locomotive, comne il arrive quelquefois, eut une avarie bien vite réparée. Quatre heures après le départ, nous étions rendus à Diamou (cinquante-quatre kilomètres). En vérité on a dit de ce chemin de fer beaucoup de mal qu'il ne mérite pas.

CHAPITRE III

Départ de Diamou. — Le Sénégal, de Soufalo à Bafoulabé.

En approchant de Diamou, j'aperçus de loin une bande de cavaliers qu'on me dit être des soldats d'infanterie de marine montés sur des mulets et qui faisaient l'exercice : En face de la gare se trouvait la tente de M. Vallière, commandant la colonne réunie à Diamou, qui m'invita gracieusement à partager son repas.

Le lendemain matin j'allai visiter le camp pittoresquement placé sur un terrain un peu élevé et découvert dans une sorte de cirque entouré de collines assez élevées et taillées à pic. Diamou passe pour un sanitorium ; toutefois, au mois de décembre, les nuits y sont très fraîches et beaucoup d'hommes souffraient de la dyssenterie.

C'est à Diamou que je devais remonter les Européens et l'interprète ; déjà la plupart des chevaux avaient été choisis et ceux qui restaient n'étaient pas fameux. Heureusement pour moi, l'officier commandant le train avait eu l'amabilité de mettre de côté un arabe nommé Derviche, excellente bête qui avait déjà fait ses preuves dans la colonne précédente. Chose rare, il trottait. Gracieux comme tous les arabes, il caracolait de lui-même dès qu'il apercevait un village ou un campement et devait produire très bon effet sur les indigènes. Je n'eus qu'à me louer de ce choix ; d'autant qu'au bout de quelque temps, sans me servir de l'éperon qu'il ne pouvait sentir, je trouvai en lui un cheval obéissant, même à la voix.

Les Européens n'eurent en partage que des petits chevaux du pays, d'apparence assez chétive, mais qui ne les conduisirent pas moins jusqu'à Bammako. Deux d'entre eux furent obligés de monter sur des selles arabes auxquelles ils s'habituèrent à la longue, après leur avoir fait subir quelques modifications. Du reste, dès le onze décembre, j'expédiai les Européens sur Bafoulabé pour leur épargner la fatigue de la montée du convoi le long du Sénégal.

Le chemin de fer s'arrêtant à Diamou, des plates-formes poussées à bras transportèrent le matériel jusqu'au marigot de la Mausakolé. L'opération étant à peu près terminée le douze au matin, je quittai Diamou après avoir assisté au départ de la colonne qui devait agir de concert avec celle d'Arrondou pour tâcher d'envelopper Mahmadou Lamine. Cette colonne composée de spahis vêtus d'un rouge éclatant, de soldats d'infanterie de marine montés, d'une batterie de 65 millimètres attelée et de tirailleurs indigènes, avait une fort belle apparence, en même temps qu'un côté très pittoresque résultant de la diversité des couleurs et aussi des femmes indigènes qui formaient l'arrière garde.

Dès le jour j'avais pris soin d'expédier en avance mes bagages portés par un mulet et quatre ânes. Quand j'arrivai à la Mausakolé ils n'étaient pas rendus et je dus me contenter pour déjeuner d'un bol de lait que me procura le soldat d'infanterie de marine chef du poste établi en cet endroit. Cette petite misère, la première, ne laissa pas de m'ennuyer ; je devais bientôt prendre l'habitude de semblables contrariétés qui ne sont pas les plus considérables au Soudan.

Aussitôt que mon bagage fut rentré, je pris la route de Soufalo où j'arrivai vers le coucher du soleil par un temps splendide. En saison sèche et sauf lorsque les vents d'est soufflent la poussière, le ciel du Sénégal est d'une pureté admirable et le soleil brille de tout son éclat. Quand arrive le soir, l'horizon se colore des teintes dégradées les plus fines, bleues, vertes, jaunes et roses, qui dénotent l'absence de toute humidité dans l'air. La nuit vient soudain dont le calme n'est troublé que par le cri des animaux de toutes espèces : à la grande chaleur du jour succède le froid qui augmente jusqu'au matin. Les étoiles, d'abord brillantes comme des diamants, se mouillent peu à peu. A quatre heures du matin, le thermomètre accuse 10° et même quelquefois moins, au lieu de 35° comme dans l'après-midi. En même temps une rosée abondante se dépose. Aussitôt levé, le soleil réchauffe l'atmosphère et vers huit heures du matin devient d'autant plus intolérable que ses rayons sont obliques. Le paysage, éclairé par une lumière crue, se dessine avec une netteté extraordinaire : les rochers, les arbres et la végétation semblent brûlés. C'est la belle saison, mais aussi celle pendant laquelle la nature ne produit rien, faute de pluies.

Soufalo est situé sur les bords du Sénégal, là où commence la navigation en pirogues. On a établi, vis-à-vis du barrage, des magasins en paille avec un petit poste. Un Decauville fonctionne entre la Mausakolé et Soufalo.

Le 13 décembre au matin, je fis commencer à charger les pirogues. Elles sont généralement taillées dans le cailcédra ou le m'boul, portent cinq cents kilos : deux hommes les dirigent avec des pagaies ; ils reçoivent pour leur travail un franc par jour et une ration spéciale dite indigène. Quand les piroguiers sont habiles, leurs embarcations marchent assez rapidement et traversent sans encombre les nombreux tourbillons du Sénégal : malheureusement le recrutement est difficile. A l'endroit du barrage, le Sénégal, encaissé entre de hautes collines, n'a pas plus de deux cent cinquante mètres de largeur et est barré par une ligne de rochers entre lesquels se trouvent trois passes de quarante mètres environ. Le saut n'ayant que cinquante centimètres de hauteur, en pente assez douce, les tourbillons sont plutôt le résultat des cailloux roulés qui obstruent le fond. En amont du barrage la profondeur de l'eau atteint deux mètres cinquante centimètres et le courant est faible.

La route de Soufalo à Banganoura n'est pas trop difficile, sauf au passage des deux marigots, l'un, celui de Tintilla qui se jette dans le Sénégal vis-à-vis du barrage peu élevé. Le terme de marigot ne devrait être proprement employé que quand il s'agit des effluents que forment les fleuves lorsqu'ils sont grossis par les pluies d'hivernage : par extension on s'en sert pour désigner les petits affluents et les torrents. Tout le Soudan est sillonné de ces marigots presque à sec pendant la belle saison ; mais profonds autant que rapides durant l'hivernage. C'est là une grosse difficulté pour établir de bonnes routes, à moins de multiplier les ouvrages d'art.

A Banganoura, les ânes porteurs de mon bagage arrivèrent encore très tard ; mais cette fois, éclairé par l'expérience, j'avais pris soin d'emporter quelques provisions dans les sacoches de ma selle. Rien n'est difficile comme de conduire des ânes dans les premiers temps d'un voyage. Ce jour-là, ils mirent onze heures à faire quinze kilomètres, refusant d'avancer, se roulant avec leurs colis, faisant mille farces auxquelles les âniers, encore inexpérimentés, ne savaient s'opposer.

Le barrage de Banganoura s'est formé dans une sorte de cirque marécageux et rocailleux. Le courant y est peu rapide et le passage serait d'autant plus facile à canaliser que la chute n'a pas plus de 30 centimètres. Les pirogues déchargées franchissent aisément cet endroit ; un des hommes poussait du bord et l'autre, s'étant mis à l'eau, tirait par l'avant.

Près de Banganoura se trouve le village de Tourella, dépendant de Natiaga. Une femme de tirailleurs, sur le point d'accoucher et lasse de porter les ustensiles de ménage, était restée en arrière pour se reposer à Tourella. Un indigène nommé Keffi l'enferma dans sa case avec l'intention de passer sur la rive droite du fleuve et de la vendre. Outre que cette femme était jeune et jolie, l'enfant à venir lui donnait une plus grande valeur. Heureusement, deux tirailleurs vinrent à passer qui entendirent les cris de la malheureuse et la délivrèrent. On m'amena Keffi, mais comme je ne pouvais différer mon départ, je le laissai, après l'avoir interrogé, entre les mains de M. Champmartin, lieutenant d'infanterie de marine. La femme se joignit à mon convoi.

Au reste, les gens du Natiaga ont naturellement d'assez

mauvais instincts ; le colonel Desbordes dut leur donner une leçon à Foukhara, lors de sa première expédition en 1882. Le court intervalle de temps écoulé depuis l'arrivée des Français n'a pas pu modifier radicalement les habitudes indigènes : je dois cependant ajouter que des faits semblables sont, depuis notre occupation, excessivement rares.

Le quinze décembre, j'étais à Gouina, où j'allai visiter les chutes qui mesuraient environ neuf mètres cinquante centimètres. Les eaux qui s'écoulent avec une rapidité vertigineuse bouillonnent tumultueusement sur les rochers au bas de la chute, puis s'échappent avec une vitesse énorme comme si, d'abord étourdies par le choc, elles avaient hâte de fuir. La nappe blanche, étincelante au centre, sous l'ardeur du soleil, s'irise sur les bords des vives et fines couleurs de l'arc-en-ciel. Le fracas, qui est étourdissant près de la chute, se fait entendre au loin. Je restai longtemps à contempler ce magnifique et grandiose spectacle. Au-dessus de la chute, je remarquai de curieuses excavations dans la barrière de roches probablement éruptives. C'étaient des entonnoirs cylindriques parfaitement lisses atteignant jusqu'à deux mètres de profondeur et on eût dit que les eaux avaient agi à la façon d'un ciseau.

La route qui mène de Gouina à Dibassouté n'est pas mauvaise jusqu'au moment où on prend un chemin de traverse pour descendre vers le Sénégal par une pente rocheuse à cailloux glissants. Il était nuit quand je m'y engageai ; enfin, le bruit de la chute devint proche et, à travers l'obscurité, je vis scintiller les lumières du petit poste de Dibassouté.

Sur le chemin, j'avais rencontré beaucoup de perdrix dont

le chant est très particulier. Bien que leur chair n'ait pas la saveur de celles de France, j'en avais tiré quelques-unes avec lesquelles je fis un excellent repas.

En arrivant au lieu de chargement des pirogues, j'appris qu'une d'elles avait chaviré en chemin. Dans cet accident, plusieurs caisses de vêtements, différents objets de matériel avaient été perdus ou endommagés, et j'en témoignai un vif mécontentement. Fût-ce pour cette raison ou bien parce que la navigation devenait plus difficile : mais, le lendemain matin, une partie des piroguiers ne voulut pas travailler et leur chef vint m'avertir. Je sortis de la case où j'étais couché, la cravache à la main : à ma vue, tous se levèrent et se mirent au travail. Je suis d'avis que les noirs ne doivent pas être traités avec brutalité et, pendant toute ma campagne, j'ai suivi une règle de conduite en accord avec mes opinions. J'ajouterai toutefois qu'un acte de vigueur peut être nécessaire à un moment donné : un chef perdrait beaucoup de son autorité et de son prestige en n'écoutant toujours que ses sentiments de générosité. Il serait taxé par les noirs eux-mêmes de faiblesse.

Le Sénégal, à Dibassouté, est divisé en deux parties par un grand banc de rochers. Il y a deux chutes sur la rive gauche. Les pirogues, une fois déchargées, passent facilement la première, le long des rochers ; mais on est obligé de les porter à bras au-dessus de la seconde jusqu'à l'anse de chargement, heureusement assez voisine. Sur la rive droite, au contraire, les pirogues traversent très aisément à vide et tout serait pour le mieux si, dès la fin de décembre, le passage n'était à sec. En somme la canalisation du barrage de Dibassouté n'exigerait pas un très gros emploi de la mine.

C'est à Dibassouté que je rencontrai le grand chef de tous les piroguiers, envoyé à ma disposition. Samba, dit Napoléon, noir très intelligent, actif, ayant beaucoup de commandement et qui me facilita la tâche.

En quittant Dibassouté pour gagner le marigot de Galougo, l'interprète qui me servait de guide voulut prendre un chemin de traverse pour gagner la route. Il me conduisit par un sentier tellement rocailleux et escarpé que je dus descendre de cheval. Bien que Derviche eût le pied aussi sûr qu'un mulet, je fus obligé de le soutenir par la bride, jusqu'au sommet de cette pénible montée. Quand nous y arrivâmes, sous l'influence du soleil, alors dans tout son éclat, j'étais dans un état de transpiration épouvantable. Le Soudan n'est pas un pays où l'Européen puisse marcher longtemps à pied, surtout pendant le jour.

J'avais mis mon cheval au trot pour regagner le temps perdu, quand j'entendis soudain, derrière moi, le bruit d'un animal au galop. C'était un des mulets de bagages qui, se souvenant d'avoir été autrefois monté, ne voulait pas perdre de vue les chevaux ; malgré les efforts du muletier et sans souci de sa charge, il était parti au galop. Le chemin étant fort étroit en certains endroits, cet endiablé animal eut bien vite fait de se débarrasser des caisses contre les arbres. Sitôt qu'il aperçut mon cheval, il s'arrêta court et se laissa recharger ; je n'en perdis pas moins, dans la circonstance, plusieurs objets fragiles et des provisions de bouche.

En arrivant au Galongo, je ne trouvai plus que des ruines fumantes sur l'emplacement où avaient été récemment construits des ghourbis en bois et en paille. En cas de nécessité, une heure ou deux suffisent aux noirs pour construire un abri contre les rayons du soleil et le froid de la nuit. La longueur des étapes et la fatigue de mes hommes m'empêchèrent toujours d'en faire dresser jusqu'à mon arrivée à Bammako. Le jour, je m'établissais sous un arbre, et, la nuit venue, je m'étendais, tout vêtu, sur un petit lit démontable, cadeau précieux de mon cher camarade Davoust. Un grand manteau de spahis me servait de couverture et, à la mode indigène, j'allumais un grand feu à proximité. Complètement habillé de flanelle, je ne me découvrais jamais en route, en accord avec le proverbe arabe qui dit que ce qui protège du froid protège aussi de la chaleur. Au Soudan, comme dans tous les pays chauds, rien n'est dangereux comme un refroidissement.

Au réveil, mon cheval ne pouvait plus se mettre debout, tant le froid de la nuit l'avait engourdi. Déjà je le croyais atteint de la terrible maladie encore inconnue des vétérinaires qui, chaque année, tue 80 0/0 des chevaux arabes, et qui débute par une paralysie de l'arrière-train. Il n'en était rien heureusement et mon palefrenier indigène, nommé Makham Sadio, réussit à le faire lever en mordant à belles dents dans le cou ; moyen singulier à coup sûr et dont je ne me serais pas avisé.

Je partis vers trois heures du matin du Galougo et me dirigeai, à travers une brume assez épaisse, par un chemin pas trop difficile, droit sur le grand fracas de la chute de Malembélé. De gros gibiers, peut-être même des fauves, se levaient à notre approche et disparaissaient dans la nuit. En arrivant à Malembélé, j'appris qu'une pirogue avait encore chaviré. J'éprouvai particulièrement un gros ennui en voyant une caisse d'allumettes complètement avariée ;

non seulement cet article est cher au Soudan (quelquefois un franc à Bammako) ; mais encore il est rare qu'on puisse s'en procurer.

A Malembélé, il existe sur la rive gauche deux chutes consécutives assez élevées ; les pirogues passent le long de la rive droite où le chenal serait facilement canalisable.

En quittant Malembélé, je me rendis à Talari par la route de la colonne, assez difficile, particulièrement au passage du marigot de la Maounia. Un peu au delà de la mare pestilentielle de Talari, je rencontrai le campement des disciplinaires commandés par un lieutenant d'infanterie de marine, M. Ambrosini. Cet officier, chargé d'exécuter une route jusqu'à Bafoulabé, avait fait construire une case provisoire où il m'offrit une aimable hospitalité. Au milieu de la nuit, chose extraordinaire pour la saison, une violente tornade éclata, accompagnée d'éclairs et d'une grosse pluie qui eut bientôt fait de traverser la toiture en paille de notre logement. Nous fûmes contraints d'aller passer le reste de la nuit sous une petite tente. D'ailleurs j'avais déjà eu l'occasion de remarquer, pendant mon premier séjour au Sénégal, quelques jours de pluie vers la fin de décembre ou le commencement de janvier ; cette période a même reçu le nom de petit hivernage.

La pluie ayant cessé au matin, je pris la route de Cora, déjà détrempée par l'orage. Je trouvai mon convoi démoralisé ; les tourbillons et la tornade avaient tout mouillé à bord des pirogues et l'une d'elles avait coulé dans un endroit profond, avec un chargement de feuilles de doublage. Mon premier mouvement fut de me mettre en colère ; puis je réfléchis qu'entre Cora et Bafoulabé beaucoup d'accidents semblables étaient encore à craindre et, une bande de seize noirs venant à passer, je la réquisitionnai pour porter les objets fragiles et craignant l'eau jusqu'à Bafoulabé.

A Cora, il y a deux chutes très rapides, sinon très élevées, distantes de cinquante mètres, que les pirogues ont beaucoup de peine à passer à vide ; elles peuvent ensuite naviguer chargées jusqu'à Bafoulabé, non sans rencontrer des tourbillons, particulièrement à Dougou et à Diamagolé.

En somme, la navigation du Sénégal entre Soufalo et Bafoulabé n'est pas pratique pour les objets précieux ou qui peuvent être endommagés par l'eau ; ceux même qui ont moins de valeur risquent d'être perdus dans les tourbillons. Cette navigation nécessite de nombreux déchargements aux barrages et est très coûteuse. La canalisation de chute en chute ne serait pas excessivement difficile ; mais le trajet serait toujours trop long et, d'ailleurs, aux mois de mai et d'avril, le Sénégal a un débit insignifiant. En somme, cette voie fluviale doit être abandonnée le plus tôt possible.

CHAPITRE IV

Bafoulabé. — Le Bakhoy de Bafoulabé à Badumbé. —
Séjour à Badumbé.

Le 18 décembre, j'étais enfin arrivé au poste de Bafoulabé construit à l'endroit où le Sénégal se divise en deux branches, le Bafing et le Bakhoy, en français rivière blanche et rivière noire. J'y remarquai beaucoup un vaste jardin situé entre le fort et le fleuve où poussaient tous les légumes de France et même des fleurs ; avec une exposition bien choisie, de l'eau, des graines de l'année, des soins intelligents et assidus, il est donc possible d'acclimater les plantes d'Europe dans le Soudan. Rien ne me fut plus agréable que de me promener dans ce jardin où des corbeilles de fleurs reposaient l'œil fatigué ; d'énormes ricins et de beaux bananiers formaient des allées ombreuses et une tonnelle couverte de plantes grimpantes restait impénétrable aux rayons du soleil.

Je retrouvai à Bafoulabé mes Européens tous plus ou moins malades. Bien m'en avait donc pris de leur épargner, au début, les fatigues du convoi.

Le lendemain de mon arrivée, toutes les pirogues étaient rentrées, non sans nouveaux accidents. Des objets de matériel avaient été perdus ; les caisses étaient à refaire et à sécher ; enfin, les pirogues à réparer. J'en informai par dépêche M. le commandant des Cercles à Kayes, en lui demandant treize mulets pour le transport par terre des objets précieux, ce qui me fut accordé.

Le 21 décembre au matin, je fis partir pour Kalé une équipe de quarante-huit pirogues chargées en outre du matériel de vivres de ravitaillement pour Badumbé. En même temps je m'occupai de faire passer mon convoi de terre de l'autre côté du Bafing. Les animaux effrayés par la vue de l'eau firent quelques difficultés pour embarquer dans le bac et furent cause que l'opération ne se termina qu'assez tard dans la soirée. Il était cinq heures quand je me mis en route et je ne fis que trois kilomètres au bout desquels on campa en pleine brousse. J'avais quitté Bafoulabé, c'était le principal ; car, une fois dans les postes, les Européens et même les indigènes, trouvant un confortable d'autant plus agréable qu'il n'y en a aucun en route, se laissent aller à l'engourdissement et ont beaucoup de peine à se remettre en marche. Ce n'était pas sans regrets que je quittais moi-même un poste où les officiers m'avaient fait un excellent accueil.

Le lendemain matin, les muletiers, encore inexpérimentés, mirent plus d'une heure à bâter leurs animaux et à charger les colis, de formes, il est vrai, diverses et incommodes. Une fois en route, nous marchâmes assez rapidement et quatre heures après le départ, nous étions rendus à Kalé (vingt kilomètres). En cet endroit, le Bakhoy est bordé par une montagne assez élevée, presque à pic, sauf à la base où se trouve un sentier très étroit ; c'est ce qu'on appelle le défilé de Kalé. Vers midi, et malgré la hauteur du soleil, je fus agréablement surpris de trouver à l'ombre de la montagne une fraîcheur délicieuse. Aussi, dans cet endroit, à proximité de l'eau, les arbres sont magnifiques, toujours verts et les bords du Bakhoy sont cachés par un fouillis d'élégants bambous de haute taille. Des ouvriers indigènes travaillaient sous la direction de M. le garde d'artillerie Constancia, à l'amélioration de ce défilé qui mesure environ mille mètres; déjà la moitié était terminée et n'attendait plus qu'un Decauville.

Pendant ma promenade, les pirogues étaient arrivées sans accident au poste de Kalé en aval de la première chute. Je fis opérer rapidement le déchargement et commencer de suite le transport des pirogues jusqu'à Kalé où existe également une chute assez brusque.

Sur la rive droite, le bord est plat quoique rocheux, et c'est ce chemin que Samba Napoléon choisit pour faire porter les pirogues. Seize hommes n'étaient pas de trop pour soulever ces embarcations construites en bois très dense; encore mettaient-ils deux heures à parcourir la route longue de deux mille cinq cents mètres environ. Quand ce pénible travail fut terminé, il fallut amener huit cent cinquante-quatre colis jusqu'à Kalé par le défilé et les recharger. Tout eût été bien plus simple si le Decauville avait été déjà installé et si un relai de pirogues avait existé à Kalé. Le 23 décembre au soir, l'opération était terminée.

Cette nuit-là nous eûmes une alerte assez extraordinaire dans le campement où j'avais été rejoint par M. le lieutenant Vittu de Keraoul, chef d'un détachement d'ouvriers d'artillerie. Le quartier-maître mécanicien Rigaut sortit de sa case en criant qu'il avait entendu le bruit d'un fusil qu'on arme, et ensuite d'une lutte. Après avoir fait l'appel des hommes et des armes, nous restâmes convaincus qu'il ne s'était passé rien d'extraordinaire. Rigaut, encore malade, avait dû être le jouet d'un rêve fébrile et aussi d'une illusion assez remarquable. Les mulets étaient attachés par des chaînes dont le cliquetis ressemble parfois singulièrement au bruit que fait un fusil qu'on arme.

Le lendemain matin, de bonne heure, nous étions en route pour Dioubéba (vingt-deux kilomètres cinq cents) ; cette étape parut un peu longue à mes Européens, encore tous malades. Un des contreforts des montagnes du Makadougou vient mourir sur la rive gauche du Bakhoy et n'est franchissable qu'en un seul endroit, le défilé du Balou. Là se trouvent des arbres probablement centenaires que l'incendie a respectés. Rien n'est plus grandiose que cette arborescence sur un sol rocailleux, bouleversé : rien ne prouve mieux la force de la végétation au Soudan quand l'homme ne vient pas contrarier son développement. Le défilé du Balou est certainement un des endroits les plus sauvages, mais aussi des plus beaux du Sénégal.

A Dioubéba, comme à Kalé, il y a une succession de chutes séparées par un intervalle de deux kilomètres. Elles sont moins élevées qu'à Kalé, puisque les pirogues peuvent les passer à vide ; mais le transport des colis par la voie de terre est beaucoup plus difficile. L'opération du transbordement dura deux jours pleins, au bout desquels je me mis en route pour Torokoko. En cet endroit, il existe deux barrages que les pirogues franchissent aisément, même chargées. Le 27 décembre, dans l'après-midi, j'étais rendu à Badumbé, un peu plus tôt que je ne pensais, par suite d'une erreur de la carte. Un instant après, les pirogues arrivèrent sans accidents.

En somme, entre Bafoulabé et Badumbé, le courant est faible, la navigation relativement facile et il n'y a que deux transbordements à Kalé et Dioubéba. Les colis risquent peu d'être mouillés par les tourbillons et les pirogues ne chavirent pas ; ce qui réduit singulièrement les pertes. J'ai pu transporter, y compris sept tonnes pour le ravitaillement, vingt-cinq tonnes de Bafoulabé à Badumbé en six jours et demi. Encore ce temps eût-il été bien réduit si des Decauville avaient été installés à Kalé et Dioubéba.

J'affirme qu'une fois cette voie fluviale améliorée et qu'en l'absence de route carrossable, Decauville ou chemin de fer, on ne pourrait arriver à un semblable résultat avec aucun des moyens actuels de transport.

En saison sèche, le Bakhoy est alimenté par l'eau des sources et aussi par voie souterraine, comme on peut s'en rendre compte à Kalé. Le courant est très faible et, cependant, il y a toujours débit, sauf peut-être aux mois d'avril et de mai, de barrages en barrages, ceux-ci régularisent donc l'écoulement des eaux. Si l'on venait à supprimer brusquement ces sortes d'écluses naturelles, les bassins supérieurs se videraient brusquement dans les bassins inférieurs. Leur suppression pourrait donc constituer un danger, à moins de la limiter à certains d'entre eux ; mais il n'y a rien à craindre en faisant disparaître les petits barrages qui sont plutôt des obstructions du fleuve, comme à Torokoto, Soukoutaly et même Dioubéba.

A partir de Badumbé, j'abandonnais la voie fluviale pour prendre celle de terre ; je demeurai quelques jours dans ce fort de Badumbé, le plus petit et le moins confortable du Soudan, pour organiser le transport, par petites voitures, jusqu'au gué de Toukolo. Ces petites voitures, construites spécialement pour le Soudan, ne sont autre chose que des coffres rectangulaires en tôle ayant à peu près les dimensions suivantes : longueur un mètre vingt, largeur soixante-dix centimètres, hauteur quarante centimètres ; deux roues avec jantes en bois les supportent. Elles sont attelées avec un mulet ou deux ânes, l'un devant l'autre, et peuvent être chargées théoriquement à cinq cents kilos, pratiquement à trois cents.

Sur les trente-six voitures qui existaient à Badumbé, je n'en trouvai que dix-huit capables de faire la route ; encore durent-elles subir de nombreuses réparations. J'eus également beaucoup de peine à réunir les harnachements nécessaires. Enfin, quand il fallut atteler, les animaux firent d'autant plus de difficultés que les conducteurs indigènes engagés étaient inexpérimentés. Moi-même, je n'étais guère préparé à ce genre de métier.

Pendant mon séjour à Badumbé, je reçus la visite d'un oncle de mon interprète, Mary Ciré, un Masassi du Kaarta, chef du village bambara de Fatella, dévoué à la France et ayant fait partie des expéditions du colonel Desbordes. C'était un beau vieillard, très digne, fétichiste comme tous les Bambaras, il accepta l'eau-de-vie que je lui offris, sans abandonner un beau Coran qu'il porte toujours avec lui. Il montait une jument admirablement dressée à faire des saluts et des génuflexions et se tenait, malgré son âge, très bien à cheval.

Je le congédiai en lui faisant cadeau de quelques paquets

de tabac pour bourrer la petite pipe qu'il fume continuellement et il m'assura qu'il allait m'envoyer des pains de Karité pour graisser les voitures. L'arbre à beurre est rare aux environs de Badumbé.

Le 30 décembre m'arrivait un second maître de timonerie, nommé Chaline, envoyé par le commandant de la marine pour remplir les fonctions de second à bord du *Niger*. Il était déjà très fatigué par la fièvre.

A cause du petit nombre de voitures disponibles, je fus obligé de faire deux convois jusqu'à Toukolo : le premier partit le 31 décembre et je l'accompagnai jusqu'à Fangalla. Bien qu'il n'y eût que 15 kilomètres, la route dura six heures ; dès le début, je fus obligé de renvoyer les voitures attelées à ânes qui n'avançaient pas du tout et, ensuite, aux passages difficiles, plusieurs jantes ou essieux cassèrent. Le lendemain matin, je laissai le convoi continuer sa route sous la direction d'Adam Dyr en qui j'avais pleine confiance et m'en retournai à Badumbé.

Fût-ce un bain froid que j'avais pris en descendant de cheval ou toute autre cause, mais le soir, j'eus un violent accès de fièvre bilieuse du genre de celui de Kayes, qui dura quatre jours.

Le 4 janvier, les voitures étaient de retour de Tonkolo, non sans de nombreuses avaries qu'il fallut réparer. Ce n'est que le 7 que je pus me mettre en route emportant le reste du matériel, sauf cent quatre-vingt-trois colis qui devaient parvenir plus tard par le ravitaillement.

Les vivres du poste de Badumbé étant avariés, on ne nous délivra qu'une ration incomplète dont nous devions nous contenter jusqu'à Kita. C'était d'autant plus désagréable que, sur la route des postes, il est très difficile de se procurer des vivres frais. Le 7 janvier, je quittai définitivement le fort de Badumbé sans regrets ; j'y avais passé onze jours qui ne me laissaient que des souvenirs d'ennuis de tous genres.

CHAPITRE V

Fangalla. — Tudora. — Le Gué de Toukolo. — Goniokory. — Kégné-Ko. — Séjour à Kita.

Il était midi quand nous arrivâmes à Fangalla, non sans plusieurs accidents et avaries de voitures. Fangalla est situé sur les bords du Sénégal, vis-à-vis d'une île très boisée où existait autrefois un grand village ruiné par El Hadj'Omar. Aujourd'hui cette île est le refuge de nombreux hippopotames qui y prennent leurs ébats ; toute la journée on entend leurs grognements sourds ou le grand fracas qu'ils font en se jetant à l'eau. Le jour, ils restent dans l'île ; mais, dès que la nuit est venue, ils vont chercher pâture sur la terre ferme par des sentiers bien visibles à droite et à gauche du lieu que nous avions adopté pour campement.

Nous nous établîmes sous de très beaux arbres, en un endroit débroussaillé et facile à surveiller ; car, à partir de Badumbé, je campai toujours comme en pays ennemi, avec des sentinelles la nuit. Une surprise pouvait être à craindre, il fallait se garder des voleurs ou des bêtes fauves et aussi empêcher les porteurs de s'échapper. J'en avais pris quarante à Badumbé et, en arrivant à Fangalla, il n'en restait déjà plus que trente-sept.

En cet endroit, le quartier-maître Mignet eut un accès de

fièvre intense qui ne laissa pas de m'inquiéter beaucoup ; cet homme rendait des vers en vomissant, particularité que Mage a, je crois, signalée pendant son voyage à peu près dans les mêmes parages.

Près de l'île de Fangalla se trouve un barrage par-dessus lequel il faudrait porter les pirogues à bras ; il en est de même à quelques kilomètres en amont de Badumbé.

De Fangalla à Tudora, quinze kilomètres, l'étape dura six heures et demie par des chemins rocailleux ; le passage du marigot à sec du Keniéko demanda une heure, à cause de la nature sablonneuse du lit et de la roideur des berges. Les voitures traçaient de larges ornières qu'il fallait combler avec de la paille. J'expédiai à l'avance les blancs au campement ; lorsque j'y arrivai moi-même, j'étais dans un état d'énervement extraordinaire causé par la lenteur de la route et aussi la maladresse des conducteurs. Pour l'exemple, je fis amarrer l'un d'eux à un arbre.

A Tudora, le Bakhoy, très étroit et peu profond, est caché par de beaux arbres formant bosquet ; à quelques kilomètres de cet endroit sont les chutes de Billy qui, vues de la route, paraissent infranchissables. Nous fûmes rejoints à Tudora par quatre-vingt-quatorze porteurs venus de Kita. Déjà il ne restait plus que dix voitures sur quinze en état de rouler et, surchargées comme elles étaient, on pouvait craindre de les voir casser à leur tour.

Le lendemain matin, nous arrivions sans accident au gué de Toukolo. Il a six cents mètres environ de longueur et est divisé en deux parties inégales par une île très boisée. Les rochers qui obstruent Bakhoy y ont formé un rapide où non seulement le courant est violent, mais encore le fond extrêmement glissant. Ce jour-là l'eau montait jusqu'aux épaules.

Les voitures furent abandonnées sur la rive gauche et les colis chargés sur la tête des porteurs. Deux heures après notre arrivée, le personnel, les animaux et les dix tonneaux de matériel étaient sains et saufs de l'autre côté. Il est à noter que les objets les plus précieux furent transportés dans un coffre de voiture poussé à bras sur le fleuve. Cette sorte d'embarcation peut être chargée jusqu'à deux cents kilogrammes.

Sur la rive droite du Bakhoy, on a établi des magasins pour le matériel et des cases pour les détachements de passage; non loin de ce poste existe une hauteur sur laquelle avait été installé le télégraphe récemment incendié. Je rencontrai à Toukolo une caravane venant de Ouassoulou.

Le 11 janvier, je me rendis à Goniokory. A cinq cents mètres environ dans le sud-ouest de ce poste, on traverse le Bakhoy en pirogue pour aller dans le Gangaran. En me promenant de ce côté, j'entendis comme des feux de salve répétés; j'appris que c'étaient des indigènes qui tiraient des coups de fusil en l'honneur de la mort du captif de la couronne du chef du village de Diamou. On appelle ainsi, chez les Bambaras surtout, le captif de case investi de la confiance d'un chef.

Goniokory est, par excellence, le pays des roniers; malgré l'admiration que j'éprouvais pour ces arbres magnifiques, je ne résistai pas à l'envie d'en faire abattre un pour en manger le chou qui est succulent. Le fruit de cette variété de palmier est très rafraîchissant et ressemble à une noix de coco.

Quatre-vingts ânes m'étant arrivés de Kita, je me mis en

route le 13 janvier pour le Kégné-Ko, emportant cette fois tout le matériel que j'avais été obligé de concentrer en deux voyages à Goniokory. Partis à trois heures du matin, nous arrivions au Kégné-Ko à huit heures par une route rocheuse et difficile, surtout aux environs du col de Manambougou. Le chef de ce village, ami de Sory, m'apporta du lait; c'était le premier cadeau que je recevais depuis le commencement de la montée de mon convoi. A partir de Goniokory, le paysage change beaucoup. La nature devient plus belle, le sol plus riche et mieux cultivé; les roniers et les cactus abondent. Le Karité devient plus fréquent et, entre autres légumes, l'oignon vient très bien.

Quarante voitures m'attendaient au Kégné-Ko, je les fis atteler de suite pour aller jusqu'au marigot de Dialikébéfata, où je me rendis moi-même dans la soirée.

Le lendemain matin, dès deux heures, nous étions en route pour Kita où tout le convoi arriva successivement entre sept et onze heures. Sept voitures avaient cassé par suite du mauvais état des chemins : je dois ajouter cependant qu'elles étaient vieilles, que leurs roues étaient beaucoup trop légères et étroites pour résister aux chocs contre les rochers. De Goniokory à Kita, par le Kégné-Ko, il y a cinquante kilomètres ; nous les avions franchis en trente-trois heures, dont vingt et une d'étapes. Après cette marche forcée faite en grande partie au soleil, nous étions tous harassés ; il n'était que temps d'entrer à Kita pour y jouir d'un repos bien nécessaire.

Le fort de Kita est le plus grand de tout le Sénégal; il est construit au milieu d'une gorge, entre deux massifs élevés, et commande les routes.

Le massif de l'ouest a une forme abrupte très remarquable ; on avait parlé d'y installer un sanitorium. Sur le flanc oriental on peut voir un curieux rocher qui, aperçu d'une certaine direction, ressemble à une tête de nègre. Il y a à Kita un grand jardin qui manque malheureusement d'eau et où se trouve une bananerie.

Je demeurai trois jours à Kita pour préparer mon nouveau convoi de voitures et aussi mettre en ordre différents rapports. Je profitai du télégraphe pour faire connaître au commandant supérieur les retards que j'avais jusqu'alors subis et l'ennui que j'en éprouvais en pensant aux nombreuses occupations qui m'attendaient à Bammako. Des ordres précis furent donnés pour que je pusse continuer rapidement ma route avec les moyens de transport nécessaires.

Le 18 janvier, je quittais Kita avec un convoi de quarante voitures attelées à ânes et quatre-vingt-quatorze porteurs ; un chef ouvrier d'artillerie était mis à ma disposition pour les réparations.

CHAPITRE VI

Départ de Kita. — Le Pont du Badingo. — Ruines de Maréna. — Faragangalla. — Poste de Tambaguina Guénikoro. — Rampe de Siguiféri. — Fort de Koundou. — Les griots de Guisoumalé. — Délasabakoro. — Diago. — Arrivée à Bammako.

A l'est de Kita, se dresse un massif élevé au sommet duquel on arrive par une pente très roide. Partis à quatre heures du matin, nous n'y arrivâmes qu'à sept heures après bien des efforts et avec l'aide des porteurs qui poussaient aux roues. On rencontre ensuite un plateau de quelques kilomètres terminé par une descente très rapide dans laquelle plusieurs voitures versèrent. Vers trois heures du soir, nous arrivions au marigot de Tombokolé n'ayant fait que douze kilomètres en onze heures d'étapes.

J'avais été averti que des Maures, comme il arrive chaque année, étaient en campagne et pillaient les caravanes de dioulas (1). Je pris donc la précaution de camper militairement, avec les voitures rangées en parc et d'établir des factionnaires sur les lignes.

Le lendemain matin, nous nous mettions en route au petit jour dans l'ordre suivant : L'avant-garde des porteurs était commandée par Chaline avec six fusils ; je venais

(1) Commerçants indigènes, Voyageurs.

ensuite avec mon interprète et j'étais suivi du gros des voitures divisé en quatre groupes de dix protégés chacun par deux fusils. Enfin, à l'arrière-garde, se tenait le chef ouvrier d'artillerie avec quatre fusils. Ainsi organisé le convoi n'avait pas grand chose à craindre ; mais s'étendait parfois sur plus de deux kilomètres et il fallait s'arrêter pour faire serrer les distances.

Entre Tombokolé et le marigot du Badingo, la route est bonne. On a construit sur un marigot très profond un beau pont en bois, long d'environ soixante mètres et élevé d'une quinzaine au-dessus du lit. Le passage donna lieu à des accidents assez comiques. Les ânes refusant d'avancer, on fut obligé d'user du stratagème suivant : à mesure qu'une voiture se présentait, on dételait le premier âne que quatre hommes portaient de force debout sur les pattes de derrière. L'âne restant attelé suivait alors tranquillement son compagnon, en tirant la voiture. Sur la rampe très roide de la berge opposée, les porteurs durent s'atteler sur les véhicules.

Nous arrivâmes vers une heure à Marena, grand village en ruine entouré d'un tata (enceinte en terre). Il était à peu près désert ; le chef des quelques cases habitées vint m'apporter des patates, en me disant qu'il n'avait pas autre chose à m'offrir et qu'il avait souffert de la famine pendant l'hivernage. Depuis Goniokory, nous étions entrés dans le Fouladongou, pays peuplé par des Pouhls parlant le bambara, de la famille des Alarbala.

Le lendemain matin, nous nous mettions en route pour Faragangalla où nous campâmes après une pénible étape de huit heures. Nous rencontrâmes en chemin un pont fort peu solide, construit, à la mode indigène, en bois recouvert de terre.

Chaque voiture y traçait une large ornière qu'il fallait combler de suite avec des branchages ou des herbes et je ne respirai franchement qu'en voyant la quarantième voiture de l'autre côté. Après notre passage, le pont était complètement défoncé. Avant d'arriver à Faragangalla, se trouve une côte excessivement longue et raide où les ânes refusèrent d'avancer. On ne se figure pas aisément la malice et l'entêtement de ces animaux ; quelques-uns d'entre eux faisaient les morts et ne se réveillaient que sous une douche d'eau froide, moyen que je recommande aux voyageurs obligés de se servir de ces bêtes comme attelage.

Il y avait autrefois à Faragangalla un grand village qui a été abandonné ; aujourd'hui, il se repeuple peu à peu, grâce aux encouragements des commandants des cercles de Kita et de Koundou. Au moment de mon passage, le chef me dit qu'il était dispensé de toute corvée et qu'on le laissait travailler entièrement pour la prospérité du village. Il est regrettable que ce système ne puisse être suivi partout pour repeupler notre ligne de postes, aujourd'hui en grande partie déserte. Il n'y a qu'un puits peu profond à Faragangalla, situé à quelques centaines de mètres du village ; mais, au Nord, se dresse un massif à pic et élevé d'où sourd à la base un petit ruisseau.

Nous continuâmes le lendemain notre route avec une lenteur désespérante de deux kilomètres à l'heure, pour nous arrêter, au bout de huit kilomètres, au poste volant de Tambaguina. D'ailleurs, si j'avais continué, il aurait fallu faire encore quinze kilomètres dans la journée pour trouver l'eau nécessaire à un long convoi et je ne pouvais y songer devant la fatigue générale. Les noirs boivent beaucoup en route et souffrent bien plus vite de la soif que les Européens.

Entre Faragangalla et Tambaguina la route est mauvaise, mais serait facile à arranger. Pour la première fois, je vis de larges traces d'éléphants qui devaient être énormes, si j'en juge par les trous qu'avaient faits leurs pattes sur une terre relativement dure et desséchée. Je fus rejoint à Tambaguina par cinq tirailleurs indigènes envoyés de Koundou pour escorter le convoi en prévision d'une attaque des Maures pillards qui étaient signalés aux environs.

En quittant Faragangalla, nous eûmes à traverser un petit bois en feu. Lorsque les indigènes veulent cultiver une partie de terrain, c'est-à-dire faire un lougan, ils incendient les hautes herbes. Le feu se propage d'autant plus rapidement aux alentours que tout est desséché et c'est ainsi que le pays se déboise rapidement. Les arbres qui brûlaient répandaient une odeur d'encens.

Je trouvai en chemin M. le docteur Roussin qui descendait de Bammako et qui avait eu la gracieuseté de se charger de notre courrier. Depuis Kayes, et à cause du règlement de la poste qui défendait d'ouvrir les sacs, je n'avais reçu aucune lettre de France.

J'avais à peine quitté le docteur quand j'entendis un coup de fusil. Ayant absolument défendu de tirer, même sur le gibier, je crus à une attaque et courus au galop à l'avant-garde. Ce n'était qu'une alerte. Le palefrenier chargé du cheval de Mignet avait pris le fusil de cet homme, et, bien que le Kropatchek fût au cran de sûreté, le coup était parti, sans atteindre heureusement les hommes qui marchaient devant.

Nous campâmes ce jour-là près du second marigot voisin de Guénikoro.

A la visite des animaux, beaucoup d'ânes étaient blessés au poitrail par suite des difficultés du chemin. En neuf heures, nous n'avions parcouru que quinze kilomètres. Je trouvai au camp cinquante porteurs venus de Koundou qui apportaient cent cinquante kilos de mil pour le convoi, à peu près la ration d'une journée. Au Soudan, le mil est la nourriture principale des indigènes et des animaux ; l'homme consomme un kilo, les chevaux et mulets mangent cinq kilogrammes, l'âne se contente de deux livres. C'est par plusieurs milliers de tonnes que se chiffre chaque année la dépense du mil des colonnes et des forts. Si l'on tient compte de la paresse extrême des indigènes, on voit par là que la bande de terrain qui avoisine notre ligne de postes est naturellement fertile, d'autant qu'il n'y a pas le dixième du sol cultivé.

La route entre Guénikoro et Siguiféri est très accidentée et boisée. En approchant de Siguiféri, je rencontrai de beaux lougans préparés pour la culture du mil et du coton. La rampe de Siguiféri est tellement raide que nul cavalier, je crois, en France, n'aurait l'idée de s'y aventurer ; en outre, elle est longue et encombrée de cailloux ferrugineux en forme de boulets aussi glissants que roulants. Je dus faire décharger les voitures au sommet et dételer un âne ; même dans ces conditions, les porteurs furent obligés de soutenir les roues et toutes ces précautions n'empêchèrent pas plusieurs voitures de verser. Mon interprète fut renversé tout étourdi en voulant en empêcher une de tomber.

Je laissai reposer le convoi à Siguiféri et continuai la route, avec les porteurs, jusqu'au fort de Koundou. Il est construit sur un massif de rochers qui domine une vaste plaine où, avant les guerres d'El Hadj Omar, on apercevait vingt villages, aujourd'hui ruinés.

Au bas du fort se trouve le camp des tirailleurs auquel on accède par un chemin couvert. Au delà d'un jardin, bien entretenu, se dresse le village noir.

Le convoi arriva le lendemain matin, les ânes étaient en grande partie blessés, et les voitures avaient presque toutes des avaries. Je m'occupai de suite à en mettre vingt en état de continuer la route, et, comme le pays était tranquille entre Koundou et Bammako, je laissai le soin au second-maître Chaline de les conduire. Le 26 janvier, je quittai Koundou avec cent quatre-vingt-deux porteurs chargés, chacun sur la tête, d'un colis de vingt-cinq kilos. C'est encore, quand on peut l'employer, le moyen le plus rapide de transport au Soudan. Il n'a qu'un ennui, c'est qu'il faut une grande surveillance pour empêcher les porteurs de s'enfuir.

A partir de Koundou, on entre dans le petit Bélédongou, habité par les Bambaras. Je campai le premier jour à Guisoumalé, dont le nom veut dire littéralement (eau fraîche), sous une sorte de charmille formée par des grands arbres et des lianes entrelacées. Je m'assurai d'abord qu'il n'y avait pas de serpents qui choisissent volontiers des retraites aussi charmantes. Les serpents ne sont pas rares au Soudan et on en rencontre fréquemment dans les campements ; bien qu'il existe des trigonocéphales, j'ai rarement entendu parler de piqûres mortelles

En allant de Koundou à Guisoumalé, on traverse le Baoulé, grand affluent du Bakhoy, dont les rives très escarpées rendent le passage difficile. On rencontre ensuite plusieurs marigots à sec profonds et encaissés, enfin, une montée très pénible pour des voitures.

Guisoumalé est situé dans une petite plaine entourée de montagnes, assez loin du marigot le plus proche. En revanche, on y trouve des puits nombreux et profonds près desquels les indigènes cultivent le tabac. J'allai visiter l'intérieur du village entièrement construit en terre, mal entretenu, sale et exhalant en certains endroits une odeur repoussante. Il est entouré d'un beau tata, c'est-à-dire d'une enceinte en terre crénelée et en forme de crémaillère. Les portes sont défendues par des retours.

Pour la première fois, je fus louangé par des griots, sorte de troubadours nègres, quelquefois voyageurs, mais plus souvent attachés à la personne d'un chef. Ils dansent et chantent en s'accompagnant d'instruments, adulent leurs maîtres et ses hôtes et excitent l'enthousiasme des noirs par leurs récits de combats lorsque la guerre est déclarée. Les griots se marient entre eux; leurs femmes et leurs enfants prennent part aux représentations. Méprisés et redoutés tout à la fois, à cause de leur influence, ils sont enterrés à part.

Les griots de Guisoumalé avaient tout un orchestre composé de tam-tam, sorte de long tambourin, de castagnettes en fer, de petits violons ou guitares à trois cordes, d'un balafon, sorte de piano en bambou qui résonne assez harmonieusement. Ils exécutèrent devant moi des danses assez obscènes et peu gracieuses, puis se mirent à chanter mes louanges. Le thème était : « Voilà un chef français ; regardez-le, il est

« d'une race qui n'a jamais su reculer. — Comment,
« demandent les Français, pourrait-on reculer ? — Il n'y a
« pas de danger capable de les faire reculer, etc., etc. » Je
leur donnai cinq francs et, le thème devenant personnel, le
refrain était : « Regardez-le, si vous n'avez jamais vu l'hon-
« neur, regardez-le bien, car vous ne connaissez pas l'hon-
« neur, etc. » Flatteurs si l'on donne, arrogants et perfides
si l'on refuse, tel est le caractère des griots.

Il n'était bruit, autour de Guisoumalé, que de la formation d'une armée bambara. Elle se levait sous prétexte d'aller dans le Kaarta Biné empêcher Ahmadou, le roi de Ségou, de rentrer dans la Beledougou. Ce qui peint bien les Bambaras, c'est que tous les guerriers, étant notables, ne pouvaient s'accorder sur le choix d'un chef. En outre, les confédérations ne s'entendaient pas entre elles. Daba refusait l'entrée sur son territoire et Guisoumalé ne voulait pas fournir d'auxiliaires.

Le 27 janvier, je me rendis à Delasabakoro en passant par Ouoloni. Le chemin est coupé par de nombreux marigots sur lesquels on a jeté des ponts fort peu solides construits à la mode indigène.

A cause des porteurs, j'établis le campement en dehors du village, en un endroit où il n'y avait pas d'arbres. Pour la première fois, les noirs m'installèrent un ghourbi. La carcasse était faite de bambous réunis au sommet et consolidés par des cercles ; par-dessus, on mit de la paille.

Le chef de Delasabakoro vint me voir et je lui demandai des détails sur la fameuse armée bambara dont les intentions me semblaient un peu louches. Il m'assura qu'elle n'oserait pas s'aventurer sur la route de la colonne, et que, pour ce qui le concernait, il ne lui prêterait aucun appui. Malgré toutes ses belles protestations, l'allure de ce chef me déplut ; j'eus beaucoup de peine à obtenir de lui les vivres dont j'avais besoin.

Je remarquai en cet endroit un tourbillon qui me fit penser aux colonnes de feu des israélites. Il se transportait du nord-est au sud-ouest, entraînant des feuilles et des cendres allumées, si bien qu'on aurait dit que le feu prenait sur son passage. Ces cendres provenaient d'un lougan voisin, en train de brûler.

Le lendemain, nous nous mettions en route de bonne heure en passant par Guinina, grand village à tata, et, ensuite, par Dio, où le colonel Galliéni fut attaqué par les Bambaras, lors de sa mission à Ségou. On rencontre de nombreux marigots recouverts de ponts à la mode indigène. Nous nous arrêtâmes un peu au delà de Dio, au bord d'un marigot coupé en cet endroit par une chute. Dans l'après-midi, nous nous remettions en route pour gagner Diago, en hâte d'arriver à Bammako. Depuis Koundou, j'éprouvais une fatigue et une courbature constante provenant d'une chute que j'avais faite dans les escaliers du fort.

La longueur des étapes m'obligeant souvent à ne faire qu'un repas dans l'après-midi, j'avais l'estomac très fatigué. Je ressentais, en outre, une sorte d'anémie cérébrale provenant des préoccupations constantes de la conduite du convoi et aussi des rapports et états que j'étais obligé de faire en arrivant à l'étape. Mon cheval s'était blessé sous la selle, et, pour ne pas trop augmenter la plaie, je marchais le plus possible à pied.

Diago est un grand village riche, entouré d'un beau tata,

près duquel se trouvent de magnifiques doubalels (sorte de ficus) à l'ombre desquels tout le convoi put camper. Le chef, vieux et aveugle, vint me saluer et m'apporter du mil et du maïs pour mon cheval. Je lui envoyai un morceau de mouton pour répondre à sa politesse. Il revint alors une seconde fois m'offrir des poulets et du lait, en me disant que c'était à lui à me nourrir et qu'il regrettait beaucoup de n'avoir pas ce soir-là un mouton à m'offrir.

Je quittai Diago vers quatre heures du matin, le 29 janvier, et rencontrai en chemin M. Loyer, capitaine d'infanterie de marine, qui avait eu la gracieuseté de venir au-devant de moi. Nous prîmes les devants, et c'est au galop que nous entrâmes dans le fort de Bammako. Je ne me sentais plus de joie d'être arrivé et d'avoir enfin terminé la période si ingrate et si pénible du transport.

CHAPITRE VII

Le fort de Bammako. — Titi. — Le village de Bammako. — La circoncision. — Construction d'une coque en bois. — Inauguration du chantier. — Route de Bammako à Manambougou. — Le poste de Manambougou. — La canonnière le *Niger*. — Mœurs Bambaras, Palabre. — Retour à Bammako. — Un mariage.

En venant de Diago, on traverse les monts ferrugineux de Bammako, auxquels on accède par une pente très raide. Dès qu'on a franchi la ligne de faîte, orientée à peu près nord-est sud-ouest, le paysage change tout d'un coup et l'on aperçoit déjà un morceau du ruban argenté du Niger. Le versant sud-est est sillonné de marigots qui coulent dans des gorges profondes, toujours fraîches et verdoyantes, ombragées par de beaux arbres et à moitié cachées par un fouillis de bambous et de palmiers. C'est par une de ces gorges qu'on descend sur la belle route conduisant au poste de Bammako.

Arrivé à quelques centaines de mètres du fort, on lit sur un écriteau à angle droit, supporté par un poteau : « Route de France, Route du cimetière ». Cette inscription macabre vous rappelle que vous êtes au terminus du Soudan et, qu'en effet, beaucoup d'Européens dorment au cimetière, qui n'ont jamais revu la patrie. Je ne sais qui a eu l'idée de cette inscription, mais je la trouve salutaire, j'y vois comme une incitation à la lutte pour la vie et un avertissement que la lutte sera dure.

Cent mètres plus loin, on aperçoit une tonnelle rustique, puis une allée de beaux flamboyants qui conduit tout droit à la grande porte occidentale du fort. Il a été construit en 1883, au milieu des combats contre Samory qui voulait s'opposer à son édification. Rien n'est plus beau que l'allocution prononcée le 5 février 1883, par M. le colonel Desbordes, à l'occasion de la pose de la première pierre, « alors que le soldat tenait d'une main la truelle et de l'autre le fusil ».

Le fort de Bammako est situé dans la vaste plaine déboisée et cultivée où coule le Niger. C'est un grand rectangle de quatre-vingt-quatorze mètres trente de longueur sur soixante-sept mètres de largeur, flanqué sur les faces ouest, nord, sud, par des pavillons en maçonnerie. Le pavillon occidental sert d hôpital, celui du nord est habité par les officiers, au sud logent les soldats européens. A l'est se trouve une seconde enceinte renfermant des magasins, des logements, au milieu de laquelle se dresse un superbe doubalel. La porte orientale est fermée par un pont-levis.

Le pavillon des officiers contient la poudrière et comprend six chambres. M. le docteur Tautain, ancien médecin de la marine et compagnon de mission du colonel Gallieni, commandait alors le cercle de Bammako. M. le docteur Jouenne, médecin de seconde classe de la marine, qui devait m'accompagner plus tard, était chargé du service de santé du fort.

La garnison, commandée par M. Loyer, capitaine d'infanterie de marine, se composait principalement d'une compagnie de tirailleurs Sénégalais, avec cadres européens, occupant un grand camp au nord du fort. Chaque tirailleur y a sa case construite en terre et en paille où il habite avec sa famille. Avec ses rues bien alignées, ses plantations nouvelles, ce camp est fort pittoresque ; il est animé par la présence des femmes noires et de leurs enfants.

Quelques artilleurs européens pour le service des canons de quatre, un télégraphiste, des infirmiers noirs, des indigènes pour le service intérieur, forment le reste de la garnison. Des vivres pour un an, un puits dans la grande enceinte, enfin un troupeau de bestiaux dans l'angle mort de la face nord-est, permettraient de subir un long siège, en attendant des secours.

A peine arrivé à Bammako, je demeurai plusieurs jours malade de corps et d'esprit. L'on ne se figure pas aisément, quand on ne l'a pas ressenti, le vide cérébral qui suit les grosses fatigues éprouvées au Soudan ; c'est à croire que la pensée va vous échapper pour toujours. Quelques jours de repos me remirent cependant sur pied.

Deux jours après mon arrivée, je reçus la visite de Titi, roi de l'Etat de Bammako. Lorsque M. le colonel Desbordes arriva en face de Bammako, la ville était divisée en deux camps, d'un côté les Bambaras fétichistes, nos amis, de l'autre les Maures ou commerçants musulmans qui nous étaient hostiles. Titi était le chef du premier parti. Tiékoro, Sidikoro, Karamokobilé étaient à la tête du second. A notre venue Tiékoro et Sidikoro payèrent de leur vie leurs mauvaises intentions. Karamokobilé fut épargné, à cause des bonnes dispositions qu'il avait témoignées à la mission Galliéni, après l'attaque de Dio. Titi devint le chef du village et resta d'autant plus dévoué à nos intérêts qu'il était plus compromis. Il a coutume de répéter que, si les Français quittaient le pays, sa tête ne resterait pas longtemps sur ses épaules, et ce serait vraiment dommage, car Titi est un homme de près de deux mètres de hauteur. Il est de la famille des Niarés (Saracolets croisés de Bambaras) et la dignité de son maintien, lorsqu'il est à jeun, pourrait inspirer une certaine déférence ; malheureusement la passion de l'alcool l'entraine souvent aux plus grands excès. Un captif porte toujours devant lui le grand sabre de cavalerie qui lui a été donné en signe d'investiture.

En me promenant dans le village, j'allai, un matin, rendre visite à Titi. La veille, il avait fait des libations copieuses qui s'étaient prolongées très tard dans la soirée, et il n'était pas encore levé. Il vint me rejoindre à cheval, entouré d'un nombreux cortège, et s'excusa de ne pas être arrivé de suite.

Le village de Bammako est situé à huit cents mètres environ dans l'est du fort. Bien qu'il ait une superficie d'un kilomètre carré, il ne compte pas plus de mille habitants, logés dans la partie centrale ; le tata et les cases extérieures sont en ruines. D'après Mungo Park, le commerce de Bammako était autrefois très florissant, par suite des échanges avec Tombouktou, Dienné, Kong, et du mouvement des grandes pirogues naviguant sur le Niger. La décadence de ce village date des guerres d'El Hadj' Omar ; il est resté néanmoins un lieu de passage pour les caravanes et on y trouve encore quelques commerçants aisés. Titi peut vivre largement, acheter des femmes nombreuses, entretenir des griots, avec les coutumes qu'il perçoit.

Autour de Bammako et dans le village même, il n'y a que quelques arbres par suite de la transformation de la plaine en lougans de mil, de riz ou d'indigo. Toutefois, dans le nord du village, à deux cents mètres environ, se trouve un petit bois sacré où le fétiche ou nama, représenté par un sorcier déguisé, est censé rendre ses oracles. Pour ma part, je n'ai jamais remarqué, en passant près de cet endroit, autre chose que des ordures.

Dans le sud-ouest de Bammako, à huit cents mètres, coule le Niger, large d'un kilomètre. J'avais eu hâte de courir sur ses bords dès le jour de mon arrivée et, bien qu'à cette époque, le Dioliba fût presque à sec et peu majestueux, je n'en ressentis pas moins un plaisir extrême à considérer ses eaux qui devaient m'entraîner vers Tombouktou ; mais, en attendant, j'avais à construire une coque en bois destinée à porter une machine venue de France.

Le général Faidherbe écrivait en 1885 : « D'ici quelques années, il sera indispensable d'avoir sur le Niger plusieurs batiments à vapeur. Il faudrait faire faire immédiatement, pour le service de l'Etat, un vapeur de dimensions plus grandes que celles de la chaloupe *le Niger* et qui la doublerait. On ne peut songer à faire venir la coque de France ou à fabriquer la machine à Bammako. Il faut donc construire là-bas le navire en bois sur un modèle donné par le service des constructions navales du ministère de la marine qui fera fabriquer en France la machine à y adapter, laquelle machine serait démontable pour être transportée comme l'a été la canonnière *le Niger*. »

Si donc on veut avoir une flottille sur le Dioliba, il faut construire un atelier à Bammako ; car, d'une part, le type du *Niger* est insuffisant, et, de l'autre, le prix de transport d'une coque un peu grande serait trop onéreux. Le *Niger* pesait environ dix tonnes et on a calculé que chaque kilo avait supporté dix francs de frais (cent seize mille francs en tout). Les routes ayant été bien améliorées depuis 1884, on ne devrait plus compter que deux francs par kilo (1), soit cent mille francs pour une coque de vingt-cinq tonneaux de poids, chiffre encore trop onéreux. De plus, d'ici plusieurs années, on ne pourra songer à transporter des pièces dépassant cinquante kilos. Enfin, et en admettant même que les communications deviennent plus faciles et plus économiques, la nécessité d'un chantier à Bammako ne s'en imposerait pas moins pour les réparations.

Je choisis l'emplacement du chantier au bord du fleuve, près de l'endroit même où M. Froger avait lancé la canonnière *Niger* sur une petite éminence située à quinze cents mètres à vol d'oiseau dans le sud-est du fort. Cette presqu'île, entourée par le fleuve et par un marigot qui se jette à angle droit dans le Dioliba, avait l'avantage de n'être couverte qu'en août, alors qu'au mois de juin, la plaine alentour est déjà inondée. Il n'y avait donc pas à craindre que, par une hausse rapide, les eaux vinssent battre la coque avant son achèvement.

C'est en me rendant au chantier que je rencontrai pour la première fois, le 10 février, la théorie des jeunes filles circoncises, au lendemain de l'opération. La circoncision est faite par les forgerons avec force réjouissances ; au bout de

---

(1) Ce chiffre résulte d'un compte spécial dressé lors de la montée de mon convoi.

quarante à cinquante jours, la guérison est complète et donne lieu à une nouvelle fête. On prétend que la circoncision, faite au moment de la nubilité, a pour but de rendre les femmes bambaras plus fidèles ; ce qu'il y a de certain, c'est qu'elles sont très légères et que leurs maris ne semblent pas s'en émouvoir beaucoup. Pendant tout le temps de la guérison, les circoncises habitent, de jour, en dehors des villages et, la nuit, dans des locaux spéciaux. Rien n'est plus curieux que de rencontrer dans la campagne la théorie des circoncises recouvertes d'un grand voile blanc qui les fait ressembler à des religieuses, chantant des sortes de cantiques en s'accompagnant avec des calebasses remplies de petits cailloux. Elles sont accompagnées de matrones qui les conduisent avec lenteur et en mesure jusqu'au lieu de repos choisi et elles sont suivies de femmes qui portent les provisions. Pendant les premiers jours, ces jeunes filles marchaient gravement en procession, mais, sur la fin, et, sans doute, à mesure que la guérison s'avançait, elles étaient devenues fort rieuses.

A partir du 10 février, je les croisais tous les jours en allant au chantier, dont l'établissement se dessinait déjà. La plus grosse difficulté était d'avoir des bois de construction que l'on ne rencontre, par suite du déboisement de la plaine, qu'à douze kilomètres du fort, dans les gorges des monts de Bammako. Là, les essences sont nombreuses et variées, telles que le cailcédra, le doundoul, le vène, le palikont, le shaw, le karité, le dancre et le dimb. Je dus faire abattre environ deux cents gros arbres qui ne laissaient pas d'être difficiles à transporter, par un chemin abrupt, non frayé, sillonné de marigots (1) et long de douze kilomètres. Une pièce, une fois dégrossie, se trouva avoir six mètres cinquante centimètres sur trente-huit centimètres d'équarrissage et peser douze cents kilos ; on la fit reposer sur des traverses et charger sur la tête des indigènes qui ne savent pas porter sur l'épaule. Cinquante hommes n'étaient pas de trop pour un semblable fardeau ; encore arrivait-il qu'ils se blessaient : le trajet durait deux journées.

Sur les neuf ouvriers que j'avais recrutés à Saint-Louis, il n'y en avait que trois qui fussent de bons charpentiers ; les autres n'étaient que menuisiers, à commencer par le contre-maître, et cela ne les empêchait pas d'être tous très orgueilleux de leur savoir. Ma présence au chantier était nécessaire pour empêcher les rivalités de dégénérer en querelles et, après quelques essais infructueux, je me vis forcé de tracer moi-même le gabarit de toutes les pièces, d'autant que j'avais été obligé de donner la direction des coupes dans la brousse, au seul ouvrier intelligent, sachant écrire et comprenant ce que c'est qu'un plan. Deux ouvriers de Saint-Louis lui étaient adjoints, il n'en restait plus que six au chantier. Titi me donnait quelques forgerons ou bûcherons (laobés) pour aider à abattre les arbres ; tous les jours, le village fournissait un grand nombre de manœuvres pour les transports.

Le 13 février eut lieu l'inauguration du chantier qui se fit avec une certaine solennité. Sur l'éminence nue et déserte quinze jours auparavant, s'élongeait déjà la quille,

---

(1) L'un d'eux est le Onéyako où Fabou, frère de Samory, fut complètement défait par nos troupes, le 2 avril 1883.

longue de vingt mètres, reposant sur des tins, surmontée de l'étrave et d'un maître couple. Un grand atelier et des cases avaient été construits ; çà et là gisaient d'énormes pièces de bois ou se dressaient des établis. On enguirlanda la quille de feuillages, les pavillons furent hissés, MM. Tautain et Loyer, les parrains, enfoncèrent la première cheville, pendant que le clairon sonnait et que mes hommes exécutaient des feux de salve. Un lunch préparé au chantier termina la fête. Le lendemain, j'étais en route pour Manambougou.

Je partais avec cent porteurs chargés des rechanges pour la canonnière le *Niger*. Les chemins du Méghétana, province qui commence à Bammako, n'étant pas fréquentés par la colonne, ne sont pas entretenus ; cependant, jusqu'à Moribabougou, la route est bonne et longe le Niger. Elle passe devant les rapides de Sotuba, franchissables seulement pendant quinze jours par an, au mois de septembre, époque des plus hautes eaux. A quelque distance de Moribabougou, on traverse un marigot très escarpé, où mon cheval faillit se blesser, en tombant par une nuit noire. Nous arrivâmes en pleine obscurité au village et j'en éprouvai un vif mécontentement, à cause de la difficulté de surveiller les porteurs qui s'en vont souvent en abandonnant leur charge sur la route. Une fois de plus, j'avais été trompé sur la longueur du chemin par les renseignements des indigènes qui, pas plus d'ailleurs que certains de nos paysans en France, n'ont le sentiment exact du temps et de la distance. Le chef du village vint me voir, sans que je pusse seulement distinguer ses traits et m'apporta du lait, dès qu'il eut appris que le second-maître Chaline était malade. Depuis, j'ai toujours trouvé dans mes voyages, entre Bammako et Manambougou, un accueil empressé chez ce chef que nous appelions communément « le père Moriba ».

Le lendemain matin, nous nous mettions en route vers deux heures pour arriver à Manambougou à neuf heures. Bien que ce poste ne soit pas distant de Bammako de plus de trente-cinq kilomètres en ligne droite, on fait bien quarante-cinq kilomètres de route, à cause des tours et détours. Entre Moribabougou et Manambougou, le chemin est coupé par des contreforts escarpés des montagnes du Bélédougou et par quatre marigots difficiles.

Le poste de Manambougou est situé dans une vallée assez riante, semi-circulaire, qui a le Niger pour diamètre et est entouré de collines élevées de 100 mètres environ, où M. Davoust avait établi un sanitorium. Le village, pauvre, de création récente, divisé en deux parties, est bâti à six cents mètres environ du fleuve, dans un terrain assez fertile. De nombreux roniers dressent leurs panaches élevés, élégants, dans la plaine. Le poste est établi à deux cents mètres du Niger, sur une petite éminence de cinquante mètres de largeur et de deux cents mètres de longueur. Il est divisé en deux parties : la première qui contient les cases du personnel et les magasins ; la seconde, plus considérable, est dite « camp des tirailleurs ». La garnison se compose en tout d'une escouade de tirailleurs avec leurs femmes et enfants.

Toutes les cases sont en bois et en terre, recouvertes de paille. La plus grande, celle du commandant, a une forme bastionnée et rappelle un peu une pagode chinoise. A l'époque des guerres de Samory, en 1885, M. Davoust avait fait construire, autour du poste, un retranchement qui existe encore, et, au centre de l'éminence, une plate-forme fort ingénieusement supportée par quatre troncs de roniers, sur laquelle il avait mis un Hotchkiss, à sept mètres de hauteur. Aujourd'hui encore, c'est là qu'on hisse le pavillon.

Dès mon arrivée, je courus à la canonnière le *Niger*, qui flotte dans un bassin toujours rempli, même aux plus basses eaux. Si petite qu'elle soit, dix-huit mètres sur trois mètres, quand on la découvre très coquette, elle fait le plus grand plaisir à voir. On s'étonne de la trouver à quinze cents kilomètres de la mer, surtout en songeant aux efforts extraordinaires qu'ont nécessités son transport et son montage. Pour le marin, c'est une joie de revoir un bateau ; pour le commandant, c'est un plaisir de rencontrer son bâtiment.

La berge, qui domine de plusieurs mètres le Niger aux basses eaux, est entourée d'un retranchement en forme de lunette construit par M. Davoust.

Je trouvai la canonnière en fort bon état, grâce aux soins du second-maître Durand, resté seul Européen, avec le quartier-maître mécanicien Guégan.

Le soir, les chefs des villages vinrent me faire visite et m'apporter des cadeaux consistant en chèvres, poulets, œufs, beurre et lait, que je leur payai. Ils protestèrent de leur dévouement et de leur respect pour le commandant de la canonnière qui, placé à l'extrême avant-garde du Soudan français, est administrateur, chef politique et judiciaire.

Le lendemain matin eurent lieu des essais de machine satisfaisants, sauf au point de vue de la vitesse, bien diminuée par suite de l'échouage en 1885. J'expédiai le jour même en France Durand et Guégan, qui étaient très fatigués ; le second-maître devait mourir malheureusement au moment de prendre le paquebot à Dakar pour rentrer en France, où l'attendait une récompense bien méritée. N'ghi, chef du village de Manambougou, vint me voir dans la soirée. Avant l'arrivée des Français à Bammako, il était resté trois ans prisonnier d'Ahmadou, roi de Ségou, dont dépendait alors Manambougou. Ce village n'a d'ailleurs pas toujours été aussi pauvre qu'il l'est actuellement; avant les guerres d'El Hadj' Omar, qui détruisit le tata dont on voit encore aujourd'hui les ruines, le commerce du sel avait lieu par le fleuve avec Tombouktou. Ahmadou avait fait appeler N'ghi à la suite de plaintes qui lui avaient été adressées par des personnes jalouses de son autorité et de son influence, et ne lui donna la liberté qu'après le passage de la canonnière devant Ségou-Sikoro, en 1885. N'ghi me raconta à cette occasion que les jeunes gens voulaient attaquer la canonnière, mais que les vieux combattants qui avaient habité le Fouta Sénégalais et fait les guerres d'El Hadj' Omar répondaient : « Vous ne savez pas ce que c'est qu'un petit bateau comme cela. Non seulement le premier qui tirerait serait tué, mais encore la ville serait détruite quelques mois après. » N'ghi ajouta qu'Ahmadou avait écrit du Nioro à son fils de laisser la canonnière tranquille, même si elle venait à mouiller devant Ségou, et qu'il se chargerait lui-même de régler la question.

N'ghi, comme Titi à Bammako, est jalousé par les riches notables, à cause de l'autorité que les Français lui ont donnée. Il est, d'ailleurs, dévoué et assez intelligent, mais a le grand défaut de boire beaucoup d'eau-de-vie et surtout de dolo, boisson faite avec du mil fermenté, ressemblant assez à la petite bière, sauf par l'odeur, qui est désagréable.

Au Soudan, il n'y a pas d'organisation judiciaire. Les marabouts, chez les Toucouleurs, les chefs, assistés des notables et des sorciers, chez les Bambaras, rendent des arrêts. Depuis notre arrivée, les indigènes, frappés de notre esprit de justice, s'adressent volontiers à nous pour trancher leurs différends.

A Manambougou, j'avais l'habitude de recevoir les plaintes, que je tranchais généralement suivant les coutumes du pays et le droit naturel. La première affaire dont j'eus à m'occuper peint un côté curieux des mœurs bambaras en ce qui concerne le mariage. Le nommé Koundiah, du village de Sala, avait marié ou vendu sa fille, comme on voudra, moyennant une dot reçue par lui de cent quarante mille cauris, environ trois cents francs. La mariée, se trouvant mal chez son mari ou maître, s'était enfuie près d'un tirailleur nommé Minkoro, alors au camp de Manambougou. Le tirailleur la renvoya à son père qui, à son tour, la fit reconduire par son frère chez son mari. Celui-ci ne voulut pas garder sa femme, la congédia, et, voulant être remboursé de la dot, garda son frère jusqu'à parfait paiement. Finalement, la femme étant retournée près du tirailleur, le père réclamait à son tour à Minkoro sa fille ou les cent quarante mille cauris.

Minkoro ne pouvant payer, je fis rendre la fille au père, et j'ordonnai au mari de relâcher de suite le frère. Quant au père, il dut rembourser la dot, sauf une certaine partie que je lui allouai pour le dommage que lui avait causé l'arrestation de son fils. Il est d'usage, en effet, chez les Bambaras, que le mari peut divorcer quand il a lieu d'être mécontent de sa femme, et qu'il a le droit de réclamer le payement de la dot. Je dois ajouter que j'avais fait tous mes efforts pour réunir les époux ; mais, pas plus l'un que l'autre ne désirait renouveler l'épreuve. Le plus mécontent de tous était le père, qui exécuta cependant la sentence, comme je l'appris plus tard.

Le soir de ce jugement, avait lieu au village un enterrement au sujet duquel N'ghi vint me prévenir de ne pas m'inquiéter du grand bruit qu'on mènerait. Toute la soirée, j'entendis des pleurs, des cris, et aussi des hurlements bizarres dans la campagne, que poussaient sans doute les sorciers se livrant à leurs jongleries habituelles ; mais j'essayai en vain de les surprendre. Les indigènes ne s'écartaient pas du village, dans une sorte de crainte superstitieuse que le mort ne les emportât, et les femmes restaient cachées dans les maisons. Le cimetière est proche du village et les tombes ne se distinguent par rien de particulier.

Le dimanche 20 février, je réunis en un grand palabre presque tous les chefs du Méghétana, depuis Sala jusqu'à Koulikoro. Je les avais rassemblés à cause des méfiances excitées par les partisans d'Ahmadou, qui colportaient partout que le roi de Ségou avait traité avec la France contre les Bambaras et rappelaient à ceux-ci que Mage et, plus tard, le colonel Galliéni, s'étaient rendus directement chez Ahmadou. Ils avaient aussi bien soin de faire remarquer que le colonel Galliéni était maintenant commandant supérieur.

Après les salutations d'usage, je prononçai quelques paroles pour convaincre les chefs de la nécessité de faire la paix entre eux pour rester forts contre leurs ennemis qui étaient les nôtres. Je les assurai qu'ils étaient nos alliés, que nous ne les abandonnerions pas, qu'ils étaient sous notre protection et qu'ils n'avaient rien à craindre. J'ajoutai que mes intentions particulières à leur égard étaient bonnes, qu'elles demeureraient telles s'ils me fournissaient régulièrement les porteurs et les vivres dont j'avais besoin pour le poste, enfin, qu'ils trouveraient toujours en moi un chef prêt à leur rendre justice.

Ce petit discours ne me sembla pas convaincre les chefs; ils avaient dans la tête ce que leur répétaient les espions d'Ahmadou, à savoir qu'il avait traité avec nous contre eux et la présence à Bammako des frères d'Ahmadou, Ahmidou et Mounirou les entretenait dans cette conviction. Ces deux princes toucouleurs, menacés de mort par Ahmadou, étaient venus se réfugier à l'abri de notre pavillon et avaient été bien reçus par le Commandant supérieur, en attendant l'occasion de les employer.

Le chef de Koulikoro, Odiou, n'était pas venu au palabre, à cause sans doute des nombreux méfaits qu'il avait à se reprocher à l'égard de mon prédécesseur, M. Davoust. Il s'était fait représenter par son frère et son captif de la couronne; c'est ce dernier qui prit la parole pour me saluer. Mieux vêtu que tous, d'un boubou d'un rouge éclatant, investi de la confiance de son chef, il était une preuve vivante du sort heureux des captifs de cases, c'est-à-dire les fils des captifs faits à la suite d'une guerre. Mais si d'une façon générale les captifs sont bien traités par leurs maîtres, il n'en reste pas moins qu'ils ont été enlevés par la force et contre leur gré à leur patrie et à leur famille.

Etait venu aussi de Koulikoro le frère de Vé, guerrier

bambara célèbre dans le Meghétana, investi longtemps de la confiance du Commandant de cercle de Bammako ; mais, un beau jour, il enleva en croupe la femme du distributeur Médoune, réputée pour sa beauté, et s'enfuit à Yamina. Depuis, Vé menait une conduite très louche, et son frère me parut aussi sujet à caution : il essaya de circonvenir mon interprète l'honnête Sory, qui vint me rapporter de suite leur conversation.

Le palabre se termina par une distribution de cadeaux en échange des chèvres et des poules que m'avaient données les chefs. Je distribuai surtout du calicot qui est fort estimé dans le pays. Les chefs et notables s'en allèrent ensuite au village s'enivrer de dolo, complément indispensable de toute fête bambara.

Pendant mon séjour à Manambougou, je mis en œuvre différents travaux d'amélioration et notamment un jardin, afin que les hommes pussent avoir quelques légumes frais. Je réglai aussi le chronomètre et le compteur qui devaient me servir lors de mon exploration et qui, malgré l'âge des huiles, avaient une marche réduite et assez régulière. Toutes les positions astronomiques qu'on trouvera dans ce livre ont été calculées en prenant pour point de départ Manambougou.

> Longitude 9° 54' ouest.
> Latitude 12° 46' nord.

La veille de mon départ, il y eut une grande fête au village, à l'occasion du commencement du débroussaillement des lougans et des semis Les griots conduisirent les travailleurs aux champs en dansant et en chantant, et l'ouvrage commença avec force cris.

En arrivant à Bammako, vers cinq heures du soir, je me rencontrai avec un joyeux cortège où les griots faisaient tapage. C'était Titi qui mariait une de ses filles et la conduisait à son fiancé, en croupe, revêtue d'un grand voile noir. Les fusils partaient de tous les côtés, les cavaliers galopaient en grande fantasia, et, par-dessus tout, dominait le bruit sourd du tam tam. La noce se termina par un grand repas principalement composé de couscous au poulet et de dolo ; puis, chacun s'en retourna chez soi complètement gris. Quant à Titi, il avait toutes les peines du monde à monter le cheval sur lequel il partit soutenu par quatre de ses gens.

CHAPITRE VIII

Cour martiale. — Les Termites. — Un dimanche à Bammako. — Changement de temps. — Baptême du Mage. — El Hadj Abd el Kader. — Karité. — Teintures. — Première tornade. — M. Lefort. — Voyage à Manambougou. — Difficultés de se procurer du mil. — Les gris-gris. — Construction d'un chaland. — Cartes indigènes. — Un Européen à Bandiagara. — Opinion de Tidiani sur les Français.

Le lendemain matin, je me rendis au chantier où les ouvriers avaient profité de mon absence pour faire peu de besogne. Je changeai le mode de travail et chaque ouvrier fut mis à la tâche, ce qui donna de bien meilleurs résultats. Le 25 février je reçus une dépêche du Commandant supérieur annonçant que, sur ma proposition, la canonnière en bois prendrait le nom de *Mage*, le premier officier de marine qui ait vu le Niger.

Ce jour-là arrivait aussi l'ordre de convoquer les officiers du fort en cour martiale pour juger un malinké qui avait tué un dioula (marchand indigène voyageur), dans le Manding, pays situé à l'ouest du Dioliba, entre Bammako et Siguiri. Pendant l'audition des témoins, l'accusé, assis par terre, les jambes croisées, ne cessa de ricaner, de rouler la tête de droite et de gauche, de cracher et même d'éructer, ce qui n'est pas d'ailleurs une impolitesse au Soudan. Il niait tout, mais les témoins étaient nombreux et, l'un d'eux, voulant sans doute être favorable à l'accusé, déclara que, dans le Manding, « ce n'est pas une affaire très importante que de tuer un dioula. » En effet, d'après les coutumes du pays, l'assassin devient simplement le captif de la famille de la victime. Cet avocat maladroit amena le résultat que le meurtrier fut condamné à mort. L'exemple était nécessaire pour assurer la sécurité des routes aux dioulas. Ce malinké se laissa fusiller sans broncher, et en vérité le fatalisme existe chez tous les noirs, qu'ils soient musulmans ou fétichistes.

Le 5 mars, un incendie qui aurait pu avoir les plus graves conséquences se déclarait dans une des cases que j'avais fait construire au chantier. Elle fut dévorée par les flammes en cinq minutes ; mais le bonheur voulut qu'elle se trouvât sous le vent. Dès lors, je fis revêtir toutes les constructions à l'intérieur, suivant la mode indigène, d'une couche de terre protectrice contre l'incendie, mais non contre les termites qui ne tardèrent pas à les envahir. Le termite est une espèce de fourmi blanche qui ronge le bois en s'entourant de terre, et il n'est pas rare, au Soudan, de rencontrer de vastes terrains couverts de termitières que ces animaux ont construites là où le fer et la hache n'avaient laissé que des troncs et des souches. Ces fourmis accomplissent, sans autre bruit qu'un petit grésillement, leur travail de destruction. Une case s'écroule sans cause apparente ; regardez un morceau de bois de la charpente et vous vous apercevrez bientôt qu'il est creux au dedans, et qu'il ne reste plus qu'une écorce de terre trompeuse pour l'œil. Toutefois, certains bois ne sont pas attaqués par ces animaux, et, quoi qu'on en ait dit, les coques des bâtiments à flot ne sauraient être mangées par ces fourmis qui ont besoin de terre pour mener à bien leur mauvaise besogne.

Le 6 mars était un dimanche et, pour la première fois, je pus goûter un repos complet. J'en profitai pour écrire les notes suivantes que je transcris textuellement.

La nuit s'est écoulée, lourde et agitée, fiévreuse. Peu de temps avant le lever du soleil, le jour paraît ; c'est le moment favorable pour aller respirer un peu la fraîcheur et aussi dissiper par une promenade la lourdeur de tête et la courbature générale d'un mauvais sommeil. La diane vient de sonner, les tirailleurs arrivent à l'appel en caquetant comme des femmes, on ouvre les magasins, le fort s'anime. Après un coup d'œil jeté du haut de la galerie du bastion sur tout le remue-ménage, je descends encore engourdi dans la cour du fort, et traversant la grande porte où tout le poste se lève, j'arrive aux jardins établis tout près de l'enceinte à droite et à gauche de l'allée des flamboyants. La terre y est trop argileuse et l'eau y manque un peu ; à force de soins on y récolte des légumes de France, tels que carottes, navets, oignons, choux et même quelques melons. Seules, les tomates et les aubergines poussent naturellement, surtout les petites tomates grosses comme des cerises, dont le goût acidulé est si agréable au palais toujours brûlé et desséché. Après avoir examiné lentement les plates-bandes, je me rends à la plantation spéciale de goyaviers qui se trouve sur la route de France.

En tournant à gauche, on va au cimetière. Là dorment des héros qui sont morts en faisant obscurément leur devoir pour la patrie et qu'elle ne connaît point ; des croix surmontent les tombes creusées profondément et recouvertes de grosses pierres pour que les hyènes ne puissent accomplir leur funèbre besogne. Ces tombes sont régulièrement alignées, comme à la parade, celles des officiers en rang à part. Une palissade haute, serrée, enclot ce champ mortuaire fermé par une barrière dont je soulève le loquet et je m'en vais sans bruit pour ne pas réveiller les glorieux qui reposent en paix.

Huit heures ont sonné et le soleil, déjà ardent, invite à rentrer au fort. A la grande porte, les femmes des tirailleurs indigènes attendent déjà depuis longtemps que l'heure de la distribution ait sonné ; la viande, le sel, le sucre et le café sont rangés par petits tas comme les produits que l'on vend sur les marchés indigènes. Les femmes bavardent et se disputent ; toutes ont un pagne, quelques-unes, des Pouhles ou des Toucouleurs, portent un bourtouguel sur la tête, beaucoup balancent des enfants attachés sur le dos. Un soleil cru avive leurs visages noirs, cuivrés ou blancs terreux, ainsi que leurs vêtements rouges, jaunes, blancs ou bleus. Le clairon vient de sonner, la distribution a lieu et les femmes s'en retournent préparer le repas de leurs maris, non sans des querelles ou des reproches à celles qui ont eu un meilleur morceau ou un tas un peu plus gros. Une baguette à la main, un vieux caporal de tirailleurs intervient et les sépare.

Comme sur les bâtiments, une sonnerie spéciale annonce le déjeuner à onze heures. La salle à manger de Bammako, comme à bord, n'est que le vestibule sur lequel donnent toutes les chambres. Au fort, tous les officiers sont au mieux ensemble et les repas sont gais et animés.

Il est midi, le soleil tombe d'aplomb, invitant à la sieste, rien ne bouge dans le fort, l'air est sans mouvement, les animaux eux-mêmes se taisent. La plaine, grise de poussière, paraît blanche sous l'ardeur du soleil et les montagnes ferrugineuses rougissent comme si elles étaient en fusion, aucune verdure ne vient reposer l'œil, c'est la fin de la saison sèche. Et, dans ce silence lourd, je songe à la France, à mes parents absents, à mes amis qui sont si loin. A Bammako, il faut trois mois pour recevoir une réponse aux lettres ; mais quelle joie quand le courrier arrive. Plusieurs jours à l'avance on le guette du haut du fort, espérant toujours qu'il aura gagné quelques journées ou quelques heures au moins. A la sonnerie du courrier de France, chacun court à la poste ; mais, aujourd'hui, le clairon se tait et, comme c'est dimanche, on n'entend même pas la diane accoutumée de deux heures.

Cependant, à mesure que le soleil tombe, la vie commence à renaître dans le fort. Déjà le tam-tam résonne sourdement dans le village pour annoncer la fête ; puis les griots accélèrent la cadence et font tapage pour appeler les noirs ; des chants se font entendre et les négresses, oublieuses de leur triste sort, vont danser. Chez les Bambaras surtout, la femme est l'esclave du mari ; à elle le soin de la maison, de piler le couscous et de travailler aux champs. Quand elle est mère, il lui faut exécuter tous ces travaux avec son enfant attaché au dos par une pièce d'étoffe qui, prenant sur les reins, les déforme rapidement. La danse est sa seule distraction et elle s'y livre avec frénésie, d'une façon rarement gracieuse, souvent obscène.

Titi préside à la fête ; il s'est procuré de l'eau-de-vie pour faire dimanche et, quand il a bu, il ne dédaigne pas de danser le pas du sabre qui, exécuté par ce grand corps avec sauvagerie, ne manque pas de caractère. Sur la route du village, les petits, noirs, eux aussi, accostent les blancs pour demander « leur dimanche », c'est-à-dire quelque monnaie. A mesure que le soleil se couche, le dolo ainsi que le tam-tam aidant, la fête devient plus tumultueuse et licencieuse.

Le dîner a lieu dans la grande cour du fort; malgré le peu d'appétit des convives, il dure le plus longtemps possible et se prolonge en causeries pour atteindre la retraite de neuf heures; chacun rentre alors dans sa chambre, encore surchauffée, où les moustiques s'agitent dès que la lumière est allumée et s'apprêtent en sifflant à livrer un rude combat pour tâcher de se glisser par quelque trou inaperçu des moustiquaires.

Le 9 mars, la chaleur augmenta tout d'un coup, le thermomètre se tenant à trente-deux degrés de moyenne à l'ombre; le 14, la température devint excessivement lourde et, au matin, le courant humide du sud-ouest envahit le ciel pour la première fois. Ce jour-là eut lieu le départ de MM. Tautain et Quiquandon, lieutenants d'infanterie de marine, allant en mission vers Ségala; je les accompagnai quelque temps sur la route de Bankoni ou du Bélédougou qui traverse des gorges accidentées et couvertes de végétation. Le 16 mars éclata la première tornade, très légère, mais annonçant l'approche de la saison des pluies. Le 25, la journée fut lourde et chaude; vers le soir, une tornade sèche survint. Quelques gouttes de pluie tombèrent le 26 au matin avec temps couvert et vent du sud-ouest. A partir du 25, je constatai une hausse des eaux du Niger que j'attribuai aux pluies qui devaient avoir lieu en amont, vers les sources. La colonne commandée par M. le lieutenant-colonel Galliéni arriva le 1er avril à Bammako et il fut décidé par le commandant supérieur que le baptême du *Mage* aurait lieu le 4 avril.

Cinq coups de canon annoncèrent l'arrivée du colonel et de tous les officiers de la colonne. Pendant que les clairons sonnaient aux champs et qu'une section de tirailleurs exécutait des feux de salve, M. le colonel Galliéni s'approcha du *Mage* pour le baptiser et, quand l'artillerie eut terminé, prononça quelques paroles pour complimenter le commandant et le personnel du *Niger* sur la réussite de la construction du *Mage*, ainsi que pour souhaiter bonne chance à la mission de Tombouktou. Grâce aux quelques provisions que je possédais et à celles que M. le capitaine Loyer voulut bien y adjoindre, un lunch avait été préparé sur les établis des charpentiers. Quand chacun y eut pris place, je levai mon verre pour porter un toast à M. le colonel Galliéni et le remercier de sa bienveillance. M. le commandant Vallière prononça à son tour quelques paroles fort applaudies qui se terminaient ainsi : « Bientôt les couleurs françaises flotte- « ront au port de Tombouktou et ce succès retentissant « montrera à l'Europe et au monde entier que si l'on échoue « dans le Soudan Egyptien, on n'échoue pas dans le Soudan « Français. »

La fête se continua jusque vers dix heures, éclairée par des fusées, animée par de joyeuses chansons, au milieu d'une foule d'indigènes accourus du village.

A la suite de la colonne se trouvait Abd el Kader, venu à la fin de 1884 à Paris comme ambassadeur de Tombouktou, que le commandant supérieur mit à ma disposition pour l'employer le plus utilement possible.

Abd el Kader, Ould Bakar Djeberi, appelé communément

El Hadj ou Al Hadi (le pèlerin), maure de Tombouktou, me raconta plus tard comment il avait été amené à entrer en relation avec les Français ; je lui laisse textuellement la parole.

« En 1883, mes affaires de commerce m'avaient appelé à
« Médine où je demeurai, pendant tout l'hivernage, dans la
« maison d'un nommé Sambala. Au cours de mon séjour, le
« commandant de Médine me demanda de le conduire à
« Tombouktou.

« Je me mis en marche vers cette ville pour aller deman-
« der l'autorisation à Al Khaia, le chef de Tombouktou ;
« mais, à peine avais-je quitté Médine, que je fus blessé
« d'un coup de feu à la jambe à Tambakoubafara, près
« Médine (il me montra en effet la cicatrice sans m'en expli-
« quer la cause). Je fus obligé de m'arrêter et j'envoyai
« mon captif Bilali à Tombouktou avec une lettre pour mon
« père qui devait être remise à Al Khaia. Une fois guéri,
« je me mis en route pour Tombouktou et, en chemin, à
« Mourdia, je reçus une lettre d'Al Khaia. Elle était adres-
« sée au gouverneur de Saint-Louis ; elle disait qu'Al Khaia
« ne voulait pas qu'une armée vînt dans sa ville ; qu'il
« recevrait bien un individu chargé de s'entendre pour le
« commerce. Je remis cette lettre au commandant Combes,
« commandant alors les cercles à Kayes, qui la fit parvenir
« à Saint-Louis où je fus appelé et, de là, j'allai en France,
« demandé par le ministre.

« A Paris, il fut convenu que je conduirais M. Angéli,
« interprète d'Algérie, à Tombouktou. Je revins tout seul
« à Saint-Louis où l'on racontait toutes sortes de mauvaises
« histoires sur mon compte. Voyant que M. Angéli n'arri-

« vait pas, je suis parti pour Tombouktou où j'appris
« qu'Al Khaia était mort. Je répétai à son fils Rhiaia qui lui
« avait succédé ce dont il s'agissait et il répondit la même
« chose que son père. Il appela Al Cadi Alpha Sansirifi qui
« existe encore, pour écrire une lettre que je pris ; je reçus
« un cachet et me mis de nouveau en route pour Saint-
« Louis. En arrivant dans cette ville, j'ai remis la lettre au
« gouverneur. Depuis, je n'ai plus entendu parler de rien
« jusqu'au moment où le colonel m'a amené vers toi. »

Pendant mon séjour à Saint-Louis, je n'avais pas été sans entendre parler d'El Hadj et, il faut bien le dire, d'une façon très défavorable. Aussi, dès notre première entrevue, je lui parlai avec une certaine raideur dans le but de l'éprouver. M. Mademba, Toucouleur, employé des télégraphes, secrétaire du colonel Galliéni, récemment décoré pour ses loyaux services, me servait d'interprète. A nous deux, nous brusquâmes un peu Abd el Kader et il me parut qu'il répondait avec une certaine franchise aux renseignements que je lui demandais sur les chefs, les notables et les percepteurs de Tombouktou. Je résolus donc de l'employer et de le faire partir à l'avance par la voie de terre, comptant qu'il me préparerait un bon accueil à Tombouktou.

La journée du 8 avril fut électrique, angoissante et se termina par une tornade sèche du sud-est qui soulevait dans la plaine une masse de tourbillons de poussière fort curieux. El Hadj vint me faire ses adieux en m'assurant que son père était très influent à Tombouktou. « Il ne faudrait
« pas, dit-il, épouvanter les commerçants par un déploie-
« ment de forces. Un pilote ira te chercher à Toundou-
« farma, où il y a un barrage dangereux. Pour moi, je t'at-

« tendrai à Koirétago, et quand tu m'auras rejoint, je te
« conduirai à Kabara, où des chevaux seront préparés pour
« aller à Tombouktou. » Abd el Kader ajouta : « On ne
« m'a donné que la ration indigène en France. Je te don-
« nerai la ration française à Tombouktou. » Sur cette belle
phrase que les faits devaient démentir, Abd el Kader me
quitta. Je lui fis cadeau personnellement de cinquante francs
et il me remit en dépôt un magnifique sabre qui lui avait
été donné en France pour être offert au chef de Tombouktou.
Le lendemain, il se mettait censément en route vers cette
ville, me prévenant qu'il allait passer par Ténétou N'Tiéla
et Dienné, d'où il s'embarquerait dans une bonne pirogue,
pour arriver en douze jours à Tombouktou.

En me promenant aux environs de Bammako, je rencontrai un jour un vaste terrain couvert de petits karités poussés tout seuls après un incendie. Cet arbre serait certainement une des productions les plus économiques de la vallée
du Niger, n'était l'insouciance des indigènes qui laissent le
feu dévorer de grandes forêts sous prétexte de culture et
déboisent rapidement le pays. Aussi, le kilo de beurre de
karité, dont les noirs se servent pour toutes espèces d'usages, vaut trois francs, quand il ne devrait presque rien coû-
ter. On peut extraire d'un beau karité par incision et chaque
année, plusieurs kilogrammes de gutta-percha ou Isonan-
dra Gutta produit devenu rare aujourd'hui sur le marché
européen.

La teinture rouge dont les Bambaras se servent pour les
selles et les babouches provient du chaume d'une espèce
particulière de mil appelée faraouaro ou rotang. Après avoir
lessivé pendant quelque temps les cendres d'un bois parti-

culier, on broie le chaume dans l'infusion et on obtient presque instantanément une teinture dont les nuances varient depuis le rose clair jusqu'au rouge foncé. Pour m'assurer si ce mil était réellement une espèce particulière et détruire l'opinion que j'avais entendu soutenir que la couleur était due à une piqûre d'insecte, je fis semer des graines de faraouaro, qui me redonnèrent absolument le même produit.

La couleur jaune est préférée par les Mandingues pour les boubous d'hommes et les pagnes des femmes. On l'obtient en triturant les feuilles d'un arbre appelé Kerkétha en malinké, Basi en khassonké et N' Kalama en bambara. Au pied de cet arbre croît une plante appelée N' Kalama Do qui sert de médecine pour les chevaux. La feuille verte du Kerkétha donne un vert jaunâtre de chlorophylle ; quand elle est sèche, on obtient le jaune des pantoufles ou des vêtements, en traitant la décoction bouillie par l'alun. Le jaune se tire encore des racines de petits arbres appelés Tlibara, en bambara ou de fleurs jaunes appelées Bobos.

On rencontre aussi, autour de Bammako, le Fouden, sorte de henné : certaines pierres probablement ferrugineuses peuvent remplacer le henné et sont appelées Tagout par les Bambaras. Le Ouolo (bambara) est un grand arbre dont les feuilles donnent une couleur d'un beau noir. Enfin, l'indigo pousse, en variétés nombreuses, fournissant des bleus de toute nuance, suivant le procédé employé. Les fleurs sont très rares autour de Bammako, comme en général dans le Soudan, sauf le gardénia blanc qui est très commun et qui exhale un parfum discret, mais agréable.

Le 13 avril eut lieu une des dernières belles journées de

saison sèche ; le 17, un orage éclata vers le soir, accompagné d'éclairs et d'un peu de pluie venant de l'est ; le 18, il en fut de même. La première vraie tornade, arrivée le 20 avril, commença par des tourbillons de poussière parcourant la plaine en tous sens et allant des nuages à la terre. Soudain, la nuée creva avec un grand fracas de tonnerre terrifiant ; puis, ce fut un déluge de grosses gouttes de pluie que sillonnaient des éclairs aveuglants. Las de la sécheresse perpétuelle, angoissés par la lourde température des jours précédents, nous prîmes plaisir à voir tomber cette pluie rafraîchissante. Elle ne dura qu'une heure ; mais, quand elle eut cessé, la plaine était méconnaissable. De petits torrents la traversaient en tous sens, la transformant en un lac de boue ; les arbres, débarrassés de la poussière par toute cette eau, semblaient déjà reverdir. L'hivernage était venu et la nature allait se développer dans toute sa splendeur ; mais, en même temps, arrivait la mauvaise saison pour les Européens, celle des fièvres paludéennes, des journées étouffantes, des nuits d'insomnie, par une température de serre humide, celle, enfin, des misères de toutes sortes pour les voyageurs.

Le matin, les Niarès avaient célébré la fête du Soni et toutes les femmes, dans leurs plus beaux atours, s'étaient rendues sous le doubalel sacré pour sacrifier au nama des moutons et des poulets et lui demander d'être favorable aux récoltes.

Ce jour-là, j'eus l'occasion d'enregistrer un curieux trait de mœurs. Une jeune femme pouhle, qui venait de se marier avec un vieux tirailleur, demandait à divorcer, prétendant que son mari était impuissant, le seul cas où il soit permis à la femme noire de demander le divorce. Comme les parents hésitaient, elle offrit de faire la preuve devant témoins et on racontait dans le village qu'elle avait eu lieu à la grande honte du mari.

Vers la fin d'avril, je m'en retournai à Manambougou, laissant la direction du chantier à M. Lefort, sous-lieutenant d'infanterie de marine, que le colonel Galliéni avait bien voulu m'adjoindre avant le départ de la colonne et mettre à ma disposition, tant pour les travaux du *Mage* que pour la mission vers Tombouktou. M. Lefort joignait aux qualités de l'officier militaire une certaine pratique des choses de la marine acquise dans sa jeunesse sur les bâtiments commandés par son père, M. le contre-amiral Lefort; aussi son concours me fut-il des plus précieux en toutes circonstances.

J'arrivai le 1er mai à Manambougou, où, comme à Bammako, le poste avait beaucoup de peine à s'approvisionner du mil nécessaire, d'autant que la récolte de l'année précédente était à peu près épuisée et que les semailles venaient de commencer. Le chef de Sala, à qui je faisais demander du mil, me répondit très pittoresquement, mais impoliment « qu'il avait le doigt dans la bouche d'un serpent et qu'il n'avait pas le temps de s'occuper de ce que je lui demandais. » Je fus obligé d'envoyer les tirailleurs réquisitionner le mil ou maïs dont j'avais besoin. Malgré la fertilité du sol, chaque année cela se passe de la même façon; car les indigènes, fort paresseux, ne cultivent dans les lougans que ce qui est strictement nécessaire, sans prévoir, par des réserves, ni la guerre ni la famine.

Pendant mon séjour à Manambougou, les indigènes vinrent me soumettre un certain nombre d'affaires dont l'une était un adultère. Pour découvrir le coupable, le mari interrogea ses gris-gris et il paraît que ceux-ci lui répondirent, car il me désigna celui qui l'avait trompé, en disant qu'il était prêt à jurer, quoique le serment sur les gris-gris soit une chose terrible pour un noir. Les gris-gris sont des sortes de petits sachets de cuir dans lesquels sont inscrits des versets du Coran. Il y a gris-gris ou talisman contre tout, contre la balle, le couteau, le caïman, le lion, etc....., suivant le prix à discuter avec les marabouts, prix qui s'élève parfois jusqu'à cent francs. Ce qu'il y a d'étrange, c'est que le noir croit encore aux gris-gris, malgré leur inefficacité contre nos armes qu'ils ont si souvent éprouvée; à chaque nouvel insuccès, il se contente de dire que le marabout a sans doute oublié quelque formalité.

Je fis construire un chaland de douze tonneaux pour suppléer à l'insuffisance de la canonnière le *Niger*, incapable de transporter le personnel et le matériel nécessaires à ma mission vers Tombouktou. Je donnai à ce chaland douze mètres de longueur et deux mètres quatre-vingts de largeur, il devait être tout en cale et, par-dessus le pont, seraient construits deux kiosques pour deux officiers et deux marins européens.

Une fois ces grandes lignes indiquées, et, pour aller plus vite, je laissai le soin au contre-maître noir de le construire à la mode indigène. Voici succinctement comment il s'y prit. Il étendit la quille sur le terrain, tailla l'étrave d'un seul bloc dans une courbe et la chevilla à la quille; il fit de même pour l'étambot. Il mit un couple à deux mètres cinquante de l'avant et un autre à deux mètres de l'arrière et, après avoir joint toute cette charpente par des lisses flexibles, il tailla les autres couples, de façon à remplir la forme ainsi tracée. C'est à peu près le même système que l'on suit en France pour construire les embarcations.

Le 9 mai, tranquille sur l'exécution du chaland, je rentrai à Bammako. On y parlait beaucoup d'une victoire que Karamokho Diara, chef des Bambaras, avait remportée contre Madani, fils d'Ahmadou, resté chef de Ségou-Sikoro. On racontait que la bataille avait eu lieu aux portes mêmes de cette ville, que les sofas (guerriers bambaras) avaient trahi Madani, que celui-ci n'avait eu que le temps de se réfugier dans Ségou, d'où il ne pouvait plus sortir, que Karamokho avait établi son camp tout proche, enfin que cette ville allait succomber.

Je passai, dès lors, une grande partie de mon temps à interroger les voyageurs de passage à Bammako, dont les renseignements, contrôlés les uns par les autres, me donnèrent une idée suffisamment exacte des régions que j'allais traverser, comme je pus le vérifier plus tard.

Un bambara, nommé Keffi, esclave d'un marchand de Tombouktou, me traça les cartes de Bammako à Toundoufarma.

Ahmed Ould el Sher (Shérif), marchand de Tombouktou, me fournit sur cette ville de nombreux renseignements qui se confirmèrent plus tard. Un Maure, nommé Shérif Ali, me parla surtout des états de Tidiani où il allait vendre des chevaux et fut le premier à m'entretenir d'un Européen venu à Bandiagara: « C'était un Prussien *(sic)* arrivé chez Ti-
« diani, en janvier 1887. Il venait de Angara, sur la côte
« de Wandianne. Il était seul et voulait aller à Tombouktou.

« Tidiani l'a laissé passer, mais en lui disant qu'il serait
« assassiné. Il avait des hommes du Haoussa comme por-
« teurs. Finalement il serait resté au Macina. Il aurait tra-
« versé le Gozzan, l'Ouodoughou, le Moshi et serait arrivé
« à San jusque chez Tidiani. Il parlait un peu le Haoussa
« et avait une grande barbe rouge. » Ce récit que j'ai
transcrit textuellement est assez peu compréhensible; mais
il s'agit probablement de M. Krause, explorateur allemand.

Sur ces entrefaites, le second-maître Chaline, resté chef
de poste à Manambougou, me fit savoir qu'il était plus malade ; je savais depuis longtemps par le docteur qu'il avait
une néphrite et qu'il ne pourrait continuer la campagne, à
mon grand regret. Je fis venir de suite à Bammako cet
excellent serviteur dont la rentrée en France fut décidée,
dès qu'il pourrait supporter le voyage. M. Lefort partit pour
Manambougou afin d'accélérer les préparatifs de la mission.

Un Pouhl du Macina, dont le passage à Bammako m'avait
été signalé, répondit à mes interrogations : « Tidiani entend
« les récits des Toucouleurs du Fouta Sénégalais qui lui
« disent que, depuis qu'ils sont sous notre protectorat, les
« chefs ne sont plus rien et que nous libérons tous les cap-
« tifs. Tidiani tient donc ce raisonnement: Au début les
« Français font de très beaux cadeaux, puis peu à peu, ils
« s'emparent de vous, dérangent tout et finissent par vous
« mettre à la porte. » « Le Pouhl ajouta : « Si les habitants
« voient avec plaisir l'arrivée des Français, il n'en est pas
« de même de Tidiani et il est probable que tu auras beau-
« coup de peine à dissiper sa méfiance. On dit que l'Euro-
« péen venu chez Tidiani a disparu subitement. »

Pendant que cet indigène me parlait, je ne pouvais m'empêcher de penser qu'au fond, le raisonnement de Tidiani était juste; quant à sa méfiance, je devais l'éprouver, en effet.

Je vis encore plusieurs marchands qui me donnèrent d'assez bons renseignements sur le pays que je devais traverser. Depuis l'arrivée des Français, Bammako redevient, peu à peu, un lieu de transit et une place d'échange pour les dioulas qui, venant du Nord, vont chez Samory, vers les rivières du Sud ou à Médine. On trouve, en saison sèche, sur le marché de Bammako, beaucoup de chevaux, la plupart destinés à Samory, des bœufs et des moutons en assez grand nombre, des barres de sel, des kolas et un peu d'or.

CHAPITRE IX

Violente tornade. — Le *Mage* est mis à flot. — Départ définitif de Bammako. — Le Dr Jouenne — Da. — Fin du Rhamadan. — Retour d'Abd el Kader. — Composition de la mission de Tombouktou. — Instructions.

Au cours de ces travaux, la fin de mai était arrivée et les tornades se multipliaient. Dans la nuit du 29 mai, il y eut un orage si violent qu'on eût dit que la toiture en zinc du fort allait être enlevée, et que les fondations, pourtant bien massives, allaient s'écrouler. La veille au soir, il y avait eu une manifestation électrique extraordinaire, et j'avais remarqué un nuage en forme d'enclume, comme on en observe en Europe, avant les plus mauvais temps. Sous l'influence des pluies, le Niger se gonflait et commençait à monter franchement.

La canonnière le *Mage* (1) était bordée et calfatée, les baux étaient en place, telle quelle, elle pouvait flotter. Rien ne me retenait donc plus à Bammako et, au contraire, les préparatifs de la mission exigeaient ma présence à Manambougou. Sur l'ordre du Commandant supérieur, M. Bonaccorsi, lieutenant d'artillerie de marine, prit la direction des travaux du *Mage*, et aussi du halage de cette canonnière

---

(1) Les dimensions principales sont : longueur, 20 mètres 25 centimètres; largeur, 5 mètres. La machine n'étant pas arrivée de France, le *Mage* ne put prendre part à l'expédition vers Tombouktou.

jusqu'à l'endroit où elle devait flotter, rude travail dont M. Bonaccorsi s'acquitta avec succès. Il s'agissait en somme de haler une coque de vingt-cinq tonneaux, reposant horizontalement sur des tins, pendant soixante mètres de longueur, en bas d'une butte de cinq mètres de haut, sur un terrain peu résistant, sans cales préparées à l'avance et, avec des apparaux primitifs ; cependant, à la fin de juin, le *Mage* flottait sur le Niger.

Avant de quitter Bammako, je fis diriger sur Manambougou trois mois de vivres, quelques aliments légers pour malades, cinq ballots de guinée et deux ballots de toile des Vosges pour numéraire ; deux ballots de guinée, quatre ballots de tissus épais coloriés, avec ou sans dessins, enfin des couvertures, pour cadeaux. Sur les ordres du Commandant supérieur, une somme de trois mille francs m'avait été en outre remise pour les dépenses de la route.

Le 10 juin, je partais définitivement de Bammako avec un long convoi de porteurs chargés des derniers objets, et aussi du canot sharpee que j'avais fait construire sur mes plans. Cette sorte d'embarcation a l'avantage d'avoir un très faible tirant d'eau, même en pleine charge, et je la destinais à sonder dans les marigots peu profonds ou à couper du bois dans les marécages. Ce sharpee appelé le *Titi*, du nom du chef de Bammako, long de huit mètres environ, me rendit en effet les plus précieux services pendant l'expédition.

A mon arrivée à Manambougou, je trouvai les travaux du chaland très avancés, grâce à l'activité de M. Lefort. Tout allait donc être prêt et il n'y avait plus qu'à attendre une hausse des eaux suffisante pour passer le barrage de Toulimandio, situé en aval de Manambougou, à quelques kilomètres.

Le 16 juin seulement les barrages qui se trouvent en amont de Manambougou furent dépassés par l'eau. Le 18. j'allai reconnaître le dangereux rapide de Toulimandio, le seul que j'aie rencontré, sur la route d'aller, jusqu'à Koriumé et, à ce point de vue, il serait bien avantageux que le poste de la canonnière fût installé en aval. Ce jour-là je reconnus que les eaux devaient monter encore d'un mètre cinquante au moins pour que la canonnière pût passer les roches sans danger.

Sur ces entrefaites, M. le docteur Jouenne, médecin de seconde classe, vint me rejoindre pour faire partie de l'expédition. Pendant mon long séjour au poste de Bammako, j'avais été à même d'apprécier ses qualités professionnelles et sa bonne camaraderie; aussi, et bien qu'à l'origine je n'eusse pas songé à demander de médecin, j'écrivis au Commandant supérieur pour le prier de vouloir bien m'adjoindre M. Jouenne, tant pour assurer le service de santé que pour le soin des observations sur les sciences naturelles. M. le colonel Galliéni voulut bien y consentir, à ma grande satisfaction, et la mission se trouva constituée de trois officiers.

Le 21 juin, je reçus la visite de Da, âgé de 20 ans, neveu de Karamokho Diara, chef des Bambaras insurgés contre Ségou. Un autre Da était frère d'Ali, le dernier roi bambara de Ségou, détrôné en 1860 par El Hadj Omar; il eut pour fils Karamokho et Ba. Celui-ci est le père du jeune Da, dont le nom signifie marmite en bambara. Au Soudan, les noms se conservent dans les familles, et c'est à quoi il faut faire la plus grande attention quand on veut essayer d'écrire l'histoire des chefs noirs. Da me donna des détails intéressants sur la lutte que soutenait son oncle ; je le congédiai en lui faisant connaître que j'espérais bientôt entrer en bonnes relations avec Karamokho Diara et, en lui remettant quelques cadeaux, parmi lesquels une embrasse de rideau rouge, objet particulièrement estimé par les guerriers bambaras. Ils portent ces embrasses en sautoir, en y ajoutant généralement des gris-gris, un sabre ou des cartouchières. Chez les Toucouleurs, elles sont moins prisées, sauf par les griots.

Le 22 juin au soir, vers 7 heures, au moment où la lune apparaissait comme un croissant très mince, j'entendis tout d'un coup partir de nombreux coups de fusils ; c'était la fin du Rhamadan. Les noirs vinrent me demander à ne pas travailler le lendemain, ce que je leur accordai, et, au matin du 23, je reçus leurs souhaits de nouvel an, ainsi que ceux des tirailleurs et des chefs du village. Mon interprète vint m'offrir deux poulets, en me disant que c'était leur jour de fête. Je lui remis quelque argent pour distribuer à tous et aider aux réjouissances.

J'avais fixé le départ au 1er juillet, et déjà on commençait à charger les petits bâtiments, quand Sory vint m'annoncer qu'Abd el Kader était arrivé à Manambougou. El Hadj avait trompé ma confiance, et, au lieu de se rendre à Tombouktou, pour me préparer les voies, il était allé tout simplement faire un tour dans le Ouassoulou, pour s'occuper de ses affaires commerciales particulières ; puis, ayant appris que le départ était proche, il était venu me rejoindre. Cette conduite n'était pas faite pour me donner foi en lui ; aussi, et dans un premier mouvement de colère, je lui déclarai que je ne le prendrais pas avec moi. A la réflexion, je résolus de l'embarquer comme interprète d'arabe, langue que Sory ne connaissait pas, avec l'idée bien arrêtée de le tenir dans une surveillance très étroite. Il devenait déjà évident pour moi que l'influence dont il se vantait de jouir à Tombouktou était peu considérable, sinon à peu près nulle, comme cela me fut prouvé plus tard et je devais même apprendre que toutes les routes lui étaient fermées. Je me souviens encore de l'étonnement d'Abd el Kader en voyant pour la première fois la petite canonnière, et je devinai à sa figure et à ses paroles qu'il était désappointé, s'attendant, sans doute, à voir un plus grand bâtiment.

La canonnière le *Niger* était, en effet, un assez piètre outil pour une expédition difficile et dangereuse comme était celle d'aller à Tombouktou à travers des pays inconnus. Longue de 18 mètres sur 3 mètres de large, elle est divisée en cinq compartiments, soute avant, roof de l'équipage, machine, roof du commandant, soute arrière, dont deux seulement sont complètement pontés et à l'abri des lames qui n'avaient que 0^m20 à grimper. A l'avant, près de la barre, elle porte un canon revolver Hotchkiss. Je fis loger dans les soutes, très petites, mais étanches, une partie des vivres et du matériel craignant l'eau.

Le roof de l'équipage n'a pas plus de deux mètres de long, sur 1^m20 de largeur et n'est protégé que par une légère toiture en bois contre la pluie et l'ardeur du soleil. C'est pourtant dans cet étroit espace qu'il me fallut loger ! les deux mécaniciens européens Rigaut et Bernard, six indigènes, Adam Dyr, Suleiman, Amadi Gola, laptots, Sory, Abd el Kader, interprètes, enfin un pilote nommé Demba, qui avait fait la première expédition de la canonnière.

Bien que le coffre de la machine prît la moitié du bâtiment, le *Niger* ne filait que cinq nœuds à toute vitesse, sans remorques. La consommation de combustible était d'un stère par heure, et, même en encombrant le dessus du pont et des roofs, on ne pouvait loger que dix stères de bois. Les mécaniciens indigènes, Demba, quartier-maître, Mahmadou Coumba et Bakary Boubou qui avaient déjà fait la première campagne furent logés dans la machine.

Dans le roof du commandant, je mis les cadeaux, les instruments, les cartes, tout ce qui craignait l'eau et était précieux ; dès lors, il ne restait plus qu'un étroit espace, inhabitable à cause de la chaleur de la machine. En comptant le fils de mon cuisinier, Microbe, nous étions, en tout, treize à bord du *Niger*. Une tente en toile recouvrait le pont.

Le chaland fut chargé du restant des vivres, du matériel, des cadeaux, des quatre tonneaux cinq cents de charbon qui m'étaient parvenus et de bois. MM. Jouenne et Lefort s'établirent dans le kiosque arrière et je réservai celui de l'avant aux européens Mignet et Vivier. L'équipage indigène n'avait d'autre logement que le pont, abrité par une tente, et se composait d'Aboul Samba, Jemis Fox, charpentier de Saint-Louis, qui avait servi sous les ordres de M. Davoust, Mody Diop, que j'employai à faire du pain, dans les chaudières, tant qu'il y eut de la farine, Ghibi, domestique des Européens, enfin le domestique du docteur, Moussa, de Bafoulabé.

Entre les deux kiosques, j'avais fait construire un petit abri en feuilles de cuivre pour servir de cuisine à Boly-Diop. Il y avait donc en tout, sur le chaland, appelé le

Manambougou, neuf personnes, dont Mignet, le patron.

La mission comprenait ainsi 22 personnes, en comptant Microbe, armées de fusils à répétition Hotchkis ou Gras, de revolvers et de sabres d'abordage. Dans ma chambre, on avait logé des munitions en abondance pour le canon revolver et les autres armes. Enfin, le sharpee avait été encombré de bois.

Quelques semaines auparavant, j'avais reçu de M. le lieutenant-colonel Galliéni de longues instructions.

Il y était dit en résumé : « Au point de vue politique,
« vous aurez à étudier la situation particulière de toutes les
« nations avec lesquelles il vous sera possible d'entrer en
« relations, en vous entourant des renseignements néces-
« saires et inédits que l'on ne trouve pas dans les récits des
« voyageurs anciens ou contemporains. Efforcez-vous de
« passer des traités avec les chefs des Etats. Avant tout,
« votre mission doit être pacifique, et vous ne devrez
« recourir aux armes qu'à la dernière extrémité. Agissez
« avec la plus grande prudence et abstenez-vous, au cas où
« vous rencontreriez des difficultés à Kabara, en réservant
« pour un prochain voyage les résultats définitifs. L'œuvre
« du Soudan n'est pas l'œuvre d'un jour.

« Vous étudierez avec le plus grand soin les produits des
« régions que vous visiterez et les nouveaux débouchés
« pour notre commerce, en formant, si possible, des collec-
« tions commerciales.

« Le cours du Niger nous est à peu près inconnu, et
« vous aurez à rapporter une carte hydrographique exacte
« permettant de naviguer sûrement. En dehors des levées
« topographiques, ne négligez pas les itinéraires par ren-

« seignement, et mettez le plus grand soin à coordonner les
« indications géographiques que vous aurez pu recueillir
« en interrogeant les indigènes.

« Efforcez-vous de développer nos connaissances scienti-
« fiques de tous genres sur les régions nouvelles que vous
« traverserez.

« Vous ne perdrez pas de vue que le succès de votre mis-
« sion fera faire un pas immense à l'œuvre du Soudan.
« Vous emportez des moyens d'action importants. Vous avez
« bien étudié cette question de pénétration vers Tombouk-
« tou. Je ne doute donc pas de votre succès. Je ne vous ai
« pas caché les dangers, les méfiances que vous pour-
« riez rencontrer sur votre route : mais je crois qu'en
« agissant sans brusquerie, avec un grand tact, de
« manière à ne pas blesser les sentiments des chefs que
« vous aurez à visiter, vous parviendrez à préparer, sinon
« à établir complètement, l'extension de l'influence fran-
« çaise dans ces régions.

« Je vous ai d'ailleurs autorisé à emmener avec vous deux
« de mes meilleurs officiers du Soudan français et vous
« aurez rendu un grand service à votre pays si vous rem-
« plissez, avec leur concours, la belle mission qui vous a
« été confiée par le département et la tâche multiplie que
« je vous ai fixée dans les présentes instructions. »

Ces instructions, en l'absence de renseignements précis sur certaines des contrées que j'allais parcourir, contenaient, comme l'écrivait d'ailleurs le commandant supérieur, le maximum de désidérata à remplir. C'est ainsi que je les compris. Toutefois, après les interrogatoires que j'avais fait subir aux dioulas de passage à Bammako et les renseignements que j'en avais obtenus, il me parut de suite évident qu'il serait très difficile de réaliser les désidérata politiques.

Avant le départ, je distribuai leur tâche à MM. Jouenne et Lefort. Le docteur était entièrement chargé des observations scientifiques naturelles, mission d'autant plus difficile à remplir que les instruments de mensuration anthropologique manquaient totalement ; que le matériel de collections faisait à peu près complètement défaut ; enfin que nous n'avions même pas un appareil photographique. M. Lefort devait me seconder dans tous les détails et s'occuper plus particulièrement des travaux hydrographiques et topographiques.

Je me réservai la direction politique et les observations astronomiques pour lesquelles j'étais assez mal outillé, un sextant, un chronomètre, un compteur, un horizon artifificiel, les compas et les lochs du bord. Les levés par renseignements, la géographie politique et la partie commerciale qui exigeaient l'emploi constant de l'interprète restèrent aussi forcément mon lot.

CHAPITRE X

Départ de Manambougou. — Barrage de Toulimandio. — Koulikoro. — Tafala. — Passe de Massassian. — Séjour à Yamina. — Les trois villages de Sama. — Ségou. — Incident de Somonodougoumi.

Tout étant réglé, au mieux des difficultés, je donnai l'ordre d'allumer les feux des chaudières le 1er juillet au matin ; nous appareillâmes à six heures trente, le chaland à la remorque derrière, le sharpee amarré à couple à babord. Le bassin de Manambougou, large de 70 mètres environ, est compris entre la terre et un ilot submergé aux hautes eaux ; on en sort par une coupure de l'ilot, large de 10 mètres seulement et bordée d'un côté par des rochers. La sortie s'effectua d'autant plus péniblement qu'avec les remorques, la canonnière ne filait plus que trois milles.

En arrivant sur la barre de Toulimandio où la passe, très étroite, est en travers du fleuve, on dut mettre à toute vitesse pour ne pas être jeté sur les rochers par le courant qui atteint plus de quatre milles. J'avais pris soin d'embarquer à bord un pilote de Koulikoro, nommé Birama, mais Adam Dyr me fut le plus utile en cette occasion, par son expérience acquise dans les premiers voyages. Ce fut un grand soulagement lorsque nous eûmes franchi ce rapide qui est difficile pendant cinq cents mètres ; la rapidité de l'écoulement du fleuve, les nombreux tourbillons et le fracas de l'eau contre les rochers y sont étourdissants.

A peine avions-nous quitté ce dangereux passage qu'une tornade vint à éclater avec une pluie si épaisse qu'elle masquait les rives ; nous continuâmes cependant notre route dans un couloir de deux cents mètres de largeur, bordé de rochers que nous montraient les éclairs. En approchant de Massala où existe un petit barrage, on jeta l'ancre pour attendre la fin de la tornade qui déjà nous avait trempés des pieds à la tête. Peu de temps après nous nous remettions en route pour aller mouiller à Koulikoro.

Entre Massala et Koulikoro, le Niger a une largeur moyenne de cinq cents mètres et est profond. La rive droite, couverte d'herbes et de brousses, n'est ni cultivée ni habitée, tandis que, sur la rive gauche, on rencontre beaucoup de bois, des lougans et, à mi-chemin, le village de Kayou. Cette dernière rive est surmontée de collines de 50 mètres de hauteur, dont un éperon vient mourir à Koulikoro, sur les bords mêmes du fleuve. Cet éperon très remarquable est réputé sacré par les indigènes qui n'oseraient pas aller y chercher les captifs qui s'y seraient réfugiés ; il est vrai que ceux-ci risqueraient d'y mourir de faim s'ils ne trouvaient pas le moyen de s'enfuir et, dès lors, rien n'empêche de les rattraper. Le poste de la canonnière dont on voit encore aujourd'hui les ruines était installé en 1885 vers la base de cet éperon, vis-à-vis d'une sorte de petit bassin séparé du fleuve, en saison sèche, par un banc de sable sur lequel je faillis m'échouer en voulant gagner le mouillage de Koulikoro. En dedans, le fleuve est assez profond pour que l'on puisse approcher tout près de terre et le courant n'a qu'un mille de vitesse.

Il y avait lieu d'être satisfait de cette première journée de voyage qui, pour avoir été pénible, n'en avait que mieux amariné tout le monde. Le soir une nouvelle tornade éclata, comme pour nous habituer de suite aux misères à venir ; Microbe tomba à l'eau et faillit se noyer. Il était bien jeune pour subir les risques de l'expédition et j'avais beaucoup hésité à l'emmener ; mais son père me supplia de le garder et lui-même, malgré les sentiments de peur qu'il éprouvait, se révolta de tout son orgueil de petit Yolof à la proposition que je lui fis de le laisser à terre.

Koulikoro se compose de deux villages entourés de tatas. Mage fit partie de l'expédition dirigée en 1864, par Ahmadou contre Koulikoro et qui laissa ce village en ruines ; depuis, malgré son excellente position, il ne s'est guère relevé. Le chef actuel s'appelle Odiou, à moitié aveugle et vieux comme la plupart des chefs de village Bambaras, par suite du mode de transmission du commandement de frère à frère. Odiou nous est, au fond, hostile, à cause du voisinage de Ségou dont il craint les représailles ; il s'excusa de ne pas pouvoir venir me voir, m'envoya quelques provisions auxquelles je répondis par un petit cadeau.

En descendant à terre, j'entendis près d'une mare des cris ressemblant beaucoup à ceux que pousse un enfant qui vient de naître et je m'aperçus qu'il y avait en cet endroit beaucoup de grenouilles. A Manambougou, j'avais été également trompé un jour par un cri d'insectes très curieux. On eût dit, du côté du chantier, le soir, bien après la cessation du travail, comme un bruit de marteau frappant sur une enclume. Tout étonné, j'allai visiter l'atelier où personne ne travaillait ; le bruit ne cessant point, j'imaginai qu'il devait être produit par des cigales, bien que je ne pusse les découvrir. Une sorte de pic, frappant les arbres de son bec, imite le bruit de la cognée d'un bûcheron. Quand arrive la nuit, au Soudan, on entend toutes sortes de rumeurs étranges avec lesquelles on se familiarise assez vite.

Nous sortîmes le lendemain matin, avec quelque difficulté, de la passe de Koulikoro pour aller mouiller devant le marigot de Tafala, ainsi nommé à cause du village construit sur ses bords, à quelque distance dans l'intérieur des terres. Le pilote Demba s'y rendit pour faire ses adieux à sa famille et lui laisser de quoi vivre pendant l'expédition.

Presque en face de Tafala, sur la rive droite, se trouve le village de Dinah, habité par des Bambaras et des Markas ou Saracolets au nombre de cinq cents environ.

En cet endroit se trouve la passe de Kéléko, guéable pendant la saison sèche. Entre Koulikou et Tafala, on ne rencontre qu'un village, Danguinébougou, situé sur la rive droite; le fleuve a toujours au moins deux mètres de profondeur et une largeur moyenne de un kilomètre. Sauf près des villages, on ne voit pas de cultures, la rive gauche est dominée par des collines de cinquante à soixante mètres d'élévation et bordée de bancs de sable qui obligent à suivre la rive droite.

Dans l'après-midi, nous nous échouâmes par 0^m80 dans la passe de Massassian, très étroite, sinueuse, difficile à cause des bancs de sable qui l'obstruent et du courant qui atteint près de deux milles. Le sharpee alla sonder pour reconnaître la route; puis l'équipage se mit à l'eau pour haler la canonnière, pendant deux cents mètres jusqu'à l'endroit où elle pouvait flotter. Il était presque nuit quand l'opération fut terminée et nous demeurâmes là jusqu'au lendemain matin.

Au bout de cinq heures de route nous allâmes mouiller le lendemain devant Yamina. Entre ce village et Dinah, le fleuve est parsemé d'îlots et se perd à droite et à gauche dans de petits marigots. Aussi, la partie réellement navigable est-elle réduite à deux cent cinquante mètres en moyenne. Toutefois et sauf aux environs de l'île d'Ablagou, on est assuré de trouver au moins deux mètres d'eau ; pas loin de Yamina, la sonde donna douze mètres de fond. Sur la rive droite, on rencontre cinq villages habités, entourés de lougans et dominés par des roniers ; la rive gauche est boisée ou couverte d'herbes.

Le village de Yamina faisait autrefois partie de l'empire bambara de Ségou ; il tomba sans résistance entre les mains des Toucouleurs lorsque El Hadj' Omar détrôna, en 1861, Ali, le dernier roi bambara de Ségou. Yamina est une des têtes de pont d'Ahmadou, sur la route de Ségou au Kaarta.

Yamina peut compter deux mille habitants et est surtout peuplé de Saracolets, marchands par excellence, braves à l'occasion, mais n'aimant pas à faire la guerre. Pour peu qu'on leur assure la liberté de commercer et de s'enrichir, ils sont prêts à se soumettre au plus fort. C'est ainsi qu'après avoir cédé sans résistance à El Hadj' Omar, ils ont traité, en 1885, avec MM. Delanneau et Davoust et accepté le protectorat français. Ils s'y décidèrent d'autant plus volontiers qu'Ahmadou, sentant sa position insoutenable dans Ségou-Sikoro, venait de partir pour le Nioro, que son fils Madani, resté à Segou, n'avait que peu de forces, enfin que leur ville était ensanglantée par la lutte des Bambaras contre les Toucouleurs. Néanmoins, les Saracolets ne sont pas sans redouter le retour d'Ahmadou et craindre que nous ne les protégions pas effectivement contre son ressentiment. Aussi ne seraient-ils pas fâchés de voir établir un poste français dans leur ville ou, au moins, d'y voir séjourner la canonnière.

Le soir de notre arrivée, je descendis à terre avec MM. Jouenne et Lefort, pour rencontrer le chef de Yamina, Sidi Koné Saracolet, venu nous attendre sur la plage avec un nombreux cortège. Il nous conduisit chez lui, et, après avoir échangé des salutations, il nous présenta l'almamy (chef religieux), Ali Touré, son parent, vieillard à barbe blanche, mais encore très vert. Je remarquai beaucoup la propreté et l'élégance des vêtements de tous les gens présents, surtout au sortir du Bélédougou où les habitants sont assez déguenillés. M. Tantain ayant passé par Yamina quelques semaines auparavant, j'avais peu de chose à dire à Sidi Koné. Il assura que tout était tranquille, parla du retour d'Ahmadou et manifesta quelque crainte. Je lui répondis qu'il était sous notre protectorat et que, d'ailleurs, il savait aussi bien que moi que Ahmadou avait pour tactique d'annoncer son retour ; mais que ses moyens étaient bien insuffisants pour traverser le Bélédougou hostile. Sidi Koné termina en assurant qu'il était enchanté de voir la canonnière.

En sortant du palabre, je rencontrai quelques personnes de connaissance, un parent de Titi, puis le fils de la griote Sabou, que j'avais vue venir souvent au poste de Bammako, enfin un ancien élève de l'école de Bammako qui m'aborda en me disant : « Bonjour, comment vas-tu ? »

Sidi Koné nous donna pour guides deux de ses jeunes parents qui nous firent visiter Yamina. Nous allâmes d'abord voir le palais d'Ahmadou situé à l'angle nord de la ville. Construit en terre et en bois, il est surtout remarquable à cause du dédale de logements qu'il renferme tant pour les femmes et les griots que pour le Dianfoutou (garde Toucouleur) ; sur la porte de la chambre d'Ahmadou, on lit une inscription arabe. Ce palais est aujourd'hui inhabité, sauf par quelques tisserands.

La ville de Yamina, très propre, a la forme d'un rectangle dont le grand côté aurait sept cent cinquante mètres et le petit cinq cents mètres (1). Beaucoup de cases sont en ruines et le tata qui l'environne n'est pas partout bien entretenu. Dans l'ouest de la ville, le terrain est inondé aux hautes eaux, si bien qu'une année le fleuve vint démolir l'ancien tata, dont on voit encore les traces, et qu'on fut obligé de le reconstruire un peu plus loin. De ce côté on aperçoit de nombreux débris humains séchés au soleil. Là eut lieu une grande bataille entre les Bambaras et les Toucouleurs qui se disputaient Yamina ; finalement, ils se retirèrent chacun de leur côté, laissant les ossements des guerriers sans sépulture.

Les cultures étaient encore peu avancées, à cause de la sécheresse. L'hivernage commence à Yamina plus tard qu'à Bammako et d'une façon générale que dans les pays montagneux du Bélédougou. Autour du village, il y a quelques dattiers, les premiers que j'aie rencontrés au Soudan. Je remarquai de grands moutons, des bœufs de belle taille,

---

(1) Longitude observée de Yamina 9° 11' ouest.

des ânes vigoureux ; mais le marché est peu fourni. Il y a beaucoup de Somonos ou pêcheurs qui se livrent à leur industrie avec des filets ou des casiers de trois mètres cinquante de hauteur ; les indigènes emploient, pour remplacer le plomb, une sorte d'argile travaillée et percée dans l'axe. Presque toutes les nuits, pendant notre séjour, les Somonos pêchaient au fanal. Yamina est renommé par ses teintures et l'on m'y montra la femme qui travaillait jadis aux boubous d'Ahmadou. L'interprète Sory fit teindre un boubou de calicot en joli bleu de ciel au prix de mille cauris, environ deux francs. En se promenant dans la campagne, on rencontre beaucoup de perdrix.

Depuis vingt jours qu'il n'avait plu, le fleuve tardait à monter. Cependant, le soir même de notre arrivée, il y eut une tornade assez violente pendant laquelle le chaland chassa et vint se jeter sur la canonnière au risque de l'entraîner à la côte, comme il arriva à M. Davoust, lors de son voyage.

A Yamina, le fleuve est orienté dans la direction des tornades qui viennent de l'est et y soulèvent des lames assez fortes. Les mouvements des petits bâtiments étaient assez vifs pour donner le mal de mer à des gens peu marins. Le courant, près de la rive, n'atteint pas un mille, mais il est bien plus violent au milieu du Niger.

Au commencement de mai, le fleuve n'est plus à Yamina qu'un amas de bancs de sable entrecoupés par des flaques d'eau peu profondes et sans courant appréciable. Le débit doit donc être insignifiant, sinon nul. Au 3 juillet, je l'ai mesuré à quinze cents mètres cubes à la seconde. Au commencement de septembre la crue maxima a lieu ; au total cinq à six mètres et le débit est de sept mille six cents mètres cubes à la seconde, au minimum.

Je reçus la visite de deux parents de Da, venus de Faraco pour me saluer. Ils racontèrent que les Bambaras se préparaient contre un retour offensif d'Ahmadou, que plusieurs villages de la rive droite hésitaient entre Madani et Karamokho, à l'exception de quelques-uns, comme Fogni, qui restaient franchement Toucouleurs. Je leur demandai des nouvelles de Da dont ils ne voulaient pas prononcer le nom, suivant la coutume chez les Bambaras, quand il s'agit d'une personne de la famille royale.

Karamokho Diara m'envoya également une députation composée de deux princes et de trois personnages. Ils parlèrent de trois batailles gagnées par les Bambaras, dont l'une à Bankoroni. Le chef de Ségala vint réclamer au sujet d'un captif que lui avait pris Boué Djenni, habitant de Yamina, disant qu'il avait accepté le protectorat de la France et qu'il avait droit à notre concours. Je m'informai de l'affaire et j'appris que Boué Djenni était un partisan de Sidi Sarro, hostile à Sidi Koné, le chef reconnu par nous. Ceci se passant assez tard dans la soirée, la veille de notre départ, j'envoyai Sory demander des explications à Boué Djenni ; il répondit qu'il me remettrait le captif en mains propres pour décider de son sort ; mais nous partîmes sans que Boué Djenni ni Sadi Sarro ne vinssent à bord.

Le 5 juillet, au matin, une nouvelle tornade éclata, pendant laquelle les vagues se formèrent très vite. Yamina est un mauvais mouillage pour un petit bâtiment. Nous y étions surtout restés pour y faire du bois dont on ne put nous procurer que quatre chargements de pirogues, au lieu des sept qui nous étaient nécessaires. Comme il arrive généralement autour des vieux villages du Soudan, il y a très peu d'arbres aux environs de Yamina et les indigènes sont obligés d'aller en couper au loin. A part cela, nous fûmes bien traités pendant notre séjour. Sidi Koné envoya des présents en nature, œufs, lait, volailles, moutons auxquels je répondis par des cadeaux; il nous procura un pilote nommé Boukari, pour aller jusqu'à Sansandig, et aussi un courrier pour porter une dépêche à Bammako.

Le 6 juillet, au matin, nous allâmes mouiller devant le village en ruines de Mignon. Sur la rive droite, assez boisée, il n'y a que Fogni qui soit habité; c'est un village de 2,000 personnes, aux mains des Toucouleurs, et rival de Yamina; en face, il y a un grand banc de sable et un passage de dioulas. Pendant le séjour de Mage à Ségou, une expédition fut dirigée contre Fogni qui menaçait de se révolter; il y eut un grand combat où les Bambaras furent défaits et, depuis, le village est resté fidèle à Ahmadou.

Entre Yamina et Mignon, la rive gauche est marécageuse, le fleuve est coupé par des ilots et des bancs de sable; sa largeur varie entre quinze cents et cinq cents mètres; la sonde accuse une profondeur de un à huit mètres. Le courant, entre les ruines de Toukoro et de Mignon, dépasse deux milles à l'heure.

Le soir, nous étions rendus à Sama. Depuis Mignon, on ne rencontre à droite et à gauche que des ruines. Le fleuve, qui atteint jusqu'à trois kilomètres de largeur, forme un fouillis d'îles et de bancs au milieu duquel nous eûmes quelque peine à trouver la bonne passe. Les pilotes que j'avais à bord comptaient encore plus sur la crue que sur leur expérience pour se tirer d'affaire; malheureusement pour eux, les eaux commençaient à peine à monter. Nous ne nous échouâmes cependant qu'en approchant de Sama, par 0ᵐ 80, en un endroit où le Niger a un kilomètre de largeur et coule avec une vitesse de deux milles à l'heure.

Les trois villages de Sama sont: Sama-Markala, Sama-Filala et Sama-Bouliba. Le premier, le plus riche, le plus considérable, est habité par des saracolets qui ont pour chef Boukadéri, dont le fils vint à bord ; les deux autres, occupés par l'armée bambara, ont le même chef nommé Fadoua.

Mabercano, le généralissime des forces réunies à Sama, dépêcha à bord deux envoyés pour nous souhaiter la bienvenue et aussi, sans doute, pour tâcher de connaître nos intentions. Je n'en avais d'autres que celles que me prescrivaient les instructions reçues, laisser faire et être témoin de la lutte des Bambaras contre les Toucouleurs. Seïba, frère de Karomokho, vint à bord ; élevé chez les Maures, il est instruit, d'un caractère tranquille, et ne boit ni dolo, ni eau-de-vie, chose rare chez les Bambaras.

La tactique qu'avait adoptée Karamokho se réduisait à essayer d'affamer Ségou. Tous les jours, profitant de ce que le fleuve n'avait pas encore beaucoup monté, il envoyait des cavaliers sur la rive droite pour razzier les gens qui travaillaient dans les lougans. Le soir même de notre arrivée, nous assistâmes au départ d'un parti qui revint le lendemain matin avec cinq chevaux et du butin.

Les chefs de Sama, auxquels je demandai du bois, répondirent qu'il fallait aller en couper sur une colline assez éloignée. Craignant par là un nouveau retard, je dépêchai Sory dans les villages, pour faire savoir aux habitants qu'ils eussent à m'apporter leurs provisions, si petites qu'elles fussent et que je les leur payerais. Par ce moyen, j'eus promptement du bois en assez grande quantité et, de plus, les habitants se retirèrent heureux d'avoir eu, en échange, un morceau de guinée ou de calicot.

Partis le 8 juillet au matin de Sama, nous allâmes mouiller, vers quatre heures du soir, à Somonodougouni, sans accident de navigation, passant par des fonds variables de un à huit mètres. Entre Sama et Somonodougouni, la rive gauche est marécageuse et n'est habitée qu'en trois endroits, Kamalé, Faraco et Kalabougou, situés à quelque distance dans l'intérieur.

Karamokho se trouvait à Faraco, en face de Ségou-Koro; lors de notre passage devant son campement établi sur les bords du marigot, des gens nous appelèrent pendant longtemps; mais j'avais trop hâte de poursuivre ma route et ne m'arrêtai point.

La rive droite, à partir de Bougoukounan, est très peuplée par des Toucouleurs et des Bambaras du parti d'Ahmadou et, d'ailleurs, les villages de la rive droite, entre Fogni et Bougoukounan, n'ont été abandonnés que depuis le départ d'Ahmadou pour le Nioro et depuis les incursions de Karamokho. A partir de Bougoukounan, on rencontre Ségou-Kouro, Bassénébougou, Ségou-Bougou, Ségou-Koura, enfin Ségou-Sikoro, la ville capitale qui s'étend le long du fleuve sur une longueur de quinze cents mètres.

En approchant de Ségou-Koro, nous vîmes un cavalier partir au grand galop pour aller annoncer notre arrivée à Ségou-Sikoro; nous passâmes à cent mètres environ de cette dernière ville dont les habitants sortirent en masse pour nous examiner, manifestant plus de curiosité que d'hostilité. Au 8 juillet, le tertre de Ségou-Sikoro était élevé de plusieurs mètres au-dessus du niveau du fleuve large de sept cent cinquante mètres. Cette ville me parut avoir quatre à cinq mille habitants. Après Ségou-Sikoro, on rencontre huit villages avant d'arriver à Somonodougouni; partout nous apercevions des lougans dont les cultures étaient encore peu avancées. J'estime à cinquante mille le nombre de personnes qui habitent les bords de la rive droite entre Bougoukounan et Somonodougouni, sur une longueur de fleuve de cinquante kilomètres. Devant Toghou où je restai mouillé quelque temps, le Niger n'a plus que deux cent cinquante mètres de largeur; à Dialakoro, il a un kilomètre; mais une grande île située au milieu ne laisse qu'un passage étroit de deux cents mètres.

Bien que je n'eusse pas l'intention de mouiller devant Somonodougouni, j'y fus contraint par un manque subit de pression dans les chaudières, qui obligea à jeter l'ancre à cinquante mètres du village. Le marché qui se tenait au dehors, au sommet de la rive, fut immédiatement déserté; les femmes et les enfants s'enfuirent. Les sofas (guerriers bambaras) et les Talibés (guerriers Toucouleurs) qui composaient la garnison, intimèrent l'ordre aux somonos de rentrer de la pêche et de haler leurs pirogues au sec; les somonos y mettant peu d'empressement, il s'ensuivit des menaces, puis une dispute, au cours de laquelle un somono faillit étrangler un Sofa. Un cavalier, venu parader sur la berge, se dirigea bientôt au grand galop du côté de Ségou. Enfin, détail comique, une grande boîte de conserves étant venue à s'échouer à la rive, nous vîmes plusieurs hommes armés, le fusil en avant, s'élancer de ce côté et se retirer avec effroi, sans oser y toucher, comme pris de peur que ce fût une machine infernale.

Devant ces manifestations, encore plus craintives qu'hostiles, je fis crier par l'interprète des saluts et des paroles de paix ; les habitants n'y répondirent même pas et continuèrent à se mettre en état de défense. Au bout d'une demi-heure, voyant que je ne pouvais les convaincre de mes bonnes intentions, j'allai mouiller à quelques centaines de mètres plus loin, non sans avoir fait dire que je me plaindrais à Ahmadou lui-même de cette conduite. Cette fois, il fut répondu que « le chef du village n'était pas là. »

D'ailleurs, l'impatience commençait à me prendre devant les préparatifs guerriers.

A peine avions-nous jeté l'ancre que les Somonos vinrent pêcher autour de la canonnière, comme pour bien nous montrer qu'ils croyaient à nos sentiments pacifiques. J'estime que les Sofas bambaras ne montrèrent du zèle que par peur d'Ahmadou, et qu'ils auraient tourné casaque au premier coup de feu ; quant aux talibés, ce sont des musulmans fanatiques et, comme tels, aussi bien qu'encore les gens du Fouta Sénégalais, ils nous sont et demeureront hostiles, du fond du cœur, envers et malgré tout traité. Ahmadou, lui-même, n'a accepté le protectorat français que contraint par les circonstances, par peur de nos armes et aussi de l'appui que nous pouvions prêter aux Bambaras auxquels nous n'avions qu'un signal à faire pour que la ruine de Ségou fût consommée.

A partir de Somonodougouni, la rive gauche est déserte jusqu'à Sansandig et l'on ne rencontre sur la rive droite qu'un seul village habité, celui de Kramou où nous remarquâmes, en passant, une porte de style arabe fort ancienne. Dans cette partie de son cours, le fleuve coule avec une vitesse de plus de deux milles et est suffisamment profond pour une petite canonnière. Cependant, nous nous échouâmes sur un grand banc de la rive droite, au sud de Sansandig. Les pilotes indigènes montrèrent dans cette occasion leur ignorance; car nous reconnûmes ensuite qu'il y avait une passe facile sur la rive gauche. Ces accidents répétés de navigation fatiguaient beaucoup l'équipage obligé de se mettre à l'eau, soit pour mouiller des ancres à jet ou haler la canonnière contre le courant pendant des heures entières, sous un soleil de plomb.

Le 9 juillet, à dix heures trente du matin, nous étions rendus devant Sansandig, ville peuplée, comme Yamina, de Saracolets. Du temps de Mungo Park, elle était très commerçante, renfermait onze mille habitants et dépendait de Mansong, roi bambara de Ségou. Mage raconte qu'en 1865, Ahmadou entreprit de faire rentrer cette ville sous sa domination et fut obligé de lever le camp après un siège de plus de deux mois. Aujourd'hui, Sansandig est à peu près complètement ruiné et ce sont les Bambaras eux-mêmes qui se sont chargés de ce soin, sous la conduite de N'To, ancien captif d'Ali, qui profita de l'arrivée d'El Hadj Omar pour se rendre indépendant. N'To passe pour brave et est le premier qui ait osé se battre contre Ahmadou à Yamina; aujourd'hui il ne veut pas reconnaître pour chef l'héritier légitime d'Ali Karamakho Diara. C'est un des épisodes des luttes intestines des Bambaras, luttes qui paralysent leurs efforts contre Ahmadou, et il n'y a pas de doute que, sans leurs divisions, les Bambaras très nombreux, comparativement aux Toucouleurs, seraient tellement puissants que Ségou tomberait immédiatement devant eux. Quoi qu'il en soit, depuis 1885, Sansandig a traité avec MM. Delanneau et Davoust pour se mettre sous le protectorat français.

Le chef de Sansandig, nommé Kami, est vieux; quoique son intelligence soit affaiblie par l'âge, il ne laisse pas de montrer dans ses discours un grand bon sens. Il nous reçut entouré de quelques notables, et, après un échange de salutations, nous déclara que nous étions chez nous. Il parla d'une maladie épidémique qui régnait dans le pays et qui, d'après la description des symptômes, parut au docteur être le choléra; elle était heureusement dans sa période décroissante. A Sansandig, peu de personnes avaient été éprouvées; mais, dans le Macina, beaucoup de gens étaient morts et Tombouktou même n'avait pas été épargné.

Kami se plaignait de la pluie qui était en retard; on semait encore le mil, de sorte que le village était presque désert. Tous les habitants, dit le chef, allaient autrefois à Saint-Louis et plusieurs de nos enfants y sont encore. Aujourd'hui le commerce n'est pas possible, ni du côté de Saint-Louis, ni du côté de Tombouktou, ni même sur la rive droite. D'une part, le Fouta Ségou, de l'autre le Fouta Macina, arrêtent les marchands; les garnisons de Toghou et de Kramou font des sorties pour empêcher les dioulas de passer et Kami ajouta mélancoliquement : « Autrefois, tel chef de case avait mille ou deux mille captifs travaillant pour lui; il n'en a plus aujourd'hui que quarante ou cinquante. »

N'To était dans le moment à Marcabougou, à un jour de marche, avec beaucoup de monde. Tout était tranquille aux environs, N'To, qui protège Sansandig contre Ahmadou y jouit d'une grande influence acquise aux dépens de Karamokho.

Les coordonnées géographiques de Sansandig sont :

Latitude, 13° 47' nord.
Longitude, 8° 11' ouest.

C'est un village qui a près d'un kilomètre de longueur ; mais, on m'y promenant, je m'aperçus qu'il y avait à peine un tiers des cases habité. Les indigènes semblaient heureux de nous voir ; quant aux enfants, ils fuyaient à notre approche, pris de terreur de voir un visage blanc. Les deux mosquées que signalait Mungo Park existent encore sur les bords du fleuve, dans l'ouest de la ville ; elles sont construites en bois et en terre avec un certain caractère architectural arabe. Tout auprès se trouve le tombeau d'un Marabout vénéré du Touat, surmonté d'un œuf d'autruche. L'almamy ou chef religieux de Sansandig jouit d'une très grande réputation de justice ; lors de sa visite à bord, je lui fis cadeau d'un Coran.

C'est à Sansandig que je commençai à dresser des itinéraires par renseignements. J'interrogeai les indigènes, leur demandant les relèvements des points principaux qu'ils indiquent assez exactement ; le nombre de jours de marche, les noms des villages, etc... La journée moyenne de marche pour un piéton varie entre vingt-cinq et trente kilomètres ; pour un convoi, il ne faut guère compter plus de vingt kilomètres. Un cavalier, un coureur ou encore un piéton, dans les pays privés d'eau, arrivent à cinquante kilomètres. En évaluant la journée des pirogues, il faut tenir compte du courant et des sinuosités du fleuve. Malgré toutes ces causes d'erreur, on peut arriver à se renseigner d'une façon assez satisfaisante.

Un frère de Kami, dit « le Voyageur, » me fut précieux à cet égard. Il fut le premier à me parler de San, grand village de commerce qui n'est marqué sur aucune carte.

Le 11 juillet, nous quittions Sansandig après avoir renouvelé, avec quelque difficulté, notre provision de bois. Kami nous avait fourni un pilote, nommé Oumarou, qui avait fait jadis par eau le voyage de Tombouktou. Bien qu'il y eût à Sansandig plusieurs indigènes ayant parcouru le Niger, ce ne fut pas sans peine que Kami trouva cet homme de bonne volonté. Tous reculèrent devant les difficultés de l'entreprise, le danger à courir, et aussi devant la peur de se compromettre, et, seul Oumarou se décida au dernier moment, après que je lui eus fait promettre une belle solde.

Pendant notre séjour à Sansandig, le fleuve, large de quinze cents mètres, fut tout le temps agité par une grosse brise du sud-ouest, fort gênante pour les petits bâtiments ; le chaland, en travers au vent et au courant, chassait sur ses ancres et roulait beaucoup.

CHAPITRE XI

Les bozos de Noy. — Le village de Mérou. — Arrivée à Diafarabé. — J'envoie une lettre à Tidiani. — La nuit du 14 juillet. — Mouillage de Koakourou. — Boubakar, amiral des pirogues de Macina. — Dienné et le Diennéri. — Arrivée à Mopti. — Nous sommes mis en quarantaine. — Mahmadou Sarro, envoyé de Tidiani, m'apporte la réponse du cheihk, qui m'appelle à Bandiagara.

A partir de Sansandig, nous commencions à sortir des voies frayées; la carte de Mage s'arrête à ce village, et M. Davoust, dont la santé avait été fortement ébranlée, n'avait jamais eu le temps de mettre au net les itinéraires qu'il avait relevés. Nous arrivâmes cependant, sans accident de navigation, après cinq heures de route, près du village de Babougou, où nous mouillâmes pour déjeuner, suivant la coutume que j'avais adoptée. Outre l'avantage qu'il y avait de prendre le repas tous à la fois, il était nécessaire de donner un peu de repos aux mécaniciens et aux sondeurs, toujours les mêmes, du matin au soir. Les officiers eux-mêmes en avaient le plus grand besoin pour se défatiguer du travail constant du levé de la carte en marche. Sur le chaland, à la remorque, M. Lefort relevait la rive gauche et prenait des croquis; sur la canonnière, j'inscrivais les variations de la route au compas, en moyenne toutes les deux ou trois minutes, et je prenais les relèvements de la rive droite du fleuve et du terrain, le plus loin possible.

Parfois, le docteur Jouenne remplaçait l'un de nous, malade ou empêché.

Pendant tout le temps que durait la route, les sondeurs criaient le fond, inscrit avec l'heure, par les soins du fourrier. Toutes les demi-heures on jetait le loch ordinaire ou de fond ; enfin, à chaque mouillage, le courant était mesuré. Nous étions toujours à l'ancre avant la nuit; mais, avant de reposer, le travail de la journée était mis au net.

Peu de temps après notre départ de Babougou, une tornade éclata, sombre et violente, qui nous força à jeter l'ancre devant Noy.

Entre ce point et Sansandig, le Niger se perd à droite et à gauche dans des marigots navigables aux hautes eaux ; il est coupé par des îles et des bancs de sable au milieu desquels il est très difficile de trouver la bonne passe. Cependant, dans le chenal, les fonds sont rarement inférieurs à trois mètres et atteignent huit mètres. Le courant est de deux milles et demi à l'heure. La rive droite est à peu près déserte ; sur la rive gauche, au contraire, il y a plusieurs villages construits à quelque distance du fleuve, là où s'arrêtent les inondations. Çà et là, on voit des campements de pêcheurs qui se retirent dans l'intérieur à mesure que les eaux montent; tel est celui de Noy.

Peu de temps après le mouillage, les habitants vinrent en foule le long du bord, avec leurs pirogues et, pendant un moment, ce fut un vacarme étourdissant de cris et d'exclamations de surprise.

Dès que j'eus exprimé le désir d'avoir du bois, les pirogues s'éloignèrent rapidement pour aller en chercher. Nulle part, pendant le voyage, je n'ai vu de plus beaux hommes que les bozos ou pêcheurs de Noy. Ce sont des Bambaras libres, non comme les Somonos qui sont captifs ; toutefois, pour pouvoir exercer leur industrie en paix, ils sont obligés de se mettre sous le protectorat d'un chef de leur choix qui était pour Noy Karamokho.

Leur chef, nommé Daba, haut de près de deux mètres, taillé en hercule, avait, en me regardant, une expression naïve de curiosité ; ma couleur, mes vêtements, ma taille, tout l'étonnait. C'était la première fois qu'il voyait un blanc. S'il ne s'était trouvé dans l'intérieur du pays, lorsque la canonnière passa en 1885, il serait venu dire qu'il était l'ami des Français. Il m'en assura, ce jour-là avec mille remerciements pour un boubou de calicot dont je lui fis présent. Daba raconta que, quelques années auparavant, Tidiani était venu avec ses pirogues les attaquer dans leur campement et, profitant de ce qu'ils n'avaient que des lances, avait tout brûlé et pillé. Depuis, ils ont acheté des fusils et se réfugient, par prudence, dans l'intérieur du pays, dès que l'hivernage s'avance. Daba partit enchanté pour aller presser les piroguiers de charger le bois qui arriva deux heures après, et ne coûta que quelques mètres de guinée.

De Noy à Mérou, le fleuve, quoique profond, dans le chenal, est parsemé d'ilots et de bancs de sable. Sur la rive gauche, on rencontre plusieurs villages ou campements de pêcheurs. En face de Siraninkoro, une pirogue se détacha du rivage pour venir nous demander pourquoi nous ne nous arrêtions pas ; je répondis que nous étions pressés et que nous les reverrions au retour. Au village de Kokry, qui dépend de Boroba, chef de Monimpé, on nous fit de grands signes d'amitié auxquels nous répondîmes par le salut du pavillon, toujours hissé à la corne, de façon à faire connaître les couleurs françaises.

Nous allâmes mouiller à Mérou où la canonnière faillit se mettre au plein, faute d'une vitesse suffisante contre le vent et le courant. Un envoyé de Boroba vint nous saluer de la part de son maître, nous vanter son autorité et nous assurer qu'il était l'ami de la France. Il aurait déjà fait connaître son amitié, lors de la première expédition de la canonnière, s'il ne s'était trouvé, à ce moment-là, éloigné du fleuve. Boroba venait d'envoyer un bœuf au commandant de Bammako, mais cet animal avait été volé en chemin.

En somme, les intentions de ce chef me paraissaient excellentes ; je lui fis savoir que j'étais pressé, qu'à mon retour, je m'arrêterais à Kokry pour m'entendre avec lui, et aussi lui demander du bois ; en même temps, je remis à l'envoyé une pièce de tissu épais de couleur pour son maître, et, pour lui-même, quelques menus cadeaux, dont une embrasse.

A Mérou, on croirait se trouver dans un petit port de pêche des côtes de Bretagne. Le fleuve, alternativement en hausse et en baisse, avait tracé des laisses sur la rive sablonneuse. De tous côtés, on voyait des filets suspendus, les indigènes radoubaient leurs pirogues ou préparaient le poisson pour le faire sécher et, pour compléter l'illusion, une odeur désagréable prenait à la gorge aussi fort que quand on approche d'un port de pêche à la sardine.

Quand il s'agit d'embarquer le bois, les habitants me demandèrent de les payer d'avance. Je m'y refusai en leur disant que, s'ils n'avaient pas confiance, je ne leur achèterais rien du tout. Ils insistèrent alors pour que le prix fût fixé d'avance, ce à quoi j'accédai. Cette petite scène avait eu lieu pendant que j'étais à terre et il me sembla, durant un moment, que les dispositions devenaient hostiles. La nuit, on vola un manche de gaffe qui avait été planté le long de la rive pour observer le mouvement du fleuve. Les bozos sont industrieux et commerçants, mais aussi rapaces et insatiables. Il conviendrait donc de se méfier d'eux et, surtout, de ne pas les tenter. Forts, braves et indépendants, ils peuvent nous aider puissamment dans la tâche de pénétration au Soudan, ou bien nous nuire grandement suivant la façon dont ils seront traités.

Nous quittâmes Mérou le 13 juillet pour gagner Diafarabé, au confluent du Niger et du marigot de Diaka, rencontrant quelques campements de pêcheurs. En face de Kamindara, des pirogues se détachèrent pour venir nous saluer de la part du chef et nous donner du poisson. Elles étaient si vigoureusement nagées qu'elles gagnaient la canonnière en marche, à toute vitesse, d'un mille environ par heure. J'en demeurai d'autant plus contrarié que nous perdions ainsi quelque prestige; de plus, je réfléchis qu'en cas de lutte nous n'aurions pas l'avantage de la vitesse.

A Diafarabé, on entre dans les états de Tidiani, le cheihk puissant du Macina, avec qui je voulais essayer de traiter en me rendant près de lui.

D'après les renseignements que j'avais recueillis, cette démarche me paraissait tellement risquée et grosse de difficultés que je réunis en conseil les officiers pour leur exposer la situation et leur demander leur avis. A l'unanimité, nous résolûmes d'entrer en relations directes avec Tidiani.

De tous les mouillages, celui de Mopti, situé au confluent

du Niger et du Mayel Balevel, était le plus proche de Bandiagara, capitale de Tidiani, et de plus, il offrait le grand avantage d'être sur la route de Tomboucktou, où nous pourrions nous lancer, quoi qu'il advînt. Cette dernière raison surtout me détermina à me rendre à Mopti.

Afin de prouver à Tidiani que nous venions avec des intentions pacifiques, je lui dépêchai d'avance un courrier porteur d'une lettre que je fis écrire en arabe par Abd el Kader, lettre dont je dois la traduction littérale à l'obligeance de l'éminent géographe M. Duveyrier et de M. Houdas, professeur d'arabe à l'Ecole des langues vivantes orientales.

Gloire à Dieu unique, et que Dieu bénisse...

Le lieutenant de vaisseau commandant le navire à vapeur qui est sur le fleuve Dhiôli-Ba.

Au nom de Dieu clément et miséricordieux, salut et prières à...

Du lieutenant de vaisseau commandant le navire à vapeur sur le fleuve Dhiôli-Ba à El Tidjâni, cheihk du Mâsina. El (1) Agra Ben Hamed et Mounir ont emporté de ma part la lettre du lieutenant-colonel Galliéni, commandant supérieur du Soudan des Français.

Apprends que je suis venu vers vous pour vous transmettre les paroles du commandant supérieur. Notre espoir est en Dieu ; la paix. Nous avons une lettre pour vous. Lorsqu'elle vous parviendra, vous saurez que je veux me

---

(1) Agra Ben Hamed et Mounir, dont il s'agit dans cette lettre, sont les deux frères d'Ahmadou, Ahmidou et Mounirou.

mettre en route pour Moûti (1), afin d'être plus près de vous et d'attendre là votre réponse s'il plaît à Dieu.

Ensuite, lorsque cette lettre vous arrivera, envoyez-moi un des hommes les plus distingués du gouvernement pour qu'il comprenne l'écrit du commandant supérieur que nous avons avec nous, et qu'il sache bien quelles sont les dispositions et les intentions du commandant supérieur vis-à-vis de vous.....

Le courrier qui emportait cette lettre, nommé Mohamed Taraoulé m'avait été fourni par Faba, le chef du campement de Diafarabé, qui, trop âgé pour s'occuper des affaires, en laissait le soin à son frère plus jeune et plus intelligent. J'eus avec ce dernier de longs entretiens qui méritent d'être rapportés.

Autrefois Diafarabé avait trois mille habitants répartis dans les villages de Silembéa, de Daré Salam et de Tondou. Il y a environ quinze ou vingt ans, Tidiani étant venu les attaquer avec mille cinq cents pirogues, les uns s'en allèrent chez l'almamy de Dia, les autres s'enfuirent près le fils de Ba Lobo. Ces gens n'ayant que des lances, n'essayèrent même pas de résister contre les fusils de Tidiani. Aujourd'hui, il n'y a plus que Silembéa qui soit habité d'une façon permanente et seulement par des Somonos ou des bozos, mahométans peu convaincus, parlant un langage particulier, bien différent du bambara, probablement sonray. Tidiani leur a défendu de relever les tatas qu'il avait détruits et ils ne peuvent loger que dans des cases de paille. Ils vont vendre

(1) Mopti des cartes.

dans l'intérieur leur poisson séché, ou on vient le leur acheter depuis Sansandig. Leur seule culture est le riz. En 1887, ils avaient peur de la famine parce que le riz n'avait pas encore poussé et que le fleuve montait à vue d'œil sans qu'il fût tombé beaucoup de pluie. Pour que le riz vienne bien, il faut qu'il ait crû de vingt centimètres avant l'inondation.

Aux alentours de Diafarabé, le seul village habité est Dia, situé au nord-ouest, à une journée de marche et dont l'origine est très ancienne. L'almamy de Dia, Mahmodou, grand marabout, vénéré de tous, a été préposé par Tidiani au gouvernement de la région environnante où il a réussi à mettre la paix. Aussi, est-il très écouté du cheihk.

Nous sommes faibles, disait le frère de Faba et, par conséquent, obligés de nous soumettre au plus fort. Nous obéissons donc à Tidiani qui, somme toute, vaut mieux que tous ses ennemis, les jeunes chefs des environs, y compris Seïdou, le fils de Ba Lobo et son oncle Ahmadou Abdoul Salam. Ceux-ci sont à Masséra, à une demi-journée de marche dans l'est de San, avec de nombreux partisans. Abdoul Salam, plus puissant que son neveu, lui dispute le commandement; ils s'entendent cependant pour entretenir une lutte perpétuelle contre Tidiani, lutte peu terrible, il est vrai. Huit mois par an, les armées sont en présence sans s'engager autrement que dans des escarmouches.

Tidiani a de l'expérience et ne maltraite pas trop ses administrés. C'est ce qui fait sa force et le frère de Faba termina par une maxime économique étonnante de sagesse dans la bouche d'un indigène peu éclairé : « Quand les petits souffrent de la guerre, il en est de même des rois, car il y a perte d'hommes, d'argent, et, par suite d'impôts qui ne rentrent pas aux rois. Notre seul moyen de prospérer serait que la paix régnât partout et que le fleuve devînt libre. »

Pendant les deux jours que nous demeurâmes à Diafarabé, je pris grand plaisir à écouter ce noir intelligent qui me parlait librement à mesure que je gagnais sa confiance. Il m'avoua bientôt que Tidiani leur avait fait dire de ne pas s'inquiéter de la canonnière, qu'il savait ce que nous venions faire ; aussi les habitants étaient-ils restés dans le village au lieu de s'enfuir dans l'intérieur comme ils l'avaient fait lors de la première expédition. C'est à Diafarabé que les deux frères d'Ahmadou, Mounirou et Ahmidou, s'étaient embarqués pour aller à Mopti.

Au mouillage de Tondou, situé par 7° 11' de longitude ouest, le Niger, large de mille mètres, court pendant plusieurs kilomètres au nord-est, dans la direction des tornades, avec une vitesse de plus de deux milles à l'heure.

La journée du 14 juillet, entièrement consacrée au repos, s'était passée le plus gaiement possible. Le soir, vers neuf heures, en quittant le chaland où nous prenions nos repas en commun, j'aperçus dans le nord-est une tornade sombre et menaçante. A peine avions-nous pris les précautions habituelles que la première rafale arriva, balayant le fleuve et enlevant à bord tous les objets qu'on avait négligé d'amarrer. La tempête éclata avec une violence extrême et, dans un instant, le Dioliba se couvrit de grosses lames. La canonnière, prise en travers au vent et au courant, embarquait par l'arrière mal défendu des paquets d'eau qui inondaient ma chambre et le coffre de la machine. Tout l'équipage se mit à vider l'eau pour empêcher de sombrer. Pendant ce temps, le chaland roulait bord sur bord et s'était mis à chasser sur ses ancres. Les montants de tente, grossièrement faits, offraient tant de résistance au vent, que l'équipage du *Manambougou* fut obligé de se mettre tout entier au vent pour l'empêcher de s'incliner juqu'au ras de l'eau. Tout ce qui était fragile à bord du chaland fut cassé.

Bientôt je perdis de vue le *Manambougou* dans l'obscurité de la nuit et il me devint impossible de rien entendre au milieu des hurlements du vent qui continuait à faire rage. Cette situation dura trois heures, au bout desquelles une accalmie se fit et la nuit devint moins noire. J'aperçus alors à deux cents mètres de la canonnière le *Manambougou,* dont les ancres avaient fini par accrocher le fond.

Vers cinq heures du matin, les feux furent allumés, le chaland fut pris à la remorque et nous continuâmes notre route. Encore sous l'impression de cette nuit terrible, tous nous nous taisions sans échanger notre bonjour accoutumé. Depuis, j'ai entendu bien souvent l'équipage parler de la nuit de Diafarabé, à jamais gravée dans sa mémoire. Bien que le Niger roule ses eaux au milieu du continent africain, ce n'est, certes, pas avec n'importe quel bâtiment qu'on peut naviguer sans danger sur ce fleuve. Dans ces sortes de convulsions de la nature aussi soudaines que violentes qu'on appelle « tornades », les lames se lèvent courtes, furieuses, hautes d'un mètre au moins.

Entre Diafarabé et Mangané, le fleuve a une largeur moyenne de un kilomètre, la sonde se tient entre deux et onze mètres, les rives sont boisées et seulement habitées par quelques pêcheurs. Le chef du campement de Massala Daga vint accoster le bord et dire : « Si tu viens en paix, pourquoi ne t'arrêtes-tu pas ? » Je lui répondis que, malgré nos sentiments pacifiques, nous n'avions pas le temps de voir tout le monde et lui fis un petit cadeau ; c'était, au fond, ce qu'il désirait. En face de Massala Daga, se trouve le marigot par lequel M. Davoust essaya de pénétrer jusqu'à Dienné. Au bout de quelque temps, bien que l'on fût au mois d'octobre, les passes devinrent si étroites qu'il fallut rétrograder : la canonnière dut marcher en arrière, sans pouvoir tourner. Ce marigot ne fait que des tours et des détours sans que sa largeur dépasse trente mètres.

Au mouillage, près des ruines de Manganê, les habitants, avec leur chef en tête, vinrent nous apporter de suite des poulets, du poisson, des rones et du bois. Depuis Noï, l'équipage achetait des vivres avec des bouteilles vides dont la valeur d'échange était d'un poulet ou six œufs.

Entre Manganê et Koakourou, les rives, très plates, sont couvertes de hautes herbes où des troupeaux de biches paissent en liberté. Çà est là, on aperçoit des ruines. Un peu au delà de Manganê, se trouve le marigot de Mouralé qui traverse le Bourgou et va rejoindre le marigot de Kakagnan. Mouralé était un canton habité, avant que Tidiani eût ruiné le Bourgou. En approchant de Koakourou ou Doumgal, on voit d'abord le marigot de Sabran conduisant à un village aujourd'hui en ruines, puis le campement de Koakourou, dont le nom signifie montagne de Koa, sans qu'il y ait la moindre colline aux environs, enfin, l'entrée du marigot qui mène à Dienné.

Le premier mouvement des habitants ayant été de prendre peur, j'allai mouiller un peu au delà de Koakourou, en protestant par paroles et par signes de nos sentiments de paix et d'amitié. Peu de temps après, les deux chefs, politique et religieux, l'amirou et l'almamy, comme ils s'annoncèrent pompeusement, montèrent à bord. Ils expliquèrent leur effroi en disant qu'ils n'avaient jamais vu une pirogue comme la nôtre, marchant toute seule en crachant du feu et de la fumée, et que si, nous-mêmes, nous voyions, pour la première fois, une chose si extraordinaire, nous ne serions pas rassurés. Je leur répondis qu'il y avait quelque vérité dans leur discours et que c'était pour les tranquilliser que je m'étais arrêté près de leur village.

Dans la soirée, je fus obligé de me coucher, en proie à des étourdissements violents et ne pus recevoir un envoyé de Boubakar, amiral des pirogues, venu pour saluer. Ces étourdissements étaient causés par la fatigue du métier que j'étais obligé de faire. La nuit, je dormais à peine, étendu sur le pont; toute la journée je restais debout, au soleil, pour relever la carte et surveiller la route. Dès qu'on avait mouillé, M. Lefort et moi, nous mettions au net le travail de la journée et, quand cette besogne était terminée, j'avais encore le soin de répondre aux visites, de palabrer, de recueillir toutes espèces de renseignements que je notais au fur et à mesure, quelquefois fort tard dans la nuit.

Le lendemain, Boubakar vint à bord, me baisa la main à la mode orientale et témoigna de son vif contentement de notre venue. C'était un bel homme, encore jeune, vêtu d'un splendide boubou teint en rouge pourpre. Ancien pêcheur du golfe de Guinée, un miedo, il avait pris du service près de Tidiani, et sa fortune militaire avait grandi rapidement. Aujourd'hui le cheihk lui laisse le commandement de toutes ses pirogues, et l'honore de sa confiance. Devenu riche, il possède un sérail de trente-quatre femmes.

Non seulement Boubakar est amiral des pirogues, mais encore il est chef du village de Mopti. Il était venu s'établir momentanément à Koakourou pour percevoir des dîmes sur les pirogues qui allaient entrer dans le marigot de Dienné. Boubakar me demanda de rester un jour à Koakourou, afin d'avoir le temps de prévenir partout de notre arrivée et, aussi, de rassurer les populations, particulièrement les Pouhls qui, me dit-il, sont de mauvaises gens. La vérité était que, dans le moment, soufflait chez les Pouhls un vent de révolte, que Tidiani craignait que notre arrivée ne fût le signal d'une insurrection et que Boubakar voulait donner au cheihk le temps de prendre ses dispositions pour faire connaître aux Pouhls qu'ils n'avaient pas besoin de compter sur nous.

En somme Tidiani voulait nous faire servir à ses projets de consolidation de son empire menacé par les Pouhls toujours prêts à changer de maître, par les incursions d'Abiddin et aussi les menées des partisans d'Abdoul Salam et de Seïdou. Je résolus donc de prouver aux Pouhls, par notre conduite, que nous n'étions pas leurs ennemis, de les ménager et de nous en servir même, au besoin, si Tidiani se montrait intraitable. Il me parut, dans la circonstance, que je devais suivre une politique analogue à celle qui m'avait été préconisée entre les Bambaras et les Toucouleurs.

Sur ces entrefaites arrivèrent des cavaliers de Moussa Maoudo, captif que Tidiani a préposé à la garde de Dienné, venus pour s'enquérir de ce que nous faisions. Boubakar les renvoya de sa propre autorité, en leur disant que tout était à la paix et me fit prévenir ensuite, de sorte, qu'à mon grand regret, je ne pus voir ces cavaliers. D'ailleurs, Moussa qui, en sa qualité de captif, se croyait obligé, sans doute à plus de fanatisme, avait fait connaître qu'il ne voulait à aucun prix entrer en relations avec des Keffir ou infidèles comme nous. Peut-être aussi n'y avait-il là qu'une question de rivalité entre Moussa et Boubakar, celui-ci voulant être le seul à se prévaloir près de Tidiani de nous avoir servi d'intermédiaire. Malgré tout, pensant qu'il pouvait être utile de ménager Boubakar et aussi par courtoisie pour un chef maritime, mon rival en cas de lutte, je lui fis d'assez beaux présents parmi lesquels des colliers sequins pour ses femmes, dont il fut d'autant plus ravi qu'il n'en avait jamais vu de semblables.

Pendant mon séjour à Koakourou, je réussis à réunir un certain nombre de renseignements sur Dienné, que je complétai plus tard.

Dienné faisait autrefois partie de l'empire Sonraï de Gao, qui comprenait Tombouktou. Lorsque le Sultan du Maroc, Al Mansour entreprit la conquête de cette dernière ville, en l'an 998 de l'hégire, Dienné devint tributaire du Maroc et resta nominativement sous sa domination jusqu'à la fin du XVIII° siècle. Au commencement du XIV° siècle, un Torodo du Fouta Sénégalais, Ahmadou Lobbo vint, avec les Pouhls, attaquer le Maroc, d'abord à Dienné, et réussit à soumettre à sa domination toute la contrée qui s'étend sur le Niger entre Tombouktou et Dienné. Quand Ahmadou Lobbo arriva dans cette dernière ville, elle possédait une mosquée splendide à deux ou trois étages. Le conquérant prétendit qu'elle était trop belle pour qu'on pût y prier avec recueillement, et la fit détruire pour la remplacer par une autre bien moins jolie.

Caillié, le seul Européen qui ait visité cette ville, dit qu'elle faisait autrefois partie de l'empire Bambara de Ségou, et qu'en 1826, elle avait été récemment conquise par Ségo-Ahmadou, fervent musulman, comme son père. Ce cheihk trouvant que le grand commerce de Dienné troublait ses habitudes religieuses et détournait les vrais croyants de la dévotion, avait créé une nouvelle ville El Lamdou Lillahi (louange à Dieu) sur la rive droite du Niger.

On voit que le récit de Caillié et le mien ne diffèrent que par les détails.

Ahmadou Ahmadou, le dernier roi Pouhl du Macina, continua la tradition de son père et de son grand-père. Il voulut enrôler dans son armée les nombreux ouvriers qui travaillaient à Dienné et fit payer une amende de deux mille cinq cents cauris à ceux qui refusaient de le suivre. Son oncle, Ba Lobo, eut même à soutenir à cette occasion une lutte contre les notables du Diennéri. La première rencontre eut lieu à Souna.

Mage nous a fait connaître qu'en 1862 El Hadj Omar partit en guerre contre Ahmadou Ahmadou qui avait commis le crime de donner asile à Ali, le roi détrôné de Ségou. Ba Lobo, battu à Konihou, fut obligé de se replier sur Dienné, et Ahmadou étant venu attaquer El Hadj à Saewal, sur les bords du Mayel Balevel, fut complètement défait, malgré son héroïsme, fait prisonnier et tué.

El Hadj Omar devint ainsi maître du Diennéri qui appartient aujourd'hui à son successeur et neveu Tidiani. Celui-ci a préposé Moussa Maoudo à la garde de Dienné, a nommé

Déraman Diaité almamy et Alpha Moy cadi. Le fils de l'ancien chef Pouhl de Dienné, nommé Ahmadou Soumaila, neveu de Gouro, s'est réfugié à Say, pour ne pas être commandé par Tidiani.

Dienné a donc passé par bien des vicissitudes et déjà du temps de Caillié, le commerce subissait une crise dont il ne s'est pas encore relevé. D'après mes renseignements, ce village serait grand comme Sansandig; il aurait été repeuplé par des captifs et des Pouhls du Macina que Tidiani y aurait fait entrer de force. Les pirogues de Tombouktou viennent y acheter du mil et du riz; on y trouve aussi de l'or, des Kolas, du sel et des étoffes.

La carte du Diennéri que j'ai levée par renseignements diffère de celle de Caillié, dressée par Jomard. Il est très remarquable que tous les indigènes que j'ai interrogés aient dit la même chose en ce qui concerne la proximité de Dienné du Mayel Balevel, quatre ou cinq kilomètres au plus, en saison sèche. De Sanouna, le port de Dienné, on voit très bien les arbres et les maisons de la ville. On paye cent vingt cauris pour le transport d'une barre de sel, sur la tête des captifs, de Sanouna à Dienné, et on peut faire onze voyages par jour. D'ailleurs, la description de Caillié, en ce qui concerne la topographie du Diennéri, est assez peu compréhensible, et je crois que le premier voyageur qui visitera ce pays y éprouvera quelque surprise.

Au mois de juillet, on ne peut se rendre à Dienné par aucun des marigots du Nord qui ne sont praticables que pour des pirogues à un ou deux hommes. A cette époque, une canonnière serait obligée de passer par Mopti et de remonter le Mayel Balevel jusqu'à Sanouna à travers un pays complètement déboisé. C'est ce qui m'empêcha d'aller à Dienné, d'autant que j'aurais couru le risque d'indisposer Tidiani, en allant visiter, avant toute discussion de traité, un pays qui dépend étroitement de ce cheihk. On a déjà vu qu'au mois d'octobre, M. Davoust fut contraint à retourner sur ses pas, après être entré dans le marigot qui tombe en face de Massala Daga. Celui de Koakourou serait, paraît-il, praticable aux hautes eaux et aboutirait à Sanouna; le courant y est alternatif et suit la crue. C'est à l'origine de ce marigot que se trouve Souna.

Autour de Dienné, du Sud à l'Ouest, se trouvent treize villages peuplés par les anciens noirs du Diennéri, appelés Diénéka ou Diénékafi, que l'on rencontre encore à Kaka, Poreman, Konihou et même Mopti, qui dépendait jadis de Dienné. Kaka, autrefois marché célèbre, n'est plus qu'un hôpital où Tidiani entretient des pauvres et des malades. Les Diénékafi sont peut-être de la même race que les Moshis et les Bobos; ce qu'il y a de certain, c'est qu'ils passent pour méchants, habiles à se servir de toutes espèces de poisons et qu'ils font peur aux autres habitants. Trois des villages Diénéka dépendent de Dienné; ce sont: Paéka, Diébé et Diémétago. Les autres se gouvernent eux-mêmes tout en formant un canton particulier que les Pouhls appellent Pondori et les gens de Dienné Somo; cette confédération reconnaît pour chef un almamy. Le chef de Soua, Beragighi, almamy au temps des guerres d'El Hadj, se rendit au prophète; à la mort de Béragighi, le chef de Gomidou, qui vit encore, fut nommé à sa place.

Kosama est un village de commerce où les marchands viennent échanger du mil et du riz contre du sel, de l'ambre ou des étoffes ; à leur tour, les gens de Kosama envoient du sel à San et à Parmandougou. Sirimou, situé à la rencontre des deux marigots du Nord, à l'Ouest-nord-ouest et tout proche du Dienné, est le plus ancien village de tout le Diennéri. A l'Est de Dienné, se trouve le Bourgou Sébéré, probablement ainsi désigné à cause des anciens captifs du Bourgou que Tidiani y a transportés. La population entière du Diennéri ne dépasserait pas vingt mille âmes ; c'est un pays d'autant plus fertile qu'il est complètement inondé en hivernage.

Le 17 juillet, nous quittions Koakourou. Un peu avant d'arriver au village en ruines de Tomona, la canonnière donna trois coups de talon sur un banc et demeura échouée par quatre-vingts centimètres. Nous passâmes devant Sarédina, aujourd'hui ruiné, où se trouve le tombeau de Sidi Ahmed El Backay. A partir de Diamala, où a été enterré El Backay, fils de Baba Ahmed Lamine et cousin de Sidi Ahmed El Backay, on aperçoit les montagnes d'Hamdallai que nous relevâmes soigneusement. Un peu avant d'arriver au confluent du Mayel Balevel, Bakhoy ou Baninfi, le Niger est obstrué par une île qui ne laisse qu'un étroit passage du côté de la rive droite. A partir de là, on découvre les villages de Mopti. Désormais nous avions dépassé les limites des explorations précédentes et relié l'itinéraire de Caillié aux possessions françaises du Soudan. Il me semblait maintenant impossible que nous ne pussions aller jusqu'à Tombouktou en suivant la route parcourue, soixante ans auparavant, par le Français Caillié, dont l'ombre glorieuse devait nous protéger. C'est dans cette disposition d'esprit que je mouillai à Mopti, oublieux, un moment, des ennuis qui nous y attendaient.

Mopti, l'Isaca de Caillié, appelé encore Saga par les bozos, comprend trois villages, deux sur la rive, distants de deux kilomètres, le troisième un peu dans l'intérieur. Celui-ci est peu considérable, commandé par un chef Pouhl Ammasala Modi, en bonnes relations avec Tidiani, quoique son père fût chef du village de Tenenkou, aujourd'hui abandonné par le fait même du cheihk du Macina. Le grand Mopti est peuplé de Toucouleurs et de gens de Tidiani, le petit est principalement habité par des Pouhls emmenés en captivité des bords du marigot de Diaka. C'est devant ce dernier que nous jetâmes l'ancre, sur les conseils du fils et d'un envoyé de Boubakar que j'avais pris en route à bord de la canonnière. De nombreuses pirogues accoururent de suite le long du bord, apportant des vivres et du bois ; un des frères de Boubakar vint saluer et un Toucouleur qui avait habité Ordondé, sur le Sénégal, exprima sa satisfaction de revoir un capitaine blanc. Ces gens semblaient joyeux et confiants, et je commençais à croire que tout irait mieux que je ne l'avais pensé, quand vers le coucher du soleil arriva une députation des notables des villages qu'accompagnait le frère cadet de Boubakar. Rien qu'à leur air solennel, gêné, inquiet, il était visible qu'il y avait du nouveau. Les pirogues s'éloignèrent aussitôt.

« Quelles sont tes intentions? » me demandèrent-ils. Je répondis que nous venions en paix et en amitié trouver Tidiani pour nous entendre avec lui, et que le cheihk avait connaissance de notre arrivée. « Il faut alors mouiller plus loin et ne communiquer avec personne en attendant l'arrivée de l'envoyé de Tidiani, sans cela, nous ne pouvons croire à vos intentions pacifiques. » Je me montrai très fâché de cet accueil et, sûr de mon effet, je déclarai aux notables que, puisque nous troublions la paix, nous allions nous en aller tout à fait. Les députés se récrièrent vivement en disant qu'il y avait beaucoup de mauvaises gens à Mopti et que, si nous restions auprès de la côte, nous serions tout le temps ennuyés par eux, que c'était dans notre propre intérêt qu'ils nous demandaient de mouiller plus loin de terre.

Ce que les notables ne voulaient pas avouer ouvertement, c'était la crainte de nous voir nous entendre avec les Pouhls, chez qui notre arrivée avait produit une grande impression. Il fallait donc choisir entre deux politiques, l'une qui consistait à essayer de traiter avec Tidiani, l'autre à s'appuyer sur l'élément Pouhl pour lui faire échec. La première ligne de conduite avait l'avantage, en cas de traité, de mettre tout le Macina sous le protectorat français ; aussi, et bien que je n'eusse déjà pas une grande confiance dans la réussite des négociations, j'étais résolu à la suivre. J'ordonnai, non sans regrets, de lever l'ancre, et nous allâmes au milieu du Bakhoy, à cinq cents mètres du petit Mopti. A peine étions-nous en cet endroit que le vent d'ouest souffla avec violence et le chaland se mit à chasser sur ses ancres, malgré la faible vitesse du courant; vers deux heures du matin éclata une tornade venant de l'Est. Pendant toute la nuit la pluie tomba sans discontinuer.

La journée du 17 juillet me parut mortellement ennuyeuse, et quiconque a subi une quarantaine dans un port ne s'en étonnera pas. La pluie ne cessa de tomber. Dans l'après-midi, quelques notables vinrent, le long du bord, demander de nos nouvelles ! Je leur fis remarquer, d'assez mauvaise humeur, qu'ils avaient promis la veille, lorsqu'ils nous avaient demandé de nous éloigner, d'envoyer des vivres frais et du bois. Ils s'en allèrent, en assurant que, le soir même, nous ne manquerions de rien. Jamais belles promesses n'ont coûté à des noirs, même quand ils sont parfaitement résolus à ne pas les tenir. J'en eus la preuve ce jour-là.

Le lendemain matin, des cavaliers arrivèrent en grande fantasia sur la rive ; croyant que c'étaient des envoyés de Tidiani, je dis à l'interprète Sory d'aller aux renseignements. Il rapporta que les gens de Tidiani ne seraient rendus que le soir ou le lendemain matin. La journée se passa très chaude et d'autant plus énervante que l'impatience commençait à nous envahir. Je remarquai que les eaux montaient très rapidement. Le 17 juillet, on passait encore à pied sec entre les collines de sable sur lesquelles est bâti le petit Mopti ; mais, à partir du 19, le passage n'était plus possible. Au cœur de l'hivernage, les villages de Mopti doivent être comme des ilots perdus au milieu d'une vaste plaine liquide. Dans la soirée, le sharpee s'étant approché tout près de terre, en louvoyant à la voile, les habitants du petit Mopti se mirent à crier : « Allez-vous-en ; nous voyons bien maintenant vos mauvaises intentions. » Ce que j'avais voulu éviter était arrivé, les Pouhls nous devenaient hostiles en voyant que nous cherchions à traiter avec Tidiani.

Le 20 juillet, j'allai observer sur la pointe de séparation des deux fleuves :

    Latitude : 14° 33' 30" N
    Longitude : 6° 23' 24" O.

Des pirogues de pêcheurs s'enfuirent à notre approche. Au retour, je m'aperçus que le village du petit Mopti devenait de plus en plus désert. J'envoyai alors chercher Farba, un gaoulo (sorte de griot), que Tidiani avait investi du commandement des villages de Mopti en l'absence de Boubakar ; il ne vint pas, après avoir répondu qu'il allait se rendre de suite à bord. Depuis trois jours pleins que nous étions en quarantaine, les envoyés de Tidiani n'arrivaient pas, et je sentais s'agiter autour de nous toutes sortes d'intrigues où il me semblait que nous devions jouer le rôle de dupes. Ce soir-là, je m'endormis avec l'intention bien arrêtée de reprendre notre liberté d'allures si les envoyés ne paraissaient pas le lendemain.

Le 21 au matin, un cavalier fit de grands signes sur la plage; c'était un homme de Sidéro Koli, frère de Boubakar Saada, l'ancien roi de Boundou, parent de mon interprète Sory, qui venait avertir que tout allait bien et que les représentants de Tidiani étaient arrivés. Vers dix heures, on signala sur la rive la présence d'un personnage important que Sory alla reconnaître. L'envoyé du cheihk s'appelait Mahmadou Sarro, avait autrefois habité Saint-Louis du Sénégal, et, pour montrer qu'il était au courant des habitudes de la marine française, faisait savoir « qu'il ne voulait pas venir à bord dans une pirogue, mais bien dans un des canots de la canonnière. » A peine Mahmadou Sarro était-il monté à bord qu'il nous souhaita le bonjour en français et qu'il énuméra les chefs ou maîtres qu'il avait servis comme tirailleur, domestique ou traitant. Il se souvenait très bien de l'amiral Bouet Willaumez, qui fut gouverneur du Sénégal en 1843. « Il y a beaucoup de chefs en France, et, si l'on t'a choisi, c'est qu'on a la plus grande confiance en toi. Vous autres, vous aimez les épaulettes et les médailles. Viens à Bandiagara, où tu t'entendras rapidement avec Tidiani; et, à ton retour en France, tu auras des épaulettes et des médailles. » Après cet exorde, il me remit une lettre de Tidiani, que je me fis expliquer par Abd el Kader. J'en donne ici la traduction, telle que je la dois à l'obligeance de M. Duveyrier.

« Au nom de Dieu! Gloire à Dieu! Les bénédictions et les saluts (de Dieu) sur la meilleure des créatures (Mohammed) sur tout le clan de Dieu. O mon Dieu, bénis et salue notre seigneur Mohammed, sa famille et ses compagnons !

« De la part du commandant des croyants, serviteur de la confrérie tidjânite, le cheihk Amed El Tidjâni, fils d'Alfa Ahmed, que Dieu soit bienveillant pour lui et pour la communauté des musulmans. Il le rapproche dans ce monde et dans l'autre. Ainsi soit-il.

« Salut, accueil hospitalier, bienveillance et honneurs au capitaine commandant, au grand envoyé du commandant, au grand envoyé du commandant supérieur, au maître des bateaux à vapeur qui est arrivé à Moûti (1). Nous lui donnons avis que la lettre est arrivée et que nous avons compris le discours. Et vois! s'il plaît à Dieu notre envoyé Mohammed Saghi (vous est dépêché pour que vous veniez avec lui portant la lettre de votre supérieur, afin que nous ayons une démonstration claire et concluante de l'affaire. Et c'est Dieu qui arrange les choses au mieux.

---

(1) Mopti des cartes.

C'est à lui qu'ensuite reviennent ces choses et celles qu'on désire.

« Salut ! »

L'ESCLAVE DE SON MAITRE
'(QUI EST) LE (DIEU) VRAI ET JUSTE,
LE PRINCE DES VRAIS CROYANTS, OMAR FILS (DE)
SA'ĪD FILS (DE)' OTHMAN LEBBO (1)
INVESTI PAR DIEU
DANS CE MONDE ET DANS L'AUTRE

Ce cachet est évidemment celui d'El Hâdj Omar, l'ancien ennemi des Français.

En voyant le cachet, Abd el Kader s'écria que c'était un sauf-conduit précieux.

Quand j'eus pris connaissance de cette lettre, Mahmadou Sarro ajouta que, si je ne pouvais me rendre moi-même à Bandiagara, je n'avais qu'à désigner deux personnes pour me remplacer. Je lui répondis sans hésiter que j'irais moi-même m'entendre avec Tidiani, avec la plus grande confiance. Mahmadou Sarro, qui ne s'attendait sans doute pas à me voir accepter son offre, me remercia chaleureusement de m'être fié à lui, m'exprima combien il était heureux de la réussite de sa mission et me demanda de ne pas accepter chez d'autres que lui l'hospitalité à Bandiagara. Le courrier de Diafarabé, intermédiaire habituel entre l'almamy de Dia et Tidiani, accompagnait Mahmadou Sarro et protesta du grand honneur qu'il retirerait de la réussite des négociations dont il s'était chargé.

Pour montrer à Mahmadou que nos intentions étaient pacifiques et que je me reposais surtout sur sa bonne foi, je lui désignai les quelques personnes qui devaient m'accompagner, et lui demandai si cette petite troupe n'était pas

(1) Le nom de Lebbo est deviné plutôt que déchiffré.

encore trop nombreuse. Nous réglâmes aussi le nombre de chevaux et de porteurs nécessaires. Le départ fut fixé pour le lendemain matin. Je m'occupai le reste de la journée aux préparatifs de route et à rédiger des instructions pour M. Lefort, à qui je laissais le commandement des bâtiments. Je lui traçai la ligne de conduite à suivre pendant mon absence, et, comme il fallait tout prévoir, je lui rappelai qu'en cas de désastre, la première chose à faire était de sauver les bâtiments et la mission. Pour le reste, je m'en remettais à son sang-froid et à son énergie qui m'étaient bien connus.

E. CARON de St Louis à Tombouctou

ITINÉRAIRE DE MOPTI A BANDIAGARA
Échelle approximative 1/900.000

Les notes d'altitude sont relatives
la serie est au niveau du fleuve à Mopti

CHAPITRE XII

Départ pour Bandiagara. — Difficulté de la route. — La femme de Mahmadou Sarro. — Arrivée à Bandiagara. — Journées de fièvre. — Premiers palabres. — Discussion du traité. — Le cheihk refuse de nous laisser aller à Tombouktou. — Description de Bandiagara. — Le marigot de Samba Galadio. — Retour à Mopti.

Le départ était fixé pour six heures du matin; néanmoins, connaissant les habitudes des noirs, le docteur Jouenne et moi, nous ne descendîmes sur la plage avec nos bagages que vers huit heures du matin. C'était encore trop tôt, les chevaux étaient bien réunis, mais les dix porteurs nécessaires n'avaient pu être recrutés. Nous restâmes sur la plage, en plein soleil, jusque vers onze heures, entourés de nombreux curieux qui regardaient avec étonnement notre accoutrement et surtout nos selles anglaises. Sory et Abd el Kader devaient nous accompagner. Tout d'abord, je n'avais voulu prendre que deux laptots, Abdoul Samba, dont le dévouement était certain, et Suleiman qui avait des parents à Bandiagara; mais le cuisinier Boly vint me supplier, les larmes presque aux yeux, de l'emmener avec moi et j'y consentis, au grand désespoir de Moussa, le domestique du docteur, qui briguait aussi cet honneur. Les laptots et Boly, sur lesquels je pouvais compter absolument, étaient armés de fusils à répétition ; le docteur, les interprètes et moi, nous n'emportions que des revolvers. La charge des porteurs se composait de quelques jours de vivres européens et de cadeaux assez nombreux, sans aucun objet de grande valeur. Il convenait de ne pas arriver les mains vides et, en même temps, de ne pas trop exciter la cupidité. Pendant que nous stationnions ainsi sur la plage, je réfléchissais à part moi que le Soudan est une fameuse école pour la patience. La peine que Mahmadou Sarro avait à recruter des porteurs me donnait aussi à penser que les Pouhls ne se souciaient guère de nous accompagner et que, de plus, les chefs de Tidiani n'avaient guère d'autorité à Mopti. Enfin, vers onze heures, le convoi se mit en marche, au milieu d'une affluence d'indigènes de toutes races qui exprimaient les sentiments les plus divers de surprise, de crainte et d'hostilité. Quelques-uns d'entre eux ne se gênaient pas pour dire tout haut que nous ne reviendrions pas et nous regardaient partir en ricanant.

Le docteur, les interprètes et moi, nous montions des chevaux du Moshi, vifs et vigoureux, quoique de petite taille. Outre Mahmadou Sarro, plusieurs personnes nous accompagnaient ; d'abord son fils, monté sur une jument, avec une petite fille en croupe, puis Farba le Gaoulo, second chef de Mopti. Les autres étaient Demba, chef des écuries de Tidiani, Taraouaré, l'inévitable courrier de Diafarabé, un captif de Mahmadou Sarro qui ne tarda pas à mendier de quoi faire un vêtement neuf, enfin, un homme du village de Soukoura. Tous étaient montés. Farba et Demba formaient le plus vif contraste : le premier, couvert de gris-gris et d'embrasses, gambadait comme un clown sur son cheval aux harnachements multicolores, riant, causant, fumant des cigarettes empruntées au docteur ; Demba, au contraire, froid, digne, vêtu simplement d'un boubou de couleur sombre, comme l'attirail de son cheval, demeurait sérieux et ne disait mot.

Presque en partant, nous dûmes faire un détour pour passer à gué un marigot qui se jette près du vieux Mopti, le plus petit des deux villages. Nous passâmes ensuite devant le village de Sonkoura, habité par des Diawandous Diawaras ou Diaouras, de la race des Saracolets qui peuplaient le Kaarta, venus à la suite d'El Hadj Omar. Il était deux heures et demie quand nous nous arrêtâmes pour déjeuner à Darimanan, village de captifs d'environ cinq cents habitants. Demba vint gravement m'apporter une couverture de poil de chameau, en disant que Tidiani lui avait donné l'ordre de ne pas me laisser asseoir sur la terre.

A une demi-heure de marche de Darimanan, se trouve le village de Doundou où Mahmadou Sarro avait résolu de passer la nuit. On nous fit camper en plein air, dans une sorte de cour intérieure assez sale, pêle-mêle avec des moutons, des chèvres et des volailles. Nous étions soigneusement tenus à l'écart des gens du village. L'endroit n'était pas gai et la perspective de recevoir une tornade en plein air n'avait rien de bien réjouissant, mais, en somme, je me trouvais satisfait d'être en route pour Bandiagara. Les lenteurs de la route causées par la mauvaise volonté des porteurs, la fatigue d'une journée passée au plein soleil d'hivernage, le malaise même que je commençais à éprouver, s'effaçaient devant la perspective de rencontrer Tidiani. Notre entourage semblait sympathique, j'en ressentais une bonne impression comme aussi quelque espoir dans la réussite des négociations.

Il était convenu que, pour éviter l'ardeur du soleil, nous partirions pendant la nuit ; mais la paresse habituelle des noirs, aussi bien que la difficulté de se procurer des porteurs, furent cause que le départ n'eut lieu que vers sept heures. Une fois en route, les porteurs, pourtant peu chargés, marchèrent avec une lenteur insupportable, sans vouloir obéir à personne. Près du village de Samba Galadio, nous fûmes arrêtés par un marigot profond qu'il fallut passer à la nage.

Après une courte halte pour déjeuner, un peu au delà du village de Pico, nous remontâmes à cheval, marchant toujours avec la même lenteur énervante, sous un soleil de plomb, sans un souffle d'air, accablés par la tension électrique excessive d'une tornade qui menaçait. Les porteurs de Mopti avaient été remplacés par des gens de Doundou, village qui, comme Darimanam, est peuplé de captifs de la couronne de l'ancien roi du Macina, Ahmadou Ahmadou, tellement dévoués à leur premier maître, que Tidiani avait dû, dans les premiers temps, faire couper la tête à huit cents d'entre eux. Malgré tout, ces Pouhls sont restés indomptables et ne veulent pas obéir à Tidiani. L'un d'eux, à qui Mahmadou Sarro disait qu'il se plaindrait au cheihk de la mauvaise volonté qu'il montrait, répondit : « Je me moque pas mal de Tidiani. Le monde est vaste et il peut courir après moi. » La nuit suivante, il désertait avec deux de ses camarades.

Nous devions, ce jour-là, gagner le village de Doukoni dont Mahmadou Sarro est le chef, mais la difficulté du chemin s'ajoutait pour nous retarder à la mauvaise volonté des porteurs. Les montées et les descentes se succédaient sans fin, rapides, rocheuses et glissantes, atteignant parfois une pente de sept centimètres par mètre. Heureusement, nos chevaux du Moshi, habitués aux montagnes, les gravissaient d'un pied ferme, malgré la fatigue qu'ils commençaient à ressentir. Il était nuit et il y avait douze heures que nous étions en route, quand nous fîmes halte au village de Kori-kori, situé sur un petit monticule à un kilomètre de la route.

Tous nous étions rendus et moi surtout qui ressentais une courbature extrême des reins, signe précurseur d'un accès de fièvre. Comme à Darimanan, on nous fit camper en plein air, au milieu d'une cour malpropre où bêtes et gens s'entassèrent. Les habitants ne paraissaient pas enchantés de nous voir et on n'eut pas de peine à les tenir à l'écart. A mesure que nous approchions de Bandiagara, les gens de l'escorte se montraient froids et réservés, Mahmadou Sarro ne prononçait plus une parole, et Farba, lui-même, avait cessé de rire. Malgré ce changement de physionomie et aussi les fâcheux propos que Sory m'avait rapportés, j'avais tellement besoin de repos que je m'endormis de bonne heure, étendu sur la paille, après avoir pris la précaution habituelle de tenir mon revolver près de moi.

En partant le lendemain matin de bonne heure, je me sentais reposé et mieux portant ; mais, à peine avions-nous marché deux heures au soleil que je fus pris de vomissements bilieux répétés. J'avais la tête vide, à chaque pas du cheval, je ressentais une vive douleur dans les reins et un coup de soleil que j'avais attrapé sur les mains, faute d'avoir mis des gants, me faisait beaucoup souffrir. Enfin, n'en pouvant plus, je fus contraint de descendre de cheval et de marcher à pied, appuyé sur l'épaule du docteur, visiblement inquiet de mon état. Bien que nous ne fussions plus qu'à un kilomètre de Doukoni, la route me parut atrocement longue et c'est dans le plus piteux état que j'arrivai au village.

Un excellent accueil m'y attendait. La femme de Mahmadou Sarro, déjà âgée, m'abandonna sa case qui était très fraîche où, après un accès de fièvre, je m'endormis de fatigue. Quand je me réveillai, la tornade qui menaçait depuis la veille venait d'éclater en versant des torrents d'eau qui rafraîchissaient l'atmosphère. J'absorbai de la quinine sans pouvoir manger et je me laissai aller à un doux engourdissement, à l'abri des intempéries et des importuns, apercevant, comme dans un rêve, la femme de Mahmadou Sarro qui venait de temps en temps prendre de mes nouvelles. En vérité, comme l'ont fait remarquer plusieurs voyageurs, tels Mungo Park et Caillié, la femme noire est, malgré sa dure condition, naturellement douce et charitable. Bien que je n'aie guère eu à me louer de Mahmadou Sarro, je conserverai toujours à sa femme une grande reconnaissance pour les soins qu'elle me prodigua.

Le village de Doukoni, construit au milieu des pierres, n'est pas à plus de trois kilomètres de Bandiagara, la capitale du Macina où nous nous rendîmes le lendemain matin. On nous conduisit directement au palais, construit dans le genre arabe, en terre et en bois, avec colonnades et dômes, assez vaste pour renfermer toute la maison du cheihk, officiers, femmes, esclaves et griots. Ce palais, qui n'a pas moins de soixante mètres de longueur, n'est fait que de tours et détours et, à l'abri de son enceinte, pourrait être défendu contre des noirs.

Il y avait à notre entrée une grande affluence de gens venus pour prendre part au repas que Tidiani offre tous les matins à trois cents personnes et aussi attirés par la nouvelle de notre arrivée. Le cheihk nous fit attendre près d'une heure dans une salle où veille habituellement la garde armée de fusils à pierre et où nous restâmes en butte à la curiosité importune de tous. Pour ma part, fatigué comme je l'étais, la tête me tournait, rien qu'à voir ces remous humains qui se pressaient pour nous examiner, sans que les officiers du palais pussent réussir à faire circuler la foule. Le manque d'air contribuait encore à augmenter le désarroi de mes idées. Ce qui me frappa le plus, dans l'état où j'étais, ce fut la malveillance avec laquelle les Maures, assez nombreux dans la foule, nous considéraient. Les griots, pour qui l'arrivée d'étrangers, à quelque race qu'ils appartiennent, est toujours une bonne fortune, chantaient nos louanges. Je recueillis au passage le bruit qu'un Allemand était venu quelques mois auparavant à Bandiagara et un indigène me fit voir une bague faite avec un florin.

N'ayant pas mangé depuis l'avant-veille, étourdi autant par la quinine que par le bruit, je ne voyais ni n'entendais presque plus, lorsque nous fûmes introduits près de Tidiani. Le cheihk était étendu sur un tara ou lit en bambou ; en dehors de Mahmadou Sarro, il n'y avait qu'un conseiller présent, nommé Abdoulaye. Après les échanges de politesse, je fis appel à mon énergie pour expliquer clairement et en quelques mots à Tidiani le but de notre visite ; puis je lui remis la lettre que lui adressait le commandant supérieur et, afin qu'il n'en ignorât pas, un projet de traité que j'avais pris soin de faire traduire en arabe, avant mon départ de Manambougou, par un interprète fort lettré Ousman Mandao.

Niagassola, le 14 avril 1887.

Le Lieutenant-Colonel Galliéni, commandant supérieur du Soudan français, à Tidiani, chef du Macina.

« Tes parents Hamidou et Mounirou t'ont déjà porté une
« lettre de ma part. Ils t'ont renseigné sur mes intentions.
« Ils t'ont appris que toutes mes sympathies t'étaient ac-
« quises et que mon désir était d'entrer en relations d'amitié
« et de commerce avec toi.

« Depuis longtemps, j'avais l'intention de t'écrire ou
« mieux de t'envoyer l'un de mes officiers, mais les circon-
« stances s'y sont opposées jusqu'à ce jour. Aujourd'hui, il
« m'est possible d'expédier la canonnière dont le chef a
« pour mission de te porter mes paroles et de dire à tes
« envoyés quels sont mes projets. Comme te l'ont déjà dit
« Hamidou et Mounirou, nous ne voulons que la paix et la
« tranquillité. Nous désirons entrer en relations avec les
« chefs les plus puissants du Niger, afin de pouvoir com-
« mercer avec leurs populations et travailler avec eux à la
« prospérité de ces régions. Nous savons faire la guerre,
« mais nous ne faisons jamais parler la poudre les premiers.
« Nos ennemis dans le Soudan sont ceux qui l'ont bien
« voulu. Nous nous sommes toujours présentés avec des
« paroles pacifiques, car nous ne sommes venus dans ce
« pays que pour étendre notre commerce et échanger nos
« produits contre les vôtres.

« Ecoute donc les paroles de mon envoyé. Aie confiance
« en lui. Ferme tes oreilles aux calomnies qui ont pu t'être
« rapportées sur le compte des Français. Tu verras, tu

« n'auras qu'à te louer de tes rapports avec nous. Il te pré-
« sentera de ma part un papier qui consacrera nos bonnes
« relations d'amitié. Signe-le de ton nom, afin que l'on
« sache partout que tu es l'ami des Français et que tu as
« voulu t'entendre avec eux au sujet de l'intérêt commun
« des populations et du commerce. Quand ils verront ce
« papier, tes ennemis se tairont, car ils sauront qu'ils ne
« pourront rien contre l'union de deux grands chefs.

« Je te salue. »

Tidiani voulut savoir si ces documents émanaient du Gouverneur du Sénégal et j'eus quelque peine à lui expliquer que le Commandant supérieur était le chef des Français entre Kayes et Bammako. Il s'étonna de voir les lettres décachetées, ce qui était, en effet, un oubli de ma part, mais il n'insista pas quand je lui eus dit que j'avais la confiance entière du Commandant supérieur et que, d'ailleurs, ayant qualité pour traiter, je devais forcément connaître tous les papiers relatifs aux négociations.

Sachant que j'étais très fatigué, le cheihk ne me retint pas trop longtemps et me dit qu'il allait me faire conduire chez la personne qui était chargée de nous donner l'hospitalité. Je lui demandai à être logé chez Mahmadou Sarro dont j'avais lieu jusque-là d'être satisfait. Le cheihk répondit qu'Abdoulaye était mieux à même de nous recevoir et que, d'ailleurs, je serais aussi bien traité chez lui que chez Mahmadou Sarro. Abdoulaye, ancien traitant de Podor, parti de ce poste après la révolution de 1848, dont il me parla, était au courant des habitudes françaises.

A peine étions-nous installés dans la case qui nous était

destinée que je fus repris par la fièvre et obligé de m'aliter. Abdoulaye mit à la porte tous les curieux, non pas tant encore pour assurer notre tranquillité que pour nous empêcher de communiquer avec le dehors, et aussi, sans doute de corrompre les gens. « Si tu fais des cadeaux, dit Abdoulaye, Tidiani croira que tu veux acheter les gens. » Quoi qu'il en soit, j'avais tellement besoin de repos que je me sentis sur le moment très heureux d'être délivré des importuns. Une seule chose me contrariait, c'est que la maladie m'empêchait de commencer de suite les négociations, d'autant qu'on répétait à satiété que nous ne demeurerions pas longtemps et que tout s'arrangerait bien vite avec Tidiani.

Dans l'après-midi, Mounirou, venu pour saluer, se retira de suite en voyant que Sory n'était pas là. Le cheihk fit apporter du lait, des poules et des œufs en grande quantité ; mais, sauf les gens du palais, personne ne réussit à forcer la consigne d'Abdoulaye qui faisait sévèrement garder la porte sur la rue. Une fois cette porte passée, on entrait dans une première cour extérieure sur laquelle donnait la maison à un étage d'Abdoulaye. La cour intérieure nous était réservée, séparée de la première par un mur assez élevé, longue de huit mètres et large de six environ. La case qui nous servait de logement bordait cette cour dans le fond et sur toute sa longueur. Cet immense hangar en terre et en bois, large de quatre mètres, avait pour tout mobilier deux taras destinés au docteur et à moi. Il semblait avoir été construit depuis peu et, dans tous les cas, avait été bien choisi pour nous servir de prison. Une seule porte, placée à l'extrémité, donnant sur la cour intérieure, laissait pénétrer un peu de jour et de lumière. Ce logement avait été évidemment préparé pour nous ; car on avait pris soin de construire, dans un coin de la cour, un buen retiro dont les indigènes n'ont pas coutume de faire usage, au grand détriment de la propreté des villages.

Le lendemain matin, j'eus encore un accès de fièvre bilieux qui me laissa très affaibli. C'était une nouvelle journée perdue pour les négociations que j'avais toujours espoir de mener à bonne fin. Tidiani nous avait envoyé un bœuf blanc, preuve de ses excellents sentiments, aussi des œufs, des poulets, du riz, du miel en quantité incroyable. Les gens de mon escorte ne faisaient que manger toute la journée avec une avidité telle que, malgré la complaisance d'estomac extraordinaire des noirs, je craignais de les voir tomber malades.

De temps à autre, Abdoulaye venait m'entretenir avec un air de mystère, en ayant soin de faire écarter tout le monde, sans doute pour se donner un air d'importance et, en somme, il ne me racontait que des choses insignifiantes, probablement de son invention. Ce jour-là, après avoir répété pour la centième fois que tout allait bien, il annonça que Chérou, c'est ainsi qu'il appelait communément Tidiani, voulait me parler en secret avant le premier palabre, de façon que nous fussions d'accord.

Mahmadou Sarro paraissait mécontent depuis que nous étions logés chez Abdoulaye. Non seulement il n'avait pas eu l'honneur de nous posséder ; mais encore il voyait avec dépit qu'Abdoulaye profitait des énormes provisions qui restaient. Cela ne l'empêchait pourtant pas de venir mendier plusieurs fois par jour une tasse de café, sous le fallacieux prétexte de montrer qu'il connaissait et appréciait ce breuvage. Le malheur était que nous n'en avions qu'une très faible provision, insuffisante même pour notre consommation.

Quant à Mounirou, il n'entrait pas dans la case, prétextant qu'il ne voulait pas exciter la méfiance de Tidiani en venant causer avec nous avant le premier palabre et aussi parce que le bruit courait à Bandiagara que les Français marchaient de concert avec Ahmadou contre le Macina. Aussi regardait-on Mounirou d'un œil peu favorable.

Dans l'après-midi, le cheihk envoya son fils adoptif prendre de mes nouvelles. C'était un jeune homme de dix-huit à dix-neuf ans, nommé Ahmadou, fils d'Ahmadou Mackiou, un des frères de Tidiani. A la mort de Mackiou, arrivée en 1872, Tidiani, qui n'avait que des filles, adopta son neveu. A la suite de cette visite, je priai le docteur d'aller voir le cheihk avec Sory, pour m'excuser de n'avoir pu commencer les négociations et aussi remercier des soins et des vivres qu'il nous prodiguait. Pendant cette entrevue, le cheihk se montra très aimable et très réservé.

Le docteur trouva, à son retour, une nombreuse clientèle de malades qui l'attendait dans la cour et distribua à tous des remèdes et de bons conseils avec une patience remarquable. Sur la fin de notre séjour, la petite provision de médicaments que nous avions emportée se trouva à peu près épuisée au grand désespoir des derniers arrivants. Les maladies les plus communes étaient celles des yeux et aussi les vices du sang.

Parmi les quelques femmes qui vinrent trouver le docteur, j'en remarquai une qui avait deux anneaux dans le nez. Toutes déployaient la plus grande coquetterie dans leurs chevelures qui étaient très soignées, variées et compliquées à l'infini ; l'une d'elles avait coiffé ses cheveux en forme de diadème terminé par de nombreux tire-bouchons yolofs tombant sur le front et la nuque.

La griote Koria, que Tidiani avait chargée de pourvoir à notre entretien, était couverte de bijoux d'or et d'argent, dont six anneaux à chaque oreille, des bracelets si pesants aux bras et aux pieds que j'étais surpris de la voir marcher aisément. Koria me parut être une Poulhe croisée de noir et, bien qu'elle eût certainement dépassé la trentaine, elle était restée assez jolie et n'avait pas le corps déformé, comme il arrive si souvent aux négresses. Dix fois par jour elle venait apporter des vivres parmi lesquels des nouilles confectionnées avec de la farine de froment cultivé dans le pays et aussi du tamarin pour faire de la tisane.

Connaissant l'avidité des griotes, je ne lui donnai rien dans les premiers temps, mais je dus bientôt m'exécuter sous la pression de ses demandes réitérées. Je lui offris d'abord quelques pièces de cinq francs pour faire un nouveau bracelet ; elle me remercia en ces termes : « Quand je t'ai porté les premiers cadeaux de Tidiani, tu ne m'as rien offert et j'en ai été d'autant plus étonnée qu'on répétait que les Français étaient très généreux. Tidiani m'a dit de continuer à pourvoir à tes besoins et que je serais bien récompensée ; je vois maintenant qu'il avait raison, que tu es grand et généreux. » A partir de ce moment, Koria devint insatiable et il fallut offrir des présents à toute sa famille qu'elle vint présenter.

A la cour de Tidiani, les griots ne chantent ni ne dansent et n'ont guère d'autre occupation que de louanger leur maître et ses hôtes. Comme le cheihk a sévèrement proscrit l'usage de tous les instruments de musique et ne veut même pas en voir, Bandiagara est fort triste, on n'y entend que des prières et on s'y croirait dans un couvent retranché. Tout près de la case d'Abdoulaye, se trouvait la grande mosquée où dès trois heures trente du matin, on entendait la voix grave d'un marabout, probablement âgé, appelant les fidèles à la prière. Dans le lointain, la voix aiguë d'un marabout plus jeune répondait du haut de la petite mosquée. Pendant les nuits fièvreuses, je prenais une sorte de plaisir à entendre les Allah K'bar et les Allah Ihallah Allah s'élever dans la nuit, au milieu d'un silence absolu, s'abaisser tour à tour comme dans un duo étrange et imposant. Quelques ombres s'agitaient dans la cour où nous dormions et commençaient à marmotter des prières ; c'étaient nos hommes qui, quoique fort peu pratiquants à bord de la canonnière, faisaient régulièrement leurs Salams à Bandiagara. En vérité pendant mon séjour en Afrique, sans croire à la complète sincérité des musulmans, je n'ai pu m'empêcher d'être frappé de la puissance de l'islam sur les populations noires.

Le 26 juillet au soir, Sory mit, en cachette, sous la couverture qui me servait d'oreiller, quelques kolas. Le lendemain matin, je me sentais mieux, et Sory, tout fier, prétendit m'avoir guéri ; quoi qu'il en soit, je fis savoir à Tidiani que je pouvais me rendre près de lui dès le matin. Abdoulaye revint dire que Chérou avait changé d'idée et qu'il avait l'intention de lire, après le grand salam de deux heures, devant l'assemblée des notables, la lettre et le projet que je lui avais remis et, qu'après cela, il m'appellerait particulièrement.

Sur ces entrefaites, Mounirou fit envoyer un bœuf blanc plus grand encore que celui de Tidiani, pour prouver sa reconnaissance de ce que les Français avaient fait pour lui ; mais il ne vint pas lui-même. Je dis à Abdoulaye de faire abattre le bœuf pour en distribuer les morceaux à nos connaissances et aux siennes.

Il était trois heures vingt quand nous fûmes introduits dans la grande salle d'audience. Dans le fond, Tidiani se tenait assis, les jambes croisées, ayant devant lui un coussin de velours rouge et, à sa gauche, appuyée contre le mur, la longue canne qui lui sert de sceptre. Il était entièrement habillé de blanc, la tête enveloppée d'un large turban de la même couleur, dont il se couvrait et se découvrait alternativement la figure.

Le cheihk nous présenta les deux cents personnes qui l'entouraient comme des notables et des chefs venus d'aussi loin que possible, depuis la Doventza jusqu'à Dienné. Tous étaient bien vêtus, armés de fusils et de sabres tout droits avec une poignée assez courte en forme de croix. On me dit que ces sabres venaient des possessions anglaises de Lagos par le Haoussa. Les plus importants d'entre les notables avaient un turban comme celui de Tidiani, tels Seïdou Ali, neveu d'El Hadj' Omar que Tidiani me présenta comme tamsir de la religion musulmane et comme frère (cousin) âgé de soixante-dix ans environ, encore robuste, très instruit et très défiant ; Ibra Abi ou Ibrahim Almamy, frère du précédent, de la famille des Vanvanbé ou Torodo très considéré, Ifra Almamy, Moumousa, Mahmadou Alliou, Abdoulaye, enfin Toumane Kolimodi, issu du même père que Boubakar Saada, l'ancien roi du Bondou, parent par les femmes avec l'interprète Sory. Tous ceux que je viens de nommer pouvaient être chefs d'armée et quelques-uns d'entre eux étaient déjà même désignés pour commander une région.

Tidiani avait près de lui ses conseillers habituels, d'abord le vieux marabout Alpha Colado, Shérif Mouley, un Maure économe du cheihk, Mahmadou Sarro et le maure Razin. Parmi les chefs des races conquises se trouvaient Doumba, l'ancien chef Pouhl de Bandiagara, le fils du chef de Dalla, Ouidi ou Mahmadou N'Doulli, celui de Sarayamo, enfin les représentants des chefs de la Doventza, du Hombouri et du Gilgodi. C'était pour réunir tous ces notables que Tidiani nous avait fait attendre à Mopti. Mounirou et Ahmidou étaient assis à côté de Tidiani.

Le docteur et moi, nous saluâmes le cheihk militairement, casque en tête et il nous tendit la main. Sory et Abd el Kader vinrent lui baiser la main à la mode orientale, en la portant au front, tandis que pour des personnes d'un rang moins considérable on la porte au cœur. Un seul petit tabouret avait été préparé à mon intention, juste en face de Tidiani, à quelques pas de lui, au milieu de l'espace central laissé libre par les notables. Je fis prendre un pliant pour le docteur. Après les salutations et les présentations, Tidiani nous dit « Bissimilaï » et prit la parole. « Je ne suis
« pas roi, mais un simple talibé exécuteur de la volonté
« de Dieu qui m'a donné le Macina en garde. Voilà vingt
« ans que je lutte pour le défendre contre les entreprises de
« ses ennemis et ce pays, autrefois si riche, n'est plus que
« ruines par leur faute, car je me dois à la mission que
« Dieu m'a confiée. Aujourd'hui encore, je suis obligé

« d'entretenir cinq mille cavaliers qui coûtent très cher.
« Tu as avec toi un homme, Abd el Kader, dont le père
« est mon plus cruel ennemi. Lui-même n'est aimé de per-
« sonne. Il ne pourrait entrer dans Tombouktou, car au-
« cune route ne lui est ouverte. S'il était venu seul par le
« Macina, il aurait été tué et il n'aurait même pu passer
« chez son cousin Abiddin, sans être mis à mort. L'autorité
« que Dieu m'a donnée s'étend depuis Dienné jusqu'à Gar-
« dio, en passant par Diafarabé et le Bourgou, là où le mil
« était doux comme miel et le riz si délicat. Cependant j'ai
« abandonné le Bourgou pour me retirer à Bandiagara,
« dans un pays de pierres qui ne produit que des fruits
« durs comme le sol. »

Après ce long exorde que Sory, assez ému, eut quelque peine à traduire, Tidiani me donna la parole pour expliquer le but de notre visite. « Les Français sont solidement éta-
« blis à Bammako, sur les bords du Niger, et dès au-
« jourd'hui tout le monde leur obéit jusqu'à Diafarabé. Ils
« ne sont pas venus dans un but de conquête, mais bien
« pour rétablir le commerce qui n'existe plus par le fleuve.
« Le commandant supérieur, ayant entendu dire que tu
« étais un grand chef juste, ami de la paix, désireux de
« commercer, m'a envoyé pour m'entendre avec toi.
« Ayant reçu ta lettre, je me suis rendu en toute con-
« fiance à Bandiagara pour te demander de signer un
« traité qui consacrera l'union de la France et du Ma-
« cina. Je te salue, ainsi que tous les chefs et notables
« présents. »

Tidiani m'ayant demandé quel était ce traité, je lui fis remarquer qu'il le connaissait déjà par le papier que je lui avais remis. La traduction du traité fut écoutée en silence jusqu'au moment où, étant venu à parler de protectorat, une rumeur de désapprobation se fit entendre dans l'assemblée. Je pus néanmoins continuer tranquillement jusqu'au bout, et quand j'eus fini, Tidiani se contenta de répondre que « maintenant tous savaient à quoi s'en tenir sur le but de « la mission. »

Le cheihk parla alors du Fouta, des traités que ses grand'pères avaient passés avec la France et des coutumes qu'ils recevaient. A un certain moment, Sory, qui était visiblement ému, s'embrouilla tellement dans la traduction que je compris que Tidiani disait « que la France avait dé- « noncé les traités et que les petits-fils du Fouta ne pouvaient « s'entendre avec les petits-fils des Français. Après explications, il se trouva que c'était justement le contraire. Le cheihk avait dit « que si la France avait dénoncé les traités « avec le Fouta, c'est que les habitants n'avaient pas tenu « leurs engagements et avaient pillé les traitants. » En somme, à travers toutes ces histoires, je démêlai que le cheihk était très désireux de recevoir des coutumes ou des cadeaux, clause qui me paraissait admissible au cas où il accepterait le protectorat.

Pendant toute la discussion, l'assemblée n'avait cessé d'égrener le chapelet et le palabre se termina par une prière après laquelle Tidiani déclara qu'il était jeune, qu'il allait prendre conseil des vieux et que nous pouvions nous retirer. Il était temps pour moi qui commençais à être repris par la fièvre. Comme il pleuvait, le cuisinier Boly s'était imaginé de préparer le repas dans la case que nous trouvâmes en rentrant remplie d'une fumée épaisse. Je ne pus m'empêcher de me mettre en colère et, malgré la quinine, je n'évitai pas un nouvel accès.

D'après ce qui s'était passé au palabre, Abd el Kader avait totalement manqué de franchise, le jour où il était censé devoir se mettre en route pour Tombouktou, puisqu'aucune route ne lui était ouverte. Je lui reprochai de ne m'avoir pas averti, avant le départ de Mopti, qu'il était mal vu dans le Macina. Il n'était plus qu'une gêne à Bandiagara et je prévoyais dès lors que son influence ne devait pas être considérable à Tombouktou. El Hadj ne nia rien de ce qu'avait dit Tidiani. Il était tremblant, tellement pâle et le visage décomposé par la peur que je pris pitié de lui en lui disant qu'il savait par expérience « que les Français ne trahis- « saient même pas un ennemi venu se mettre sous leur « protection. » Je ne lui cachai pourtant pas que je n'avais plus en lui qu'une confiance très médiocre et qu'il eût à prendre garde à ses actes. El Hadj, qui ne logeait pas d'habitude dans notre case, y passa cette nuit-là.

Le lendemain, vers trois heures, en entrant dans le palais, je remarquai un plus grand nombre de gardes armés de fusils. Seïdou Abi avait persuadé Tidiani de se défier de nous, en lui remontrant que nous portions toujours des revolvers à la ceinture. Bien au contraire, nous allions toujours sans armes aux palabres. Ce trait m'indiquait une bien grande méfiance et aussi bien peu de courage de la part de Seïdou.

Tidiani nous reçut dans le même appareil que la veille. Au premier moment, le cheihk m'avait paru jeune; mais, en regardant de plus près, je pensai qu'il devait approcher de la cinquantaine. Sa figure empâtée avait la pâleur terreuse des noirs malades, ses joues tombaient un peu flasques, il semblait avoir une laryngite chronique, toussant et crachant continuellement dans de petits tas de sable, il bégayait et sa voix restait chevrotante, même quand il s'animait. Les yeux vifs et perçants surveillaient tous nos mouvements et éclairaient son visage un peu commun d'un rayon d'intelligence. Bien que les manières de Tidiani ne fussent pas imposantes, il y avait dans son maintien un je ne sais quoi qui inspirait le respect. On se sentait, en somme, en face d'un chef.

A cause de l'incident de la veille, Abd el Kader était resté dans la case. Après un échange de salutations et de demandes réciproques de nouvelles de la santé, le cheihk exprima le désir de voir El Hadj. Pendant qu'on allait le chercher, je dis au cheihk que je ne l'aurais pas amené à Bandiagara si j'avais su ce qu'il en était ; mais qu'El Hadj faisait partie de ma suite et devait être inviolable. Tidiani, animé, l'œil flamboyant, raconta alors que « le père d'Abd el Kader était son
« plus grand ennemi, qu'il le poursuivait sans cesse et se
« ruinait pour entretenir des cavaliers contre lui. Abd el
« Kader se dit envoyé de Tombouktou, ce n'est pas vrai, et
« il a trompé les Français. C'est lui qui a raconté que j'ai
« envoyé des pirogues pour combattre la canonnière lors de
« son premier voyage. C'est un mensonge ; car je n'ai expé-
« dié que deux pirogues pour savoir quel but poursuivaient
« les Français. El Hadj a eu l'aplomb de venir avec toi à
« Bandiagara et je lui couperais la tête s'il n'était avec toi.
« Je le respecterai à cause de toi. »

Sur ces entrefaites, Abd el Kader entra, s'approcha en rampant de Tidiani et se mit à plat ventre devant lui. Je ne sais quelles paroles ils échangèrent à voix basse, mais je vis le cheihk tendre la main qu'El Hadj baisa à genoux, presque couché. C'était le pardon et j'en demeurai surpris.

La discussion commença. La veille je m'étais retiré avec l'espoir que tout allait être bientôt terminé et que je n'avais qu'à discuter la quotité des coutumes : mais Tidiani revint mettre tout en question « Avant d'accepter le traité, j'ai à « te soumettre cinq articles conditionnels. Le premier est « qu'on ne pourra acheter de captifs du pays qu'à Bandia- « gara et cette clause sera obligatoire pour tout individu « naviguant sous le pavillon français, car tous les captifs « du pays m'appartiennent. C'est moi qui les ai donnés à « leurs maîtres. De mauvaises gens pourraient les vendre à « mon détriment et dépeupleraient le Macina. »

Je me gardai bien de répondre à Tidiani que, pour nous, il n'y avait pas de captifs et lui donnai ainsi une apparente satisfaction.

« Les commerçants français ne pourront s'établir nul « part sans mon autorisation. Je leur indiquerai des cases « pour trafiquer, mais ils ne pourront construire aucune « maison sans mon ordre. »

Cet article avait évidemment pour but de nous empêcher de construire aucun fort dans le Macina. En vain, représentai-je au cheihk que notre intention n'était pas de construire des forts ; mais qu'il était inadmissible que nos traitants n'eussent pas de cases leur appartenant, que, par là, le commerce deviendrait impossible. Tidiani tint bon et ne voulut par en démordre. La discussion devint orageuse et les notables ou conseillers murmurèrent bien haut : « Tu vois qu'ils veulent s'établir dans le pays. » Mahmadou Sarro et Abdoulaye, oublieux de leurs belles protestations, criaient encore plus fort que les autres.

Le maure Razin à barbe rouge poussait particulièrement Tidiani à la violence. A un moment il s'écria : « Vois-tu, on ne peut en finir avec ces gens-là. » Tidiani répondit : « Ce « n'est pas à toi à parler, qui fais durer huit jours les plus « petites affaires. La France est un grand pays qui ne traite « pas à la légère. » Razin, tout honteux de la leçon, ne revint plus aux palabres, mais demeura plus que jamais excité contre nous.

Le Salam de quatre heures trente vint heureusement mettre fin à cette violente discussion. Une demi-heure après, le palabre recommençait et je dis au cheihk que c'était tout un nouveau traité qu'il me proposait et, qu'avant de rien discuter, je désirais connaître les trois autres articles.

3° « Le marché de chevaux du pays ne se tiendra qu'à « Bandiagara. Je les ai achetés et distribués à mes sujets, « s'ils les vendaient sans mon contrôle, ils me feraient « tort. »

4° « Si des captifs venaient à se réfugier à bord des « chalands français, il faudrait me les rendre. »

5° « Les marchands qui auraient vendu à des gens ne pos-« sédant aucun bien et qui ne seraient pas payés, ne pourront « rien me réclamer. Il leur appartiendra de prendre des « précautions. De mon côté, je m'engage à protéger les « marchands français et leur ferai rendre tout ce qui « leur aura été pris, à moins que le voleur ne soit pas « connu. »

Sans discuter davantage, je répondis à Tidiani que j'admettrais plusieurs des clauses commerciales qu'il venait d'énumérer si, de son côté, il voulait signer le traité que je lui avais présenté.

« Comment veux-tu que la France me protège, puisque
« c'est moi qui protégerai ses commerçants. Ce pays-ci est
« le mien. Dieu me l'a donné en garde. »

J'essayai d'expliquer à Tidiani ce que c'est que le protectorat, chose d'autant plus difficile que cette sorte de situation d'un état n'existe pas au Soudan et qu'il n'y a même pas de mot pour le traduire. « Le protectorat n'est pas une occu-
« pation du sol. C'est un traité par lequel une nation plus
« forte qu'une autre s'engage à la défendre contre les entre-
« prises de ses ennemis, dirigées soit contre sa tranquillité,
« soit contre son commerce. C'est une sorte d'alliance qui
« permet aux faibles de vivre en paix et de développer le
« trafic, de façon à enrichir celui qui protège et celui qui
« est protégé. En mettant les Etats sous la protection d'une
« nation aussi puissante que l'est la France, tu n'auras plus
« rien à redouter de tes ennemis qui sont nombreux, je les
« connais. »

Tidiani me répondit : « Ce pays est le mien, Dieu me l'a
« donné en garde. Même si j'avais des ennemis plus forts
« que moi, je n'appellerais pas les Français à mon secours.
« Dieu me suffirait. »

Fanatisée par cette éloquence religieuse, l'assemblée devint houleuse et menaçante ; mais la haine se devinait encore plus fort sur les visages que dans les gestes et les paroles. L'assemblée, contenue par Tidiani, restait malgré tout digne et je ne pus m'empêcher d'en être frappé. Le cheihk et moi nous échangeâmes encore quelques paroles oiseuses jusqu'au moment où le marabout appela au Salam de six heures trente.

Je rentrai dans la case d'Abdoulaye, fort énervé par cette discussion orageuse ; autour de moi, je ne voyais que visages méfiants et mes gens eux-mêmes semblaient abattus. Une fois couché, je me mis à réfléchir sans pouvoir goûter un instant de sommeil. J'entendis dans la soirée Abdoulaye qui disait de longues prières ; vers dix heures, il vint fermer la porte à clef sur nous. Puis ce fut un marabout habitant une case voisine qui se mit à chanter une sorte de cantique où revenaient sans cesse les noms d'Allah et de Mahmadou. Il les prononçait d'abord sur un ton grave et lent, s'animait peu à peu jusqu'à les répéter sur le ton le plus aigu, avec une volubilité extrême, redescendait pour remonter encore sans varier la gamme. On me dit le lendemain qu'il en était ainsi toutes les nuits du jeudi au vendredi. Dans une case peu éloignée on psalmodiait près d'un mort des invocations à Allah. Enfin, vers trois heures trente, les marabouts des deux mosquées se renvoyèrent longtemps le nom d'Allah, puis tout retomba dans le calme et je pus prendre un instant de repos.

Je me réveillai brisé, mais bien décidé à me renfermer dans les intentions du traité que m'avait remis le Commandant supérieur et à ne pas entrer dans les questions de détail du traité de commerce qui auraient engagé l'avenir. Je préparai un nouveau texte dont l'article 2 était ainsi conçu :

ART. 2. — Les formes à donner aux relations commerciales, demandant à être longuement et tranquillement discutées, seront réglées ultérieurement par envoyés ou autrement.

Sur ces entrefaites, Sory vint me rapporter qu'il avait appris que Mahmadou Sarro, Abdoulaye, Alpha Colado, Razin et quelques chefs pouhls avaient proposé de nous assassiner; les frères d'Ahmadou et Kolimodi s'y étaient opposés.

Dans la soirée, il y eut un nouveau palabre où j'essayai de faire passer le texte ci-dessus. Tidiani se refusa complètement à entendre parler d'aucun traité avant que j'eusse d'abord admis les six articles conditionnels. Je lui répondis que mes instructions m'ordonnaient de me renfermer dans les limites du texte que je lui avais déjà soumis, que je ne pouvais y contrevenir et que j'allais m'en retourner. « Donne-« moi, lui dis-je, une lettre pour le Commandant supérieur, « où tu déclareras qu'il y a paix et amitié entre la France « et toi et où tu feras connaître ton grand désir d'entrer en « relations de commerce avec les Français. A mon retour, « je la remettrai au Commandant supérieur qui jugera. » Tidiani me promit cette lettre et le palabre fut levé.

Le trente juillet, au matin, Tidiani nous reçut le docteur et moi en particulier, d'une façon fort aimable et nous pria de rester jusqu'au lundi matin, puisque les Français avaient coutume de se reposer le dimanche. Je lui répondis qu'il y avait déjà trop longtemps que nous avions quitté les bâtiments et que nous désirions partir le lendemain matin au plus tard, ce qui fut convenu.

Mounirou et Ahmidou étaient présents. Paraphrasant l'Ecriture, le cheihk dit : « J'avais deux yeux et je ne voyais pas, « j'avais deux oreilles et je n'entendais pas. Aujourd'hui, j'ai « mes deux frères Ahmidou et Mounirou. Je vois et j'entends. « Remercie pour moi le Commandant supérieur de m'avoir

« donné plus que la vie. » Profitant des bonnes dispositions du cheihk, je lui demandai un courrier qu'il promit.

Vers une heure, nous retournâmes près de Tidiani, pour lui offrir les cadeaux que nous lui destinions en reconnaissance de la généreuse hospitalité qu'il nous avait offerte. Le cheihk fit semblant de ne pas les regarder, s'empara de suite d'un coran de poche qu'il examina avec soin et dont il parut très satisfait. Tidiani se souvenait très bien de Mage dont je lui montrai l'ouvrage. Après avoir longuement contemplé l'image d'Ahmadou, roi de Ségou, le cheihk me demanda si je n'avais pas encore fait son portrait. Il me questionna sur le télégraphe dont je lui expliquai l'emploi. « Ainsi, dit-il, si « le télégraphe était installé dans mes états, je saurais de « suite ce qui s'y passe » Pour l'émerveiller je lui répondis que, bien mieux, les Français causaient maintenant à longue distance, comme s'ils étaient tout près. Tidiani se servait de lunettes pour lire et, près de son tara, il y avait un petit secrétaire où étaient renfermés ses papiers, son cachet, ce qu'il fallait pour écrire et aussi des clefs qu'on vint demander pendant que nous étions présents. Il me parut que tout était très bien ordonné dans le palais.

Vers trois heures trente, Tidiani nous fit chercher pour le dernier palabre devant les notables. Les cadeaux étaient étalés devant lui et l'économe Shérif Moulay commença la distribution, non sans prélever d'abord sa part, avec avidité et sans pudeur. Doumbo, l'ancien chef pouhl de Bandiagara, fut le premier appelé à recevoir un cadeau, puis Alpha Colado, à qui échut en partage le plus bel objet, un cafetan de drap brodé. Ce fut ensuite le tour des chefs venus des frontières du Tombo, du Moshi, de la Doventza, qui prirent congé de Tidiani dès qu'ils eurent reçu leurs cadeaux. A tous le cheihk répétait qu'ils pouvaient désormais s'en aller, que tout était réglé, qu'ils avaient pu se rendre compte de l'accord avec les Français. En politique habile, Tidiani se servait de notre venue à Bandiagara pour consolider son pouvoir.

Les Toucouleurs n'eurent que peu de part aux présents et je crois que le seul satisfait d'entre eux fut Farba le Gaoulo qui s'empressa de se parer d'une paire de bottes marocaines en cuir rouge et d'embrasses. Les objets qui me parurent les plus estimés étaient le calicot, les couteaux, rasoirs et ciseaux et les couvertures. Le vrai damas rouge fut coupé en petits morceaux pour servir de chechia ou d'ornements aux selles. Tidiani conserva pour lui les quelques pièces de cinq francs.

Après cette distribution originale Tidiani expliqua à l'assemblée l'origine des hommes suivant le Coran et particulièrement celle des Français dont le père est Pharus. Le marabout Alpha Colado dit ensuite une longue prière spécialement composée pour la réussite des négociations à venir. Le docteur et moi, nous l'écoutâmes assis, la tête découverte.

Revenant alors aux coutumes, Tidiani expliqua que les marchandises payaient un dixième de leur valeur à l'entrée et à la sortie, qu'avec cet impôt il entretenait ses Etats et une armée permanente de cinq mille cavaliers. On peut en conclure, sans pouvoir fixer un chiffre, que le commerce du Macina doit être assez considérable. Le cheihk ajouta qu'en ce qui concernait les traitants français, ces coutumes pourraient être payées en bloc, au lieu de l'être individuellement.

« Tu reviendras, me dit-il, et, à ton retour, il faudra con-

« naître le pouhl, afin de pouvoir parler ensemble, sans
« interprète. Tu es maintenant mon élu et je ne veux pas
« traiter avec d'autres que toi. Si tu es empêché de revenir,
« celui qui te remplacera devra être accrédité par toi. »

Sur ces entrefaites arrivèrent les deux courriers Mahomed Taraoualé et Asouman Diané, beau-frère de l'almamy de Dia que j'expédiai de suite avec une dépêche pour Bammako et une lettre pour M. Lefort qui devait leur remettre l'argent nécessaire au voyage. Après avoir succinctement résumé les difficultés des négociations et l'impossibilité d'obtenir, pour le moment, un traité de protectorat, je terminai la dépêche par ces mots : « Malgré tout, on peut considérer nos relations
« comme bonnes et bien établies avec Tidiani. Aussitôt
« arrivé à Mopti, j'irai directement à Tombouktou. »

Tout semblait, en effet, terminé, et nous nous apprêtâmes à partir le lendemain matin. La journée du trente-un juillet nous réservait cependant bien des surprises. Dès le matin, le cheihk nous fit chercher, commença par invectiver Abd el Kader et lui accorda, de nouveau, son pardon. Devant Alpha Colado et Shérif Mouley, les seuls conseillers présents, le cheihk nous fit connaître l'entreprise qu'il avait formée d'enlever sa mère de Dinguiray où Abibou, frère d'Ahmadou la gardait prisonnière.

Au Soudan, les indigènes traitent avec beaucoup d'égards leurs mères et se croient déshonorés s'ils ne les ont pas près d'eux ; comme chef, Tidiani souffrait encore plus cruellement de l'absence de la sienne, tant dans ses sentiments filiaux que dans son orgueil. Aussi, il me demanda de l'aider, en prenant à bord de la canonnière les deux hommes qu'il avait chargés de la difficile mission de ramener sa mère. Voyant là une occasion de tenir Tidiani, je lui répondis qu'il pouvait compter sur mon appui, mais pas avant notre retour de Tombouktou où nous nous rendions maintenant. « Tu n'as « pas parlé aux palabres d'aller à Tombouktou, il y a « méprise et mes sujets considéreraient comme une trahison « de te laisser passer. » Alors commença une violente discussion. Je remontrai à Tidiani qu'aucunes relations ne pouvaient être établies avec la France, si la canonnière ne restait libre de circuler sur le fleuve.

« Tout est fini maintenant, dit le cheihk. » La veille, Alpha Colado était encore venu faire l'aimable dans la case d'Abdoulaye et je l'avais laissé partir, sans lui faire de présents, sans l'acheter, en un mot. Aussi s'écria-t-il en ricanant et en grimaçant : « Ne les laisse pas aller à Tombouktou, « ce serait une trahison et la religion ne le permet pas. » Le docteur et moi, nous le regardâmes avec un tel air de colère que, malgré son fanatisme, le vieux marabout sembla prendre peur et se tut.

« Du reste, ajouta Tidiani, Tombouktou est à moi. Parce « que je t'ai reçu dans ma chambre, te crois-tu, pour cela, « le droit d'entrer dans la case de mes femmes. Tu ne peux « aller les voir sans ma permission. » Je répondis à Tidiani que je ne croyais pas que Tombouktou fût à lui. Cependant, à mon grand étonnement, Sory traduisit les paroles suivantes de Shérif Mouley : « Laisse-les aller à Tombouktou, qu'est-« ce que cela peut bien te faire. » Je pressentis une ruse, mais ne devais la comprendre que plus tard. Shérif Mouley savait bien que Tidiani avait déjà pris ses précautions.

La discussion s'échauffant de plus en plus, je vins à dire à Tidiani que « s'il ne me laissait pas aller à Tombouktou,

« je ne voulais plus même me charger de porter la lettre au
« Commandant Supérieur et que j'allais m'en retourner en
« liberté, comme j'étais venu. » — « Que feras-tu alors ? » —
« J'irai à Tombouktou. Arrive que pourra, si tu emploies la
« force. Pour moi je n'ai que des sentiments de paix. »

« Avant de visiter Tombouktou, il faut que tu termines
« le traité commencé avec moi. Retourne vers le Comman-
« dant Supérieur et, quand il aura accepté mes ouvertures,
« le fleuve sera libre. Si tu trouvais sur ton chemin un por-
« teur avec deux outres, que prendrais-tu ? Le porteur ou
« l'outre ? » « Je prendrais, répondis-je, le porteur et j'aurais
« ainsi les outres. » « Eh bien, je suis le porteur dont les
« deux outres sont Dienné et Tombouktou. C'est pour cela
« qu'il faut me prendre d'abord et tout finir avec moi. Si tu
« tentes de passer dans mes états contre ma volonté, c'en
« est fait, le fleuve est à Dieu. »

A cette déclaration de guerre, maîtrisant à peine la colère
qui m'envahissait, je répondis : « Je prends acte de tes mena-
« ces. Ma mission est désormais finie. Je te demande de
« retourner, librement et en paix, comme tu le dois, après
« m'avoir appelé. Prends garde aux conséquences de tes
« actes. La canonnière est encore à Mopti et souviens-toi
« que la France ne laisserait pas impunie une trahison. »
Le docteur et moi, nous nous levâmes pour sortir sur ces
dernières paroles de Tidiani : « Je me lave les mains de ton
« retour. Tu peux partir ; mais je ne te donnerai ni vivres,
« ni escorte, ni chevaux. »

Nous rentrâmes dans la case, très excités et, pour ma part,
je ne me dissimulais pas que je venais de jouer gros jeu et que
j'avais commis une maladresse en parlant du voyage à Tom-

bouktou ; mais il n'était plus temps de revenir. A peine avions-nous quitté Tidiani qu'Abdoulaye, en compagnie de Mahmadou Sarro, vinrent nous donner à entendre que le cheihk pourrait bien nous tenir prisonniers, comme Ahmadou, roi de Ségou, l'avait fait pour Mage et Galliéni.

Je ne fis pas attention à ces menaces et, après m'être concerté avec le docteur, je résolus de rester dans l'expectative, attitude qui réussit plus vite même que je ne le pensais. Tidiani nous fit chercher dans l'après-midi et, à ma grande stupéfaction, ne fit aucune allusion à ce qui s'était passé le matin ; de mon côté, je me renfermai dans un silence prudent. « J'ai fait tout préparer pour le départ. Voici un homme « qui doit aller à Mopti pour te remettre deux mille moules « de riz dont je fais cadeau à ta maison (l'équipage). » Tidiani me tendit une lettre sans enveloppe, adressée au Commandant supérieur, et je la pris, tout étonné, me demandant même si ce changement soudain d'idées ne cachait pas un piège.

La traduction de la lettre, suivant Abd el Kader, est sans doute imparfaite.

«Cheihk Ahmadou Tidiani Oualidou El Maroum Al Martada Alpha Ahmadou Bounou Saïd. Que Dieu le relève avec les croyants. Cette lettre est adressée au Commandant supérieur, chef des Français Galliéni. Salutations relevées. Que Dieu te relève! J'ai reçu ton envoyé, monsieur Caron, ton parent solide qui défend tes intérêts. Que Dieu le conserve ! Il m'a remis ta lettre. Je l'ai lue et comprise. Tu m'y parles de paix, d'amitié, de traité de commerce dans ce pays que Dieu m'a confié.

« Le traité de commerce serait avantageux pour les deux

parties, à condition que les deux pays soient en paix. Je garantis que, de mon côté, il n'y aura pas de mal. Voici le traité que je te propose : Coutumes du dixième et rétablissement des anciennes coutumes du Fouta au temps du Tamsir Suleiman. C'est ce qui a été déclaré devant ton envoyé, ainsi que les cinq articles suivants :

« ARTICLE PREMIER.—Si tes commerçants viennent un an ou deux ans, on leur donnera des cases ; mais ils n'auront pas le droit de faire un poste. Ils ne pourront pas bâtir.

« ART. 2. — Les commerçants ne pourront pas acheter des chevaux m'appartenant ; mais ils seront libres d'en acheter aux dioulas.

« ART. 3. — Les captifs ne pourront être achetés à Bandiagara.

« ART. 4. — Les captifs qui s'échapperaient à bord des chalands français seront rendus.

« ART. 5. — Le même que celui indiqué pendant les palabres.

« Il a été dit à ton envoyé que, s'il pouvait accepter ces cinq articles, le traité serait signé de suite, que si les cinq articles étaient signés, la France pouvait compter sur moi. Il a été dit à ton envoyé que s'il ne pouvait signer, il n'avait qu'à retourner vers le Commandant supérieur pour attendre la réponse. Si le Commandant supérieur accepte ces cinq articles, j'attends sa réponse et s'il accepte qu'il renvoie vite son envoyé. J'ai essayé de tenir ton envoyé ; mais il est ferme dans ses idées et dévoué à ses devoirs. En ce qui concerne les cadeaux, le Colonel n'a qu'à réfléchir. Ce qu'il décidera sera bien. Les coutumes pourront être remplacées par un tribut annuel. Lorsque ceci sera fait, tout sera tranquille dans mon pays, si vous-mêmes vous êtes tranquilles. »

Après la remise de cette lettre Tidiani fit sortir les conseillers et me présenta les deux hommes qu'il avait choisis pour aller chercher sa mère à Dinguiray, les nommés Mahmadou Issa et Chirou. « Je te demande ce service person-
« nellement, te recommande de les faire passer pour dioulas.
« tu leur donneras quelques étoffes et aussi trois cents francs
« que je te prie de me prêter. » J'acceptai de rendre ce service à Tidiani, pensant qu'il serait utile à la politique de l'avenir et aussi parce que j'étais résolu à ce moment-là à passer par le marigot de Diaka. En arrivant à Diafarabé, je me réservais de débarquer les envoyés et de les expédier sur Bammako. Dans l'après-midi, le cheihk nous fit de nouveau chercher pour nous faire ses adieux devant les gens de Bandiagara. Pendant cette dernière entrevue, qui fut assez froide, surtout de notre côté, Tidiani fit cadeau d'un cheval à un chef Pouhl, au grand mécontentement des Toucouleurs. C'est en comblant les Pouhls de cadeaux que le cheihk essaye de les tenir, sans y réussir toutefois. J'appris que ce chef ne se gêna pas pour renvoyer le cheval en disant qu'il ne lui convenait pas et qu'il en voulait un meilleur.

A cinq heures, nous montions enfin à cheval, pour gagner le village de Doukoni. Afin de marcher plus vite, nous abandonnions dans la case d'Abdoulaye des monceaux de provisions qui auraient exigé plusieurs porteurs ; ce fut un désespoir pour le cuisinier Boly, et une grande satisfaction pour notre hôte. Plusieurs brillants cavaliers nous escortèrent en fantasia jusqu'à la sortie de Bandiagara, parmi lesquels le fils du chef Pouhl de Dalla, Mohammed N'Doulli, à qui j'avais fait quelques cadeaux et qui s'en montra très reconnaissant.

Avant le départ, tous ceux qui nous avaient vus, approchés ou qui nous avaient rendu quelque service, étaient venus mendier des présents, tels Boubakar, fils d'Abdoulaye, Baidi Farigui, enfin les griots qui nous faisaient escorte chaque fois que nous nous rendions au Palais. Le dernier jour, ils nous accablèrent de flatteries et de louanges, usant largement du bâton pour écarter la foule.

Le fils adoptif de Tidiani, Ahmadou, vint me dire que son père ne lui avait rien donné. Je récompensai encore et, cette fois, de bonne grâce, Ahmadou et Mounirou qui s'étaient efforcés de faire réussir la cause de la France et avaient dit le plus grand bien de nous, quoiqu'ils fussent malheureusement tenus à une grande réserve et même, jusqu'à un certain point, suspects. Mounirou semblait avoir réuni le plus de sympathies et il me parut que les deux frères étaient jaloux l'un de l'autre. J'envoyai quelques présents à Kolimodi dont je n'avais eu qu'à me louer. Touman Kolimodi, riche, puissant, ambitieux, est tenu à l'écart par Tidiani qui redoute probablement en lui un compétiteur. Ce qu'il y a de certain, c'est que Mounirou, Ahmidou et Kolimodi sont les chefs du parti favorable à l'arrivée des Français.

CHAPITRE XIII

Description de Bandiagara. — Route de retour. — Départ de Mopti.

Pendant notre séjour dans la capitale du Macina, la fièvre, les palabres, le soin qu'on prenait de nous garder, en quelque sorte, au secret, m'empêchèrent de visiter complètement la ville. Un seule fois, le matin du départ, profitant de l'absence d'Abdoulaye, je sortis avec Sory, sous prétexte d'aller rendre visite à Mahmadou Sarro, dont la case était voisine de la nôtre. Nous fîmes à peu près cent cinquante mètres dans le sud-est pour arriver à une porte donnant sur un marigot large, profond, le Samba Galadio, du nom du chef Pouhl qui le fit creuser, il y a vingt ans, dans l'intention de relier Bandiagara au fleuve. De l'autre côté du marigot, on aperçoit un village entouré d'un tata qu'habite Touman Kolinodi Le marigot n'étant pas franchissable à pied, et, de plus, des cavaliers nous ayant donné à entendre qu'il fallait retourner, nous dûmes revenir sur nos pas. Près de la porte se trouvait un grand abri construit en billettes de bois pour abriter les malheureux pendant l'hivernage. Beaucoup de pauvres de Haoussa (pays de l'Est en général) viennent à Bandiagara implorer l'aumône en chantant les louanges d'Allah et de Tidiani, le miséricordieux. Tous les jours, il s'en présentait un certain nombre devant notre case, qui mendiaient sur un ton plaintif très remarquable. Près de la case de Mahmadou Sarro on trouve un marché, des boucheries et des rôtisseries creusées dans le sol.

Bandiagara est situé dans un cirque à cent quatre-vingts mètres de hauteur au-dessus du fleuve et, de quelque côté qu'on vienne, on n'y accède que par des collines difficiles à gravir. Le marigot de Samba Galadio entoure le village où nous logions, principalement habité par les Toucouleurs dévoués à Tidiani. Les rues en sont propres, assez larges, irrégulières; toutes les cases y sont construites en terre. C'est dans ce village que se trouvent groupés le palais, les deux mosquées, les cases des notables. Nous y entrâmes par une porte qui regarde l'ouest, distante de trois cents mètres environ du palais. Le tata extérieur, peu élevé, est construit assez loin du village, laissant un espace découvert sans doute réservé pour permettre à la cavalerie de charger. La population, que j'estime à cinq mille âmes, est composée de Bobos, Tombos, Moshis, Bambaras, Pouhls, Toucouleurs, Maures et Sonraïs, éléments constitutifs du Macina.

Bandiagara, sorte de couvent retranché, n'est pas une ville commerçante. Il y existe un marché de captifs que je n'ai pas vu; mais on m'assura que les esclaves se vendaient de cinquante à cent vingt mille cauris, et, chose triste à dire, qu'un cheval valait de un à cinq captifs.

La pièce de cinq francs s'achetant à cinq mille cauris.

Un bœuf coûte trente mille cauris ou trente francs environ.

Un mouton coûte cinq mille cauris ou cinq francs environ.

Le moule de riz, qui pèse deux kilos quatre cent cinquante grammes, s'achète cent cauris ou dix centimes.

Calicot poste français, deux mille cauris les deux coudées (un mètre vingt-deux) ou deux francs.

Calicot commerce français, mille quatre cents cauris les deux coudées (un mètre vingt-deux) ou un franc quarante.

Calicot des maures, neuf cents cauris les deux coudées ou quatre-vingt-dix centimes.

Guinée Parmentier, mille quatre cents cauris les deux coudées ou un franc quarante.

Guinée filature, huit cents cauris les deux coudées, ou quatre-vingts centimes.

Surcoton de laine, deux mille cauris les deux coudées ou deux francs.

Pour être estimées, les étoffes françaises ne se vendent guère à cause de leur cherté ; on les accepte comme cadeaux. En revanche, les étoffes des Maures qui sont de provenance étrangère, mauvaises et peu coûteuses, sont d'une vente courante à Bandiagara.

En quittant définitivement cette ville, le trente et un juillet au soir, nous ne nous sentions plus d'aise. Enfermés presque tout le temps, ne sortant que pour aller discuter aux palabres, menacés le matin même de rester prisonniers, nous étions à la fois étonnés et ravis de retrouver notre liberté et de pouvoir nous donner du mouvement. Nous partîmes au galop et arrivâmes en fantasia au village de Doukoni où, pour ma part, j'avais fait auparavant une si piteuse entrée.

La femme de Mahmadou Sarro me complimenta sur ma meilleure mine et, bien que son mari eût été un des plus acharnés contre nous pendant les palabres, je remis à sa femme quelques cadeaux, en l'assurant de ma reconnaissance. Le village de Doukoni compte environ cinq cents habitants et paraît assez pauvre ; on y rencontre des abris pour les malheureux, semblables à ceux de Bandiagara. Le soir, le docteur remarqua que Mahmadou Sarro, un peu asthmatique, respirait la fumée d'herbes emflammées et s'assura que c'était du datura, produit assez commun au Soudan.

Nous partîmes le lendemain matin de bonne heure. Pour compléter le levé dressé à l'aller par le docteur, j'observai les altitudes au-dessus du niveau du fleuve avec un baromètre anéroïde de poche. A droite, à cinq kilomètres de la route, se trouve le village de Songo très curieusement huché sur un des mamelons d'une colline assez élevée, abrupte, en forme de selle ; à partir de là, court une petite chaîne de collines de trente mètres de hauteur qui vient mourir en s'abaissant un peu au delà de Kilé, village après lequel on descend rapidement dans une sorte de cirque au milieu duquel est bâti Korikori.

Dans cette vallée, la végétation était plus riche, et nous voulûmes nous installer sous des arbres dont l'ombre nous tentait. Abdoulaye, qui nous avait rejoints et était chargé de nous escorter jusqu'à Mopti, s'y opposa de toutes ses forces, disant que Korikori était habité par des Tombos de relations peu sûres, pas trop amis de Tidiani, que si nous campions au dehors, nous pourrions bien être attaqués par des pillards.

On nous assigna donc comme logement une case vide, construite en terre et en bois sur des soubassements en pierres, entassées bizarrement, de façon à rendre le terrain horizontal. Le rez-de-chaussée représentant un carré de cinq mètres cinquante de côté avait trois mètres de hauteur, était divisé en deux chambres à peu près égales dont l'une contenait une sorte de niche en terre adossée à la muraille et servant de lit. On entrait dans le rez-de-chaussée par une porte de soixante-quinze centimètres de hauteur qui ne laissait pénétrer ni lumière ni air ; en voyant ce réduit obscur, sale, inhabitable, le docteur et moi, nous n'eûmes rien de plus pressé que de monter sur la terrasse par un tronc d'arbre entaillé. La moitié de la terrasse était occupée par une sorte de grenier à mil de un mètre vingt-cinq de hauteur, où l'on entrait ployé en deux ; tel quel cependant, ce grenier était plus aéré et plus éclairé, moins dégoûtant que le rez-de-chaussée. Nous dûmes y rester renfermés toute la journée en attendant que la pluie cessât, maudissant le retard auquel nous étions contraints, faute de pouvoir trouver des porteurs parmi les gens du village tous occupés à travailler aux lougans.

Le village de Korikori compte de nombreux forgerons. Presque toutes les maisons sont construites dans le style de celle que nous habitions ; quelques-unes sont de grandes dimensions et entourées d'une enceinte faite avec de grosses pierres. De loin, l'aspect général de Korikori est assez pittoresque, mais de près, on n'est plus frappé que par une saleté épouvantable. C'est un village pauvre où on ne voulut ou ne put nous fournir aucunes provisions, de telle sorte que nos gens se passèrent ce jour-là de dîner. Quant au docteur et moi, nous dûmes nous contenter de grignoter un peu de biscuit et d'endaubage dont il nous restait une seule ration, triste nourriture pour deux personnes mal portantes et en proie à de violents étourdissements. Je regrettai beaucoup, à ce moment-là, d'avoir abandonné toutes les provisions dans la case de Bandiagara.

Le lendemain matin nous nous mîmes en route de bonne heure. A quatre kilomètres de Korikori, on arrive au point culminant de la route, d'où l'on voit les collines s'étager, onduler comme les vagues de la mer et d'où l'on peut apercevoir la montagne qui vit mourir le grand conquérant El Hadj Omar. A partir de Piko qui n'est déjà plus qu'à cent mètres au-dessus du fleuve, le terrain devient moins pierreux et l'on retrouve la brousse.

Vers onze heures, nous arrivâmes au village de Samba Galadio, Abdoulaye menant le convoi au galop, malgré ses soixante-cinq ans au moins et une tumeur au bras de plusieurs kilos. Je dois cependant ajouter qu'il n'aimait pas que l'on approchât de son cheval, sous prétexte qu'il était méchant, mais certains des gens qui nous accompagnaient racontaient que la bête était douce et que c'était le cavalier qui était méchant. Abdoulaye qui commande la région qui s'étend entre Bandiagara et Mopti n'est pas aimé, il est craint plutôt que respecté.

En arrivant à Samba Galadio, nous trouvâmes le marigot très gonflé par la pluie. Malgré toutes mes instances, Abdoulaye ne voulut pas passer ce jour-là et ne fit même pas semblant de s'apercevoir de ma colère. « Tidiani m'a confié « le soin de ta personne et que dirait-il s'il t'arrivait quelque « malheur. » La vérité est qu'il se souciait peu, comme le disait Farba le Gaoulo, de s'exposer lui-même en passant le marigot. Abdoulaye entendit-il ce propos, ou devina-t-il que Farba faisait cause commune avec nous, mais il l'appela et je vis le moment où il allait le battre.

Nous rencontrâmes à Samba Galadio un ancien infirmier noir du poste de Bammako qui parlait encore assez bien le français. « Tous les gens du pays tremblent parce qu'ils
« croient que les Français sont avec Tidiani. Si vous veniez
« avec une armée, tout le monde serait pour vous. Il y a six
« mois, un Européen ressemblant au Dr Bayol (sic) bronzé,
« marchant pieds nus, est venu à Bandiagara avec deux
« noirs et deux ânes. Il a fait quelques cadeaux à Tidiani,
« entre autres un revolver; il a demandé à visiter le pays
« et est monté sur une colline pour observer. Après être resté
« quinze jours à Bandiagara, il est allé à Tombouktou » (1).

Dans le sud de Samba Galadio, il y avait une armée, c'est-à-dire un campement de cent cinquante cavaliers et de deux cents fantassins qui étaient soi-disant postés là pour empêcher Ba Lobo de venir enlever les troupeaux. En réalité, ils se tenaient en cet endroit parce que le bruit avait couru que nous avions une armée dans les chalands ! Quelques cavaliers vinrent nous saluer par curiosité.

Le soir, on nous fit camper dans une cour vaste, sale, avec toutes sortes d'animaux domestiques et, sur le tard, le chef du village, rentré des lougans, nous fit envoyer un mouton qui fut d'autant mieux reçu que tous nos vivres étaient épuisés.

Le lendemain matin, nous franchîmes presque à sec le petit bras du marigot ; mais, lorsque nous arrivâmes en face du second bras, large de trente mètres, profond et rapide, je

---

(1) Ceci semble se rapporter au voyage de M. Krause.

m'aperçus qu'Abdoulaye hésitait encore, et je dis au docteur que si nous ne montrions pas l'exemple, nous resterions encore là. Tous deux, nous nous jetâmes les premiers à la nage, déshabillés, pendant que les laptots passaient nos vêtements au-dessus de leur tête. Le reste du convoi, rassuré sur le courant et les caïmans, imita notre exemple, trop lentement encore à notre gré. Au bout de deux heures, nous continuâmes notre route à travers la brousse.

Arrivés à Doundou, nous prîmes un autre chemin que celui de l'aller, qui nous conduisit à Soukoura, village de Diawandous, où Abdoulaye voulut encore se reposer ; je lui déclarai nettement que nous allions partir sans lui et il nous confia aux soins de Farba. Dès lors, ce ne fut plus qu'une course désordonnée à travers un terrain détrempé, des rizières noyées, le docteur et moi, conduisant alternativement le convoi à fond de train jusqu'au marigot voisin de Mopti d'où nous aperçûmes la canonnière et les couleurs françaises. Le marigot était tellement gonflé par les pluies qu'il fallut le passer en pirogue. A peine les chevaux étaient-ils ressellés que nous partîmes au grand galop de fantasia jusque sur la plage.

M. Lefort nous y attendait encore tout inquiet de notre retour, malgré la lettre qu'il avait reçue de nos envoyés. Il m'annonça une triste nouvelle, la mort du laptot Mody, noyé par suite d'un accident, qui avait profondément impressionné l'équipage. On n'avait d'abord pu retrouver son corps, mais les gens du village ayant appris la nouvelle et pleins d'une terreur superstitieuse que le noyé restât dans le fleuve, vinrent draguer et retrouvèrent le cadavre. Mody, sur la demande des habitants de Mopti, n'avait pas été inhumé sur la rive droite et on l'avait enterré avec des honneurs sur la pointe de séparation des deux fleuves.

Pendant notre absence, aucune complication politique n'avait surgi et l'équipage n'avait souffert que de la fréquence des tornades.

Nous étions tellement accablés par la fatigue, le docteur et moi, ainsi que tous ceux qui avaient fait partie de l'expédition à Bandiagara, que je résolus de rester encore deux jours à Mopti pour nous reposer. Le cinq août nous reçûmes quatre-vingts poulets dont Tidiani nous faisait cadeau et nous embarquâmes deux cents kilogrammes de riz sur les deux mille moules qui nous étaient donnés. Je dis en plaisantant à Abdoulaye qu'il n'y avait plus de place à bord et qu'il eût à garder le reste pour notre retour. Deux Maures vinrent à bord, Babasi et son frère Sidi Mohamed qui avaient quitté Tombouktou deux mois auparavant. Baba Si avait une figure intelligente, regardait presque en face, chose extraordinaire pour un Maure, était vêtu d'une étoffe blanche très mince à dessins, venant de Fez et d'une chemise brodée par un ouvrier de Tombouktou. Il y avait vingt ans qu'il n'était venu à Mopti et il était allé jusqu'à Bandiagara où Tidiani l'avait très bien reçu, lui faisant un présent et l'autorisant à commercer dans tous ses états. Baba Si me dit que nous aurions contre nous, à Tombouktou, tous les Maures qui vont commercer au Maroc, et aussi les chefs Touaregs, gens dans lesquels on ne peut avoir aucune confiance si l'on en excepte El Walish. En revanche, nous aurions pour nous El Rhiaia, fils d'Al Khaia. On parlait depuis longtemps à Tombouktou de notre arrivée et on croyait que nous avions une armée ! mais la présence d'Abd el Kader, dont le père est à Tombouktou, suffirait pour calmer toute crainte, surtout si nous faisions beaucoup de cadeaux. Salim, le chef des Irregenaten, étant en bonnes relations avec Tidiani, le passage deviendrait facile si nous nous étions entendus avec le cheihk.

Baba Si me demanda si on achetait cher la gomme à Bammako, car depuis quelque temps on ne peut plus la vendre au Maroc où elle est à trop bas prix ? Je l'encourageai fort à se rendre à Bammako lui offrant de lui remettre une lettre, s'il le désirait. Il envoya le soir même un échantillon de sa gomme qui était fort belle ; mais ne me demanda pas de lettre.

Le cinq août, dans la soirée, Abdoulaye et Mahmadou vinrent faire visite, se montrant embarrassés et d'autant moins confiants qu'ils n'avaient pas la conscience tranquille. Je les accueillis assez froidement, leur remis cependant quelques petits cadeaux et chargeai en particulier Abdoulaye de faire parvenir des présents à Tidiani en échange des poulets qu'il nous avait donnés. Tous deux firent leurs adieux, disant qu'ils allaient retourner à Bandiagara ; mais en réalité, ils restèrent à Mopti pour s'assurer si nous n'allions pas à Tombouktou.

Après eux vint Yoro, envoyé par Ahmidou, pour se plaindre que son frère Mounirou avait tout gardé pour lui et me demander une pièce de calicot, que je remis avec plaisir. Je me montrai encore généreux envers Farba le Gaoulo, dont la gaieté nous avait distraits pendant le chemin et qui, véritablement, s'était montré très complaisant, aux risques de déplaire à Abdoulaye ; enfin, je récompensai le chef des chevaux, Demba, qui avait fait deux fois la route avec nous.

Avant de partir de Mopti, j'achetai une couverture de laine de mouton pour trois mille cauris, prix dérisoire, mais encore double de celui qu'elle aurait coûté à Bandiagara, où cinq francs valaient cinq mille cauris, au lieu de trois mille. Abd el Kader voulut expliquer cette différence par le fait que Mopti est plus pauvre que Bandiagara. Cette maxime économique est au moins discutable et je crois surtout qu'on voulait nous exploiter. J'achetai encore une sorte de turban venant du Boughé ! près du Moshi, teint en gros bleu frappé, très estimé dans le Macina où l'on ne sait pas bien teindre.

Je profitai du séjour à Mopti pour compléter les nombreuses informations que j'avais déjà réunies sur les états de Tidiani et qui se trouvent résumées dans le chapitre suivant.

CHAPITRE XIV

Histoire et description géographique du Macina.

L'histoire du Macina, autrement dit du pays qui s'étend sur les deux rives du Niger, entre Dienné et Tombouktou, est intimement liée à celle de cette dernière ville, tant il est vrai que quiconque s'empare du Macina ne tarde pas à vouloir mettre Tombouktou sous sa domination et y réussit rapidement. On se trouve fort embarrassé quand on recherche les premiers occupants du Macina. « Le chef mandingue Soumankourou aurait battu quarante-trois fois Soundiata, un mandingue de racine Pouhle (probablement Soninké). A la mort de Soumankourou, Soundiata aurait commandé tout le Manding, à une date très reculée. »

D'autre part les Moshis auraient succédé aux Mandingues. Les Moshis étaient-ils une race à part, ou bien, comme le prétendent certains indigènes, sont-ils des bambaras parlant un dialecte spécial? C'est là une question qui ne saurait peut-être être élucidée que par l'étude de leur langue. Quoi qu'il en soit, les Bobos, établis dans la région qui s'étend entre Bandiagara et le Moshi, passent pour les plus anciens habitants du sud du Macina, et il en est de même des Tombos, Tiomos ou Toumans, de la famille des Bobos, qui peuplent le territoire situé à l'est de Bandiagara. Bobos,

Tombos et Moshis me paraissent avoir la même origine, bien qu'on prétende que les dialectes sont différents. Il a dû évidemment se produire toute sorte de croisements, à la suite des invasions successives. On m'a cité dans le Tombo actuel la tribu des Abd Hilab, mahométans non convaincus et peu vêtus. Il paraîtrait aussi que les Moshis et même leurs chefs n'ont d'autre habillement qu'une sorte de suspensoir ?

Les Sonraïs, venus du Soudan égyptien, chassèrent les Moshis sous la conduite d'un nommé Suleiman, auquel succéda Al Hadi el Mohammed el Sekia. Celui-ci n'ayant pas voulu traiter avec le sultan du Maroc Moulay Ahmed Dabi, vit prendre son pays depuis Tombouktou jusqu'à Dienné en l'année 998 de l'hégire.

Le chef de colonne envoyé par le sultan du Maroc s'appelait Zoufdar qui vint se rencontrer avec les troupes du marabout Alfa Mahamoud, tout près de Tombouktou. Les Sonraïs n'avaient que des lances tandis que les Marocains étaient armés de fusils ; néanmoins la bataille fut chaude et ce n'est qu'après avoir combattu de six heures du matin à quatre heures du soir que Zoufdar fut vainqueur. Soark Soukeita se sauva, ce que voyant, les Sonraïs demandèrent grâce aux Marocains en leur disant « qu'ils étaient mahométans comme eux et par suite frères. »

Zoufdar entra dans Tombouktou, fit prévenir le Sultan et se mit à la poursuite d'El Soark qui était allé se réfugier à Garo. Cette ville fut cernée et le siège dura huit mois au bout desquels la maladie contraignit l'armée à retourner à Tombouktou. De cette ville Zoufdar écrivit au Sultan pour le prévenir qu'Isaark proposait de payer un impôt annuel pour habiter tranquillement Garo. Le Sultan répondit qu'il ne voulait pas d'impôts, mais la personne même d'Isaark et envoya El Bacha Mahomédou pour remplacer Zoufdar. Isaark passa alors le Nil et alla jusqu'à Konkaita ? toujours poursuivi par Mahomédou sous les ordres duquel servait Zoufdar.

Finalement Isaark, étant mort de maladie, l'armée du Maroc alla à Kano, pays du Haoussa, dont elle s'empara entièrement; ainsi finit la domination sonraï. Aujourd'hui la langue sonraï est mélangée de toutes sortes de dialectes et n'est parlée purement qu'entre Gao et Sokoto.

Les Marocains restèrent possesseurs du Macina, au moins nominativement, jusqu'au moment où le Pouhl Ahmadou Lobbo vint attaquer Dienné, vers la fin du XVIIIe siècle.

Ses successeurs furent d'abord son fils Ahmadou Cheihkou, puis son petit-fils Ahmadou Ahmadou qui fut défait et tué en 1862, à la bataille de Saéwal, par le conquérant toucouleur El Hadj Omar.

El Hadj devint ainsi maître d'un empire qui s'étendait de Médine à Tombouktou et comprenait le Macina; mais vers 1863 éclata une révolution des Pouhls qui, chose curieuse, eut pour résultat de faire tuer El Hadj et de lui donner pour successeur son neveu Tidiani.

Les Pouhls révoltés appelèrent à leur secours Ahmed el Bakay, cheihk de Tombouktou, qui ne s'était pas soumis volontairement à l'impôt et à la nomination d'un cadi toucouleur dans Tombouktou, réclamés par El Hadj, comme héritier des rois Pouhls du Macina. El Bakay envoya une armée au secours des pouhls, que commandait son frère Sidia. Entouré dans Hamdallai, sans vivres et n'ayant plus près de lui qu'un petit noyau de Toucouleurs fidèles, El Hadj dépêcha son neveu Tidiani avec de l'or pour aller soudoyer les chefs du Tombo, et leur demander une armée. Les chefs du Tombo, Dombo, chef de Bandiagara, Abdoulaye Bana, Gogouna, Hammabougou, Dombo Tougouné, Ganabéri, Ganandissana fournirent des contingents à Tidiani.

Quand celui-ci revint avec son armée, Hamdallai était pris, El Hadj était mort, les chefs toucouleurs, parmi lesquels Abdoulaye et Mahmadou Sarro, avaient été faits prisonniers. El Hadj s'était enfui dans les montagnes où les gens de Sidia le poursuivirent et le découvrirent réfugié dans une caverne, qui est à peu près à mi-distance d'Hamdallai et de Bandiagara. Personne n'osa pénétrer dans la caverne, on entassa une grande quantité de poudre à l'entrée et on y mit le feu pour faire sauter les rochers et broyer El Hadj. Aujourd'hui encore les indigènes prétendent qu'il n'est pas mort, qu'il se lèvera bientôt pour chasser ses ennemis et proclamer la guerre sainte contre les infidèles. Personne n'ose s'aventurer du côté de la caverne ; on se la montre de loin avec terreur et on en parle à voix basse,

Tidiani joignit, sans perdre de temps, ses mercenaires aux débris de l'armée toucouleure et tomba sur les troupes de Sidia qui, fatiguées et affamées, s'éloignèrent rapidement. Le cheihk s'établit à Bandiagara où plusieurs chefs pouhls vinrent faire de suite leur soumission. De 1864 à 1880, Tidiani ne cessa de combattre, toujours avec succès. Le Diemiéri se soumit, les Pouhls du Bourgou virent leurs quatre cents villages brûlés et furent emmenés en captivité, les Pouhls qui habitaient les bords du marigot de Diaka furent faits prisonniers ou désertèrent d'eux-mêmes leurs villages pour rejoindre Ba Lobo. Les pirogues de Tidiani purent avancer hardiment d'un côté presque vers Noy, de l'autre jusqu'à Diré, brûlant tous les villages, faisant les habitants captifs pour les amener sur la rive droite du Niger.

Aujourd'hui les limites des états de Tidiani sont à peu près les suivantes : à l'ouest le Bara Issa, depuis Safaï; le lac Dheboe, enfin une ligne qui va d'Ourandia à Dia, en longeant le Sarrau. A l'est les limites sont extérieures au Gilgodi et au Hombouri ; elles aboutissent en passant par Sarayamo, à Safaï, confluent du Bara Issa et de l'Issa Ber. Ce vaste empire a une superficie d'environ cent trente-cinq mille kilomètres carrés et renferme au moins un million d'habitants irrégulièrement répartis dans les différentes provinces.

Quand on s'éloigne de Bandiagara vers le sud, on rencontre, à une demi-journée de marche, Bangassi, habité par des Bambaras ; presque à l'ouest se trouve Haindallai, complètement ruiné, près duquel s'est formé il y a peu d'années le village de Daiba. De là en suivant le fleuve, on peut arriver en trois jours à Parmandougou où Tidiani a établi un percepteur d'impôts. De ce côté, le dernier village appartenant au cheihk est Kouoro. Cette contrée est peuplée de Bobos plus ou moins bien disposés à l'égard de Tidiani.

Si l'on se dirige de Bandiagara au sud-sud-est, on marche quatre jours dans le Macina, puis deux jours dans un pays frontière et on arrive dans le Moshi. Ce grand pays est gouverné par un puissant sultan avec lequel Tidiani est allié, et à qui il fait même des cadeaux, parce qu'il ne se sent pas assez fort contre lui. C'est dans le Moshi que Tidiani remonte sa cavalerie.

Au sud-est de Bandiagara, dans le pays du Tombo, on

rencontre de nombreux villages avec lesquels Tidiani s'est battu pendant trois ans sans pouvoir les réduire. Là sont des Pouhls Dambalkané et Gadiat habitant des montagnes de la même hauteur que celles de Bandiagara ; ce sont de grands éleveurs de chevaux.

A l'est de Bandiagara, à deux jours de marche, se trouve Dé, village de quinze cents habitants dont la reddition entraîna celle des villages environnants. Dé est habité par des Pouhls et Tidiani y a une grande case.

Niakongo, village habité par des Foulbé cultivateurs, de la tribu des Al Hadi Modi, est situé à peu près au nord de Bandiagara, à une bonne journée de marche. La route qui va de Mopti à Bandiagara, par Niakongo, est bien plus facile que celle que Tidiani nous fit suivre, sans doute exprès ; et jusqu'à Fatouma, on ne trouve ni inondations, ni rochers. En allant de Niakongo à Faranghoela, on rencontre des Pouhls et des Sonraïs. Enfin on va de Niakongo à Doventza en sept jours, en passant par Boré, village de deux mille habitants, à travers le pays des Aoubé et des Toumans qui sont des Bambaras croisés de Pouhls ? C'est un pays qui produit beaucoup de bestiaux et aussi des chevaux valant encore mieux que ceux du Moshi.

En résumé, la région qui s'étend autour de Bandiagara est peuplée par des populations de races diverses qui supportent plus ou moins difficilement l'autorité de Tidiani.

La Doventza, pays de montagnes, situé à l'est de Bandiagara, a une nombreuse population composée de Bambaras, de Pouhls, de Saracolets et de Diawaras du Kaarta. Ba Amoy, chef de la Doventza, reconnu par Tidiani, peut mettre en ligne mille cavaliers ; aussi le cheihk lui fait beaucoup de cadeaux. Le commerce de la Doventza consiste surtout en plumes d'autruche, kolas et pagnes ; la monnaie est le cauri.

La position assignée jusqu'ici à la Doventza sur les cartes m'a paru fausse. D'après de nombreux renseignements ce pays ne serait guère à plus de cent kilomètres dans l'est de Bandiagara, par 5° de longitude ouest et 4° 30 de latitude nord environ.

Au levant de la Doventza se trouve le pays de Dalla, dont le chef est un Pouhl nommé Ouidi ou Mohammed N'Doulli. Le Dalla dépend de Tidiani, d'une façon relative ; car Ouidi peut fournir mille cavaliers et Tidiani s'arrange à l'amiable, usant largement des cadeaux. Pendant que nous étions à Bandiagara, le fils de Ouidi y était aussi et fit présent à Mounirou de dix vaches avec leurs veaux.

Le pays de Dalla doit aussi être mal placé sur les anciennes cartes. En reportant l'itinéraire de Barth à la position de Koura, déterminée astronomiquement, le Dalla se trouve situé à peu près à l'est de Bandiagara à cent soixante-quinze kilomètres environ à vol d'oiseau, en concordance avec les renseignements fournis par les indigènes.

A quatre jours de marche dans l'est du Dalla se trouve le pays de Hombouri couvert de montagnes, où, d'après les renseignements indigènes, on peut marcher huit jours sans trouver de passage. Quelques-unes de ces montagnes ont la forme de l'éperon de Koulikoro. Dans tout le Macina, les noirs portent aux bras des pierres de différentes couleurs venant des montagnes du Hombouri, pays où il n'y aurait qu'un grand village huché sur une colline très élevée dont dépendraient trois petits villages voisins. Les Sonraïs qui y habitent sont très riches, possèdent de grands troupeaux de bœufs et élèvent des autruches qui fournissent beaucoup de plumes. Leur chef Kodda reconnaît l'autorité de Ba Amoy, préposé par Tidiani.

Le Gilgodi est un pays de sable situé au sud du Hombouri, séparé du Moshi par un fleuve qui coule aussi entre le Tombo et le Moshi et pourrait bien être un affluent du Niger. Les habitants sont des Sonraïs, gens riches et qui, quoique paisibles, se battent bien à l'occasion avec les armes des Touaregs, le sabre, la lance et le poignard. En 1885, Tidiani avait envoyé trois mille cavaliers pour razzier le Gilgodi, sous la conduite d'Ifra Almamy ; mais devant la menace d'une bataille, le cheihk rendit tout ce qui avait été pris.

Dans le Gilgodi. Arbiné ou Aribinda et Diné Ougourou appartiennent à Tidiani. Le reste du pays ne dépend pas du cheihk ; toutefois les commerçants qui veulent se rendre à Windi (Dore ou Libtako) sont obligés de payer un droit à Tidiani. Entre Dine Ougourou et Hombouri, il y a sept jours de marche sans rencontrer de village ni d'eau ; on ne voit que des éléphants. Le mil du Gilgodi est énorme, les moutons y sont grands comme les petits bœufs bambaras, et les habitants se nourrissent bien.

En quittant Hombouri on peut marcher dix jours avec un convoi sans rencontrer de village jusqu'à Windi, Dore ou Libtako, grand village sonraï à partir duquel on trouve constamment des lieux habités jusqu'au Haoussa. Le chef de Windi Alpha Moussa et Tidiani ont fait un traité d'alliance qui assure la liberté des commerçants et se font mutuellement des cadeaux. D'après Ahmed, frère d'Abd el Kader, une seule caravane de Tombouktou aurait emporté mille barres de sel, pour aller les changer à Windi, contre des plumes d'autruche. Le pays de Dori dépend de Sokoto dont le chef est Othman Fondié ? Il est situé à la limite des incursions des Touaregs Ould Illiminden avec lesquels Tidiani se serait entendu en 1886.

Un Pouhl, nommé Mahmadou Issa, un de ceux que Tidiani m'adressa pour aller enlever sa mère de Dinguiray, m'a raconté une campagne qu'il fit en 1880, sous le commandement d'Ifra Almamy, un des chefs d'armée du Macina. Ce récit, qui jette un grand jour sur les relations de Tidiani avec tous les pays dont je viens de parler, mérite d'être rapporté textuellement.

« En quittant Bandiagara, nous sommes restés trois jours
« à Tentanbolo pour réunir l'armée ; de là, nous avons passé
« la nuit à Mandouli. Nous rencontrâmes ensuite Kani,
« Kougouné, Ningari, puis Dé où l'armée demeura deux
« nuits. Entre Dé et Doventza sont les villages de Mourou,
« Koumbé et Koundia. Nous sommes restés une semaine
« dans la Doventza. De là nous avons passé par Fettodié,
« Dalla, Badélabé, Barui où nous avons trouvé un Pouhl
« nommé Mahmadou N'Doulli qui nous accompagna jusqu'au
« Hambouri. En quittant cet endroit, pour gagner la fron-
« tière, nous demeurâmes une nuit à Sourouri où il n'y avait
« personne, bien qu'il y eût des campements. Puis nous
« allâmes camper à Ghibo, emplacement d'un grand lac,
« après avoir traversé Dinaori. A Ghibo se trouvaient de
« très nombreux campements de Pouhls au milieu desquels
« nous marchâmes pendant quatre jours. Puis nous allâmes
« camper à un autre lac, sur la frontière, où il n'y avait que
« de la brousse. Un chef de Pouhls, nommé Dori, vint avec
« six cents chevaux pour nous accompagner et nous per-

« mettre d'entrer. De là, nous partîmes pour gagner un
« grand village nommé Yaya, capitale de Douri, habité par
« des Pouhls. »

A partir d'ici, le récit, quoique intéressant, devient peu
compréhensible. « Nous avons quitté Dori et marché pen-
« dant un mois dont vingt-huit jours pour arriver à Ari-
« bindé où nous sommes restés pendant dix jours. La pre-
« mière nuit de notre départ, nous avions passé la nuit dans
« la brousse. Ifra demeura à Aribindé et donna le commande-
« ment à Mahmadou Maré, un Toucouleur. Après trois jours
« de marche, nous arrivâmes vers deux heures à Téra. Une
« armée sortit du village pour venir à notre rencontre et
« les habitants avaient fait un fossé de huit pieds. Le village
« fut néamoins pris par derrière par une seconde armée. Nous
« avons fait prisonniers huit mille femmes ou enfants (1).
« On dut tuer les enfants, même ceux de dix ans qui
« refusaient de marcher. On prit onze mille bœufs et cinq
« cents ânes. Nous fîmes alors retour à Bandiagara trouvant
« tout préparé sur notre chemin. »

Mahmadou Issa ajouta : « Téra n'est ni dans Aribindé, ni
« dans Gilgodi, il est à quatre jours de Sokoto et les habitants
« sont Sonraïs. La campagne a été faite avant et après la
« Tabaski. »

Ce fut la dernière grande campagne de Tidiani qui, depuis
1885, ne s'occupe plus que d'organiser le vaste empire du
Macina, créé par la guerre, composé des races les plus diverses et par suite factice. C'est grâce à sa politique habile qu'il
tient sous le joug de nombreuses populations avec un petit

---

(1) On remarquera qu'il n'y avait pas d'hommes prisonniers. Ils se tuèrent ou
furent tués sans doute, suivant la coutume atroce des noirs.

nombre de Toucouleurs. Charitable pour les pauvres qu'il nourrit ou soigne, comme à Kaka, il est dur avec les faibles qui se révoltent et patient avec les forts. Il profite des discussions de ceux-ci, leur donne des cadeaux et contracte avec eux des alliances de famille ou d'intérêt.

En somme, depuis que Tidiani a renoncé à la guerre, les pays placés sous sa domination ne sont pas trop malheureux. Peut-être les Pouhls resteraient-ils tranquilles, n'était l'amour de l'indépendance, et surtout, une certaine versatilité de caractère qui les pousse à trahir et à changer de chef. Les Pouhls sont en outre très avides et par suite disposés à servir le plus offrant.

Quoi qu'il en soit, Tidiani passe aujourd'hui, dans le Soudan, pour un grand chef et un habile organisateur. Son influence s'étend au loin, comme on l'a déjà vu et même jusqu'à Tombouktou, comme je l'appris, plus tard, à mes dépens.

Aussi si je considère l'importance des États de Tidiani, à cheval sur six cents kilomètres du Niger, la grande extension de son influence, je puis affirmer, qu'avant d'aller à Tombouktou, la France doit s'emparer du Macina, dont la possession entraînera d'ailleurs celle de Tombouktou. En revanche, un traité passé avec cette dernière ville, sans être maître du Macina, ne signifierait presque rien, car Tidiani pourrait l'affamer, en arrêtant le commerce du mil.

Pour être maître du Macina, je ne vois que deux moyens, le premier d'arracher un traité de protectorat à Tidiani, le second de détruire sa puissance. Lorsque je me suis rendu à Bandiagara, Tidiani a refusé le protectorat. Il y viendrait peut-être plus vite qu'Ahmadou, roi de Ségou, qui a mis plus de vingt ans à se décider (1863-1887); mais pouvons-nous attendre? En reliant le Niger au Sénégal, nous n'avons eu qu'un but, nous emparer du commerce du Niger. La ligne de postes de Kayes à Bammako est coûteuse et à peu près improductive; elle n'a de raison d'être que par le profit qu'on peut tirer des relations commerciales avec les pays situés sur les rives du Dioliba et un piétinement sur place serait des plus nuisibles à nos intérêts. En vérité, il vaudrait mieux abandonner nos postes que de rester stationnaires.

Cependant nous y sommes et nous y resterons. Admettons donc un moment que, d'ici peu de temps, Tidiani accepte le protectorat et je crois fort qu'il ne l'admettra, comme Ahmadou, que forcé par les circonstances, n'y aurait-il pas danger à soutenir un nouvel empire toucouleur où le fanatisme musulman règne en maître? Aujourd'hui encore, le Fouta Sénégalais nous est hostile et Ségou, malgré le récent traité de protectorat, reste haineux. N'y a-t-il pas à craindre qu'il en soit de même du troisième Fouta? Plusieurs voyageurs éminents ont écrit que nous devions nous appuyer sur l'élément musulman, le plus intelligent de tous, ce qui reste à démontrer. En vérité, je ne crois pas la chose possible parce que l'Islam dévore ou est dévoré, sans qu'il y ait de milieu.

La seconde solution est de détruire la puissance de Tidiani, ce qui ne veut pas dire d'envoyer à grands frais une colonne contre lui. Quelque paradoxal que cela puisse paraître, c'est plutôt pour obtenir le protectorat, je crois, qu'il nous faudrait déployer des forces considérables. Il ne s'agirait que de promener sur le Niger quelques canonnières, ayant pour mission de traiter isolément avec les chefs riverains, qui ne sont pas hostiles de parti pris et qui nous donneraient la possession du fleuve. Nous perdrions ainsi *momentanément* le protectorat *nominal* des états du Macina situés dans l'intérieur; mais nous détruirions sans énormes efforts et sûrement la puissance de Tidiani dont l'intérêt serait bientôt de s'entendre avec nous. En un mot, il nous faudrait nous servir contre Tidiani des Poulhs et des races conquises, de même que nous avons tenu en échec Ahmadou, en lui opposant les Bambaras. Nous nous sommes établis à Bammako en 1883; quatre ans après, l'empire de Ségou était émietté, désagrégé et son chef se voyait obligé de se jeter dans nos bras.

Pour nous aider, nous aurions d'ailleurs avec nous, non seulement les populations soumises, mais encore les ennemis irréconciliables de Tidiani, parmi lesquels il faut mettre au premier rang les Bobos, groupés autour de San, ville assez considérable habitée par des Bobos, Moshis, Miékas et Saracolets, située dans le Bendougou, près du Mayel Balevel.

L'iman de San est un Saracolet et commande à plusieurs villages de Bobos groupés alentour. C'est une ville très commerçante, environnée d'un tata que le fleuve baigne pendant l'hivernage; on y reçoit tout le monde, sans aucune préoccupation de race.

Cependant il paraîtrait que les gens influents de San payent un tribut à Tidiani. Le fils de Ba Lobo, Seïdou et son oncle Abdoul Salam, représentant les anciens rois du Macina, s'y étant réfugiés et ayant troublé le commerce par leurs querelles de prédominance, furent renvoyés de San.

Abdoul Salam dont le fils se nomme Ahmadou Abdou ou Ahmed Ahmed Abdoul, passe pour un grand guerrier et un homme de parole ; il inspire plus de peur et est plus puissant que son neveu. Tous ces chefs pouhls sont constamment en rivalité et ne s'accordent que dans leur haine pour Tidiani qui ne va pas pourtant jusqu'à leur faire réunir leurs forces. Tantôt ils sont à Fié, tantôt à Masséra, villages situés dans l'est de San et faisant partie du Bendougou, Miniam-Kala ou Kodougou, dont les habitants leur fournissent tout le nécessaire, sauf les guerriers qui sont recrutés parmi les Pouhls de l'ancien Macina. Comme l'indique son nom même, le Miniam-Kala (chacun en bambara) est un pays où les villages se gouvernent eux-mêmes, sans aucune dépendance des voisins ; il est très peuplé et s'étend jusqu'aux environs de Kong. Dans le Miniam-Kala, il faut coucher dans tous les villages sous peine d'être traité comme ennemi. De Kouoro on marche pendant dix-sept jours, toujours dans le Bendougou, pour arriver à Dioulasso dont le chef nommé Bina possède une grande armée.

C'est loin du pays des Bobos, dans la province du Fermagha, que je devais traverser plus tard, que se trouve également un ennemi irréconciliable de Tidiani, Zein el Abiddin, fils de Sidi el Backay, ancien cheihk de Tombouktou, appartenant à la tribu vénérée des Kountahs.

Tous les ennemis extérieurs et intérieurs de Tidiani m'étaient déjà à peu près connus, lorsque j'arrivai à Mopti et j'avais prévu le cas où je serais obligé de m'appuyer sur eux. Envoyé vers Tidiani avec une mission pacifique et, ensuite, appelé par lui à Bandiagara, je ne devais ni ne pouvais suivre cette politique et ne le fis point. Je me contentai donc de bien donner à entendre à Tidiani que je connaissais ses ennemis et qu'ils pourraient nous servir. C'est alors qu'il me répondit que Dieu y pourvoirait, que le fleuve était à Dieu.

Cependant le cheihk n'osa pas me garder prisonnier, lorsque je vins lui déclarer que j'irais à Tombouktou, malgré sa volonté. Ce fait suffisamment significatif mesure bien l'influence acquise sur le Niger par la France, influence qui ne saurait qu'augmenter si, par une politique habile de bascule, nous opposions au cheihk du Macina ses ennemis de toutes races.

Alors et bientôt, « Le fleuve serait à la France ».

CHAPITRE XV

Départ de Mopti. — Tentative pour remonter le courant. — Nous prenons la route de Caillié. — Banandougou. — Mouillage du bois.— Lac Dhéboe — René Caillié. — Didhiover. — Village de Sa. — Kolikoli et la province de Ghimbala. — Mauvais accueil à Dar Salam. — Mouillage de Koirétago. — Arrivée à Koriumé.

Le 6 août, après avoir pris une observation qui me donnait une nouvelle marche pour les chronomètres, je quittai Mopti, résolu à suivre le marigot de Diaka, jusqu'à Tombouktou. Je voulais éviter toute hostilité et prendre à bord les envoyés de Tidiani. Dès qu'ils furent arrivés, nous nous mîmes en route, remontant à grand'peine le courant de trois milles environ qui régnait sur le bras de Diafarabé à Mopti. Au bout d'une heure trois quarts nous n'avions parcouru que deux kilomètres cinq cents ; l'ancre fut jetée près d'une petite pointe où les remous étaient tellement violents que la canonnière ne pouvait la dépasser et même culait. Les officiers et moi nous fûmes d'avis qu'il était impossible de continuer une semblable navigation qui nous aurait trop retardés, aurait usé la machine et nous aurait démunis de nos vivres. En conséquence, je résolus de prendre, à tout hasard, la route de Mopti au lac Dhéboe, autrefois parcourue par Caillié.

Auparavant, je réunis l'équipage pour lui dire, ce qu'il savait déjà d'ailleurs, que Tidiani nous avait interdit de traverser ses états, qu'il fallait désormais s'attendre à toutes sortes de privations, qu'une surveillance étroite allait devenir nécessaire, enfin, que des attaques pouvaient être à redouter. Aucun d'eux ne manifesta la moindre émotion et les noirs, par l'intermédiaire d'Adam Dyr, me répondirent que je pouvais absolument compter sur eux, ce dont je n'avais d'ailleurs jamais douté et, aujourd'hui encore, je demeure persuadé qu'ils se seraient fait tous tuer, avant moi.

En dix minutes, nous reprîmes le chemin parcouru le matin en sept quarts d'heure et je débarquai devant Mopti. Je congédiai, comme embarrassants, les deux envoyés de Tidiani, avec une lettre pour le cheihk. Ce fut Abd el Kader qui l'écrivit, aussi pâle et tremblant de peur que le jour où Tidiani le menaça à Bandiagara et je me souviens encore que les lignes de la lettre étaient toutes tremblées et de travers. En voici d'ailleurs la traduction telle que je la dois à l'obligeance de M. Duveyrier, d'après le double que j'avais conservé.

« Celui qui lira cet écrit est informé que le commandant du bateau à vapeur entreprend le voyage, et la cause de cela, c'est les vagues du fleuve. Il veut arriver à Tombouktou. Et la raison de cela, c'est le retour des deux hommes que nous avons embarqués pour vous.

« Sachez que je vais bien et que la paix règne entre nous. Et c'est seulement par ordre du colonel commandant supérieur du Soudan français que j'effectue le voyage à Tombouktou. »

Abd el Kader ne sachant pas le français et Sory ne connaissant pas l'arabe, on conçoit combien il était difficile de faire traduire exactement ma pensée ; néanmoins cette lettre expliquait assez bien à Tidiani ce que je voulais lui dire, en somme, que j'allais à Tombouktou pour obéir à des ordres reçus sans intention hostile et que le courant (les vagues) me forçaient à prendre la route qui traverse ses États.

En débarquant les émissaires de Tidiani, je leur dis de prévenir en secret le cheihk que j'étais toujours disposé à m'entremettre pour l'enlèvement de sa mère, si le commandant supérieur m'y autorisait et qu'il n'avait qu'à expédier, dans deux mois, ses envoyés à Bammako. Cette précaution me paraissait de nature à nous assurer une route paisible.

Nous nous mîmes alors en chemin, à toute vitesse, malgré une pluie torrentielle qui empêchait de voir les rives et nous marchâmes jusqu'à cinq heures du soir. Aux approches de la nuit, des factionnaires en armes furent placés sur les deux bâtiments et l'on prit toutes les dispositions pour être prêts au combat, à la première alerte ; il en fut de même toutes les nuits jusqu'au retour de Tombouktou. Dès lors, couché sur le pont, je pris peu de sommeil, constamment préoccupé de tenir les factionnaires noirs en éveil, chose excessivement difficile, comme le savent tous ceux qui ont fait colonne dans le Soudan.

Nous mouillâmes, ce jour-là, près d'un ilot, non loin des ruines de Ouaniaka situées sur les bords du marigot du même nom, peu profond, étroit, sinueux, allant rejoindre le marigot de Diaka. Vers la fin de la journée, le temps était devenu tellement mauvais qu'il fut très difficile de noter la route et les relèvements ; pour la première et dernière fois, il fut impossible d'enregistrer les sondes. A partir de Mopti jusqu'au mouillage du six août, le fleuve n'a pas plus de cinq cents mètres de largeur moyenne et est très fréquemment obstrué par des ilots. Les rives sont basses, inondées, peu boisées, et on ne renconcontre que des ruines, sauf près de Nimitongo où il y a deux villages pouhls, à un kilomètre cinq cents dans l'intérieur. La profondeur du fleuve ne nous suscita aucune difficulté.

Le lendemain matin l'appareillage fut retardé par l'allumage de bois, encore tout mouillé par les torrents de pluie de la veille. Du reste le combustible commençait à manquer et au bout de peu de temps, je fis mouiller pour couper du bois et aussi réparer la machine qui en avait grand besoin.

A ce mouillage, nous fîmes un chargement de canot de bois, en coupant les branches mortes d'un Khadd, sorte d'arbre tortueux qui ressemble beaucoup au baobab, utilisé par les Bambaras pour y placer des ruches à miel et qui a la particularité de ne commencer à avoir des feuilles qu'à la fin de l'hivernage; par suite, il se trouve sec pendant la saison des pluies, qualité précieuse que nous mîmes souvent à profit.

Dans l'après-midi nous étions de nouveau en route. Peu de temps après le départ nous rencontrions sur la rive droite six cases en paille dont les habitants sortirent à notre approche pour nous regarder avec curiosité. Ils se mirent ensuite à courir après nous et nous dépassèrent, ce qui prouve bien notre faible vitesse qui n'était guère que de cinq milles, en comptant deux nœuds de courant. A cet endroit je relevai à dix kilomètres environ les montagnes qui prolongent celles de Bandiagara dont j'estimai la hauteur à deux cents mètres.

Les ruines de Sensa, où se tenait autrefois un marché fréquenté par les gens de Tombouktou, sont placées sur un petit monticule à quinze cents mètres du fleuve. De loin elles figurent un château fort du moyen âge, abandonné depuis longtemps et recouvert par la végétation.

Quand nous passâmes devant Banandougou Kona ou Kari la nuit qui commençait à venir et la pluie qui tombait contribuèrent à assombrir le paysage. Ce village, situé sur un monticule, à deux kilomètres cinq cents du fleuve, me parut compter deux mille personnes au moins ; il est environné d'un tata en dehors duquel on apercevait des cases en paille habitées par des Pouhls du Macina autrefois sujets d'Abiddin. Tidiani a établi à Banandougou un parti de Toucouleurs du Fouta, avec un chef, nommé Bakar Moussa, qui représente son autorité. Un grand marché de mil se tient à Kona.

Le vieux Banandougou était autrefois situé sur un petit monticule boisé qu'on voit au bord du fleuve ; cet emplacement a été abandonné à cause des inondations et déjà même le fleuve s'étendait, au moment de notre passage, jusque près du nouveau Banandougou qui doit être une sorte d'îlot au milieu de l'hivernage.

La chaîne de collines s'étage en cet endroit comme entre Mopti et Bandiagara. On commence déjà à en pressentir la fin et sur les sommets, on remarque de curieux monticules en forme de pyramides.

Nous mouillâmes ce jour-là à la nuit complète, un peu au delà de Banandougou, sans trouver un endroit favorable pour faire du bois.

A peine avions-nous marché une demi-heure, le lendemain matin, que nous rencontrions, pour la première fois, une longue ligne de gommiers friables ou cédra qui nous procura du combustible en abondance, d'où le nom de « Mouillage du Bois » dont les coordonnées sont :

Latitude 15° 07' nord
Longitude 6° 05' 30" ouest

Nous reprîmes notre route vers une heure apercevant çà et là quelques campements de cases en paille et des troupeaux de bœufs. Le village de Conzan est construit à cinq kilomètres environ du Dioliba, sur une colline nue de dix à vingt mètres qui paraît rouge. Autant que je pus le voir, il se composait de cases en paille, sans tata. Aux alentours le pays est complètement plat, sauf quelques petits monticules ferrugineux et dans le lointain l'on aperçoit les montagnes marquées de larges taches rougeâtres.

Presque par le travers de Conza, se trouvent les ruines de Toy, près du fleuve, sur un petit monticule. A quelque distance en aval de Toy on voit l'entrée du marigot de Kolikoli qui semble tout d'abord suivre le tertre de Conza. Nous approchions de cet endroit lorsqu'un serpent essaya de monter à bord ; les noirs se mirent à crier en disant qu'il avait une tache noire sur la tête et qu'il était venimeux. Fut-ce le bruit ou tout autre motif, mais le serpent s'éloigna.

Quelque temps après nous apercevions ce que les indigènes appellent les montagnes du lac Dhéboë, celles de Saint-Charles et de Gouram reconnues jadis par Caillié. Après avoir passé devant des ruines sur le bord du fleuve, nous vîmes deux marigots débouchant sur la rive droite qui vont se jeter dans le lac. Près du premier, dans l'intérieur, se trouve un monticule; le second, plus en aval, est profond mais trop étroit pour une canonnière.

A partir de là le Niger n'a plus que deux cents mètres de largeur et se perd à droite et à gauche dans la plaine très basse d'où émergent çà et là quelques monticules et où paissait un grand troupeau de bœufs. La chaîne de montagnes tourne brusquement à l'est.

Je fis mouiller de bonne heure devant un taillis de gommiers poussés sur la rive gauche pour compléter notre provision de bois.

Le 8, le temps avait été à grains toute la journée. Le 9 au matin, nous nous mîmes en route pour gagner le lac Dhéboë, favorisés par un beau soleil. Le fleuve se rétrécit de plus en plus jusqu'à n'avoir que cinquante mètres de largeur ; à droite et à gauche les rives sont inondées.

A l'approche de Dhéboë, sur la rive droite se trouve un marigot par lequel passent les pirogues, mais qui, paraît-il, est dangereux à cause des cailloux (?).

A 8 heures 55 du matin, nous débouchions enfin dans le lac ; en voyant cette immense plaine liquide au milieu de l'Afrique, je ressentis surtout une grande admiration pour le premier Européen qui l'ait vue, René Caillié, un Français au nom glorieux dont le récit a été encore récemment mis en doute en Angleterre. Je ne puis, je crois, rendre un meilleur hommage à cet illustre voyageur qu'en reproduisant ici même son texte à côté de ma relation. On verra qu'il y a bien peu de différence entre ce qu'il a observé et ce que j'ai vu. D'une façon générale, les notes de Caillié sur le Niger sont incomplètes et cela s'explique par les difficultés qu'il avait à écrire devant témoins, alors qu'il se faisait passer pour musulman et qu'il était parfois obligé de se cacher dans sa pirogue ; mais dans la description du lac Dhéboë, on sent que Caillié, émerveillé de cette grande nappe d'eau, en a été frappé plus que de tout le reste et qu'il en a pris, au moins dans sa mémoire, des relèvements exacts.

RÉCIT DE CAILLIÉ

« Environ à six milles au sud-ouest de l'embouchure du lac Dhéboë, se trouve un rocher qui s'élève en pain de sucre tronqué; il est situé dans un marais inondé, couvert d'herbe toujours verte; c'est l'ilot Saint-Charles. Au nord-est, environ à neuf ou dix milles de celui-là est une petite île située dans le lac (Ile Henri). Une troisième se trouve au milieu des deux premières, un peu à l'est de la ligne qui les joint (Marie-Thérèse).

« Au N.-N.-E. de Marie-Thérèse, on voit une côte de cinquante à soixante brasses, terre rouge. On voit la terre de tous les côtés du lac excepté à l'ouest où il se déploie comme une mer intérieure. En suivant sa côte nord, dirigée à peu près O.-N.-O, dans une longueur de quinze milles, on laisse à gauche une langue de terre plate qui avance dans le sud de plusieurs milles; elle semble former le passage du lac et forme une espèce de détroit. Au delà de cette barrière le lac se prolonge dans l'ouest à perte de vue.

« La barrière que je viens de décrire divise ainsi le lac Dhéboë en deux, l'un supérieur, l'autre inférieur. Celui où les embarcations passent et où se trouvent les trois îles est très grand; il se prolonge un peu à l'est et est entouré d'une infinité de grands marais. On aperçoit la terre de tous les côtés.

« Nous nous tenions éloignés des rives de l'est et l'on naviguait avec beaucoup de précautions. Les eaux étaient claires et paisibles ; le courant n'était presque pas sensible ; il y avait dans l'endroit où nous passions douze à treize pieds d'eau.

« Vers cinq heures du soir, nous arrivâmes devant Galibi. Depuis l'embouchure nous avions fait route au N.-E. Nous passâmes très près de l'île Marie-Thérèse. Au coucher du soleil l'astre disparut dans une sorte d'océan.

« Nous suivîmes ensuite la côte à quelque distance dans la direction de l'O.-N.-O. Vers onze heures du soir nous fîmes halte devant Didhiover. »

Le lecteur pourra comparer avec ce qui suit : Environ à quatre kilomètres au S.-O. de l'embouchure du lac se trouve un rocher qui s'élève au-dessus d'une plaine couverte d'herbes inondées en hivernage, auquel je conservai le nom de Saint-Charles. Il a deux sommets dont le plus considérable peut avoir quatre-vingts mètres de hauteur. Au N.-E. 1/4 E. de celui-là, à dix kilomètres environ, est un îlot derrière lequel on ne voit pas la terre et le lac semble se prolonger dans l'est, autant que je pus l'observer avec la réfraction générale des côtes très basses : c'est l'îlot Henri. Un troisième se trouve à peu près au milieu des deux premiers, un peu à l'ouest de la ligne qui les joint ; je lui conservai le nom de Marie-Thérèse.

Au N.-N.-E. de Marie-Thérèse, on voit une montagne qui s'étend du N.-E. au S.-O, dont la base est de trois kilomètres et la hauteur environ cinquante mètres ; le terrain est rougeâtre. Ce serait un excellent point stratégique à occuper ; de là on surveillerait les pirogues, qu'elles viennent par le Niger ou le marigot de Kolikoli.

Les bois de construction sont malheureusement un peu

rares, quoiqu'il y en ait du côté de Didhiover. La chaux ferait probablement totalement défaut. Au sud de Gouram, se trouve un banc couvert d'herbes à l'abri duquel pourraient se mettre les petites canonnières.

Quand on a dépassé la pointe de Gouram, on voit la terre de tous les côtés, sauf dans l'ouest où le lac se déploie comme une mer intérieure profonde de vingt-cinq kilomètres. En suivant sa côte nord, dirigée à peu près au N.-O, sur une longueur de onze kilomètres, on laisse à gauche une langue de terre plate inondée en hivernage, qui avance dans le sud de quatre kilomètres.

En approchant de cette barrière, à hauteur des ruines de Diundiou, la partie orientale du lac qui a au moins douze kilomètres de largeur dans le sud, se rétrécit très rapidement et n'a pas plus de quatre kilomètres. La côte, à partir de Gouram, est bordée par des dunes de sable et çà et là des monticules ; elle est couverte de roniers et d'arbres à lianes.

En entrant dans le lac nous fîmes route à peu près au N.-O., droit sur Didhiover, passant à cinq cents mètres de l'îlot Marie-Thérèse, loin des rives de l'est, naviguant avec beaucoup de précautions. Il faisait beau, le soleil était ardent, les eaux coulaient paisibles ; mais pas très claires ; le courant était à peine sensible. Jusqu'à la hauteur de Diundiou, la sonde demeura entre deux mètres cinquante et trois mètres cinquante ; mais, à ce point, nous nous échouâmes par $0^m 80$ et nous dûmes chercher la passe, avant de continuer la route. A une heure trente-huit minutes, nous mouillâmes en face de Didhiover ayant marché seulement deux heures et quart à une vitesse de 3 milles 5 environ.

Le pilote Oumarou demanda cent kolas, disant que c'était le tribut habituel quand on passait le lac pour la première fois, que si nous n'avions pas été obligés d'attendre quelque temps à Mopti, nous n'aurions pu traverser Dheboë quinze jours auparavant.

Si l'on juge par l'emplacement qu'occupent les ruines de Didhiover, plus de deux kilomètres, tant sur la rive droite que sur la rive gauche, ce devait être autrefois un village important.

Sur les bords du petit marigot qui conduit aux ruines de la rive droite, étaient établis quelques Pouhls, gardiens de troupeaux, avec lesquels j'essayai d'entrer en relations pour avoir du bois. Ils répondirent de loin que nous pouvions aller chercher du bois dans la brousse, qu'ils n'en fourniraient pas et demandèrent d'un ton très arrogant ce que nous voulions et où nous allions. Voyant cette attitude, je pensai qu'ils avaient dû être prévenus de notre passage et, pour leur montrer nos sentiments pacifiques, j'envoyai couper le bois sur la rive gauche où les gommiers et les caoutchoucs sont abondants.

Il y avait beaucoup de gibier dans les ruines de Didhiover, notamment des biches, outardes et pintades. Ce fut un grand crève-cœur pour le docteur, passionné pour la chasse, de ne pouvoir les tirer, dans l'intention où j'étais de ne pas effrayer les bergers, armés seulement de lances, par le bruit de nos armes à feu.

Cette attitude réussit; le lendemain matin, les Pouhls avaient repris confiance et vinrent nous vendre le bois de démolition des cases.

Cela les encouragea à nous apporter du lait et des moutons dont ils voulurent le payement en cauris, pour une valeur insignifiante. Je n'en avais malheureusement pas et leur offris du calicot. Marché conclu, six moutons, gras, grands et gros, coûtèrent quinze mètres de calicot, prix dérisoire ; mais encore double de celui qui avait été demandé en cauris.

Ces bergers nous dirent qu'ils étaient autrefois avec Abiddin sur la rive gauche et qu'ils étaient venus sur la rive droite faire paître leurs moutons au milieu des ruines ; ils ne connaissaient même pas les villages situés dans l'est de Didhiover. J'en conclus que ces gens-là étaient étrangers à Tidiani et, qu'en réalité, leur première frayeur avait été causée par la vue d'une chose inconnue, un bateau marchant tout seul.

Après avoir observé la longitude de Didhiover, 6° 19' ouest, et fait une bonne provision de bois, nous appareillâmes vers midi, le 10 août, malgré une chaleur très pénible et une tornade qui menaçait sans éclater. M. Lefort et moi nous avions la vue tellement fatiguée par la réverbération de l'eau que nous dûmes cesser de prendre des notes. On jeta l'ancre dès quatre heures trente, au delà des ruines de Nambo.

Entre cet endroit et Didhiover, le Bara Issa, nom que prend le Niger à partir du lac Dhéboë, n'a pas plus de deux cents mètres de largeur moyenne et cependant n'est pas excessivement profond. La sonde maxima est de sept mètres et près des ruines qui sont au nord de Didhiover, nous nous échouâmes par $0^m 80$.

Les rives sont basses, couvertes de bois, particulièrement de gommiers. Là où il y a un monticule, on peut être assuré d'avance de trouver des ruines dont les plus curieuses sont celles de Ko situées sur des dunes de sable hautes de trois à quinze mètres. Çà et là, dans la plaine, sur la rive droite, nous apercevions des troupeaux de bœufs et de moutons. Entre les ruines de Ko et celles de Bamba, le Bara Issa décrit de nombreuses courbes et conserve à peu près le même aspect qu'à partir de Didhiover. En approchant de Sa, on rencontre deux villages Pouls, voisins l'un de l'autre, avec des petits tatas en mauvais état, qui semblent peu habités et misérables.

Sa est situé sur un monticule déboisé de cinq mètres de hauteur et peut avoir deux mille habitants. La face du tata qui regarde le fleuve a une longueur de trois cent cinquante mètres ; en dehors de l'enceinte sont groupées des cases en paille que les Pouhls habitent, par ordre de Tidiani. Dans l'intérieur du tata sont les gens dévoués au cheihk avec Chidloki, le captif que Tidiani a préposé à la garde de Sa. Au centre et au sommet du village fortifié, autour d'un abri pour indigents tel que ceux de Bandiagara, s'étaient groupés de nombreux habitants qui nous regardaient avec curiosité. Je remarquai qu'il y avait un grand nombre de chevaux ; mais je n'aperçus que des lances et pas de fusils. Des enfants, des femmes avec leurs calebasses nous considéraient sans effroi et des gens se mirent à courir après nous en faisant des signes de paix.

Le village de Sa a subi plusieurs vicissitudes et a été détruit, il y a longtemps, par un chef pouhl du Macina nommé Ahmadou Bodéghi. Aujourd'hui c'est un marché de mil et de riz, que l'on cultive dans les lougans environnants. Sa peut compter deux mille habitants dont des Pouhls qui ont pour chef Diasé. En face de Sa est le marigot de Koronba qui va rejoindre l'Issa Ber en amont de Sébi.

Tout en répondant aux démonstrations des indigènes par des paroles d'amitié, nous continuâmes notre route pour aller mouiller à quelque distance en aval des ruines de Bañha et y couper du bois. Les Poulhs de Sa nous auraient fait probablement bon accueil; mais il n'en eût certainement pas été de même du parti Toucouleur. Je me souvenais des difficultés qui s'élevèrent lors de l'arrivée à Mopti, alors que j'étais appelé par Tidiani et, à plus forte raison, je devais me méfier, lorsque je naviguais dans les états du cheihk, malgré sa volonté formelle. Je devinais que Sa avait dû être prévenu de notre passage et que des ordres avaient dû être donnés sinon pour nous arrêter ouvertement sur la route de Tombouktou, au moins pour nous créer toutes sortes de retards et de difficultés. Ce que je voulais à tout prix, c'était reconnaître les approches de Tombouktou et, dans ces conditions, la plus simple prudence me commandait d'éviter toute embûche. Abd el Kader m'avait d'ailleurs dit, au départ de Mopti : « A partir de maintenant méfie-toi de tout le monde », et j'ai toujours pensé qu'il était mieux renseigné, qu'il ne me le dit jamais.

A peine étions-nous au mouillage, en face d'arbres morts, que deux cavaliers s'avancèrent avec mille précautions, pour voir ce que nous faisions. L'un d'eux était envoyé par le chef des Bambaras de Sa, l'autre représentait Chidloki ; ce dernier dit qu'il nous avait vus à Bandiagara et qu'il avait quitté la ville le cinq août, alors que les négociations avaient déjà échoué. Il n'y avait donc aucun doute que Sa ne fût prévenu. Cependant il me sembla, d'après la courte conversation que Sory eut avec les cavaliers, que Tidiani avait caché une partie de ce qui s'était passé et qu'il n'avait pas fait connaître que nous étions sur la route, malgré son ordre. Les cavaliers, après s'être assurés de ce que nous faisions et avoir reconnu que nous nous gardions bien, s'éloignèrent rapidement. Suivant notre habitude depuis Mopti, les hommes qui allaient couper du bois étaient armés et nous avions jeté l'ancre de façon à pouvoir les appuyer et les recueillir de suite, à la première alerte. Le premier village, en quittant les ruines de Bañha, peut avoir huit cents habitants; il est environné d'un tata autour duquel sont groupées beaucoup de cases en paille.

Le second village, Tautala, est construit sur un petit monticule. à peu près dans les mêmes dispositions que le précédent; mais il ne compte guère plus de trois cents habitants. En bas du chemin qui conduit au fleuve, sous l'arbre de palabre, étaient assis les indigènes qui restèrent tranquillement nous contempler. Je remarquai que plusieurs étaient vêtus de boubous bleu de ciel généralement portés par les Maures ou Bambaras commerçants; çà et là on apercevait des chevaux, dans les lougans.

Devant le petit campement qui est après Tautala un cavalier se détacha pour demander si nous étions allés chez Tidiani et si nous étions d'accord avec lui? Sans nous consulter, Sory répondit qu'il en était ainsi. Les habitants ne parurent d'ailleurs nullement hostiles. Ce sont des pêcheurs ou des pasteurs.

Dans le village suivant, je remarquai que les cases principales étaient entourées d'une sorte de petit tata ou de palissades. Les habitants nous saluèrent et nous nous arrêtâmes un moment pour leur répondre par quelques paroles de paix et d'amitié. C'est un peu au delà de cet endroit que je mouillai le soir du 10 août.

A partir de là, le Barra Issa, toujours sinueux, se rétrécit encore, et, en certains endroits, n'a plus que cinquante mètres de largeur. Les rives sont couvertes de rôniers, de gommiers, de grandes herbes et l'on rencontre de nombreux campements de Pouhls. En arrivant près du premier j'eus une certaine émotion ; le fleuve apparut barré par une estacade sur laquelle nous nous lançâmes à toute vitesse pour stopper au dernier moment. Ce n'était qu'un barrage de poissons qui, bien que fait de branchages assez épais, céda facilement au choc. Un peu plus loin, il fallut recommencer la manœuvre.

Nous rencontrâmes ensuite, pour la première fois, une pirogue de Tombouktou. Faites de morceaux de bois cousus, elles atteignent quelquefois vingt mètres de long sur cinq mètres de large. Elles calent environ un mètre et peuvent contenir plus de deux cents personnes avec de nombreuses marchandises. Un toit en peau de bœuf les recouvre qui abrite et peut même supporter gens et bagages. On les pousse à la perche ou on les hale péniblement à la cordelle. Je ne crois pas que leur vitesse propre dépasse trois kilomètres à l'heure.

Peu de temps après, nous prenions notre mouillage, le soir du douze août. Le lendemain matin nous nous mîmes en route de bonne heure. A peine étions-nous partis qu'une pirogue de Tombouktou, sur lest, nous apparut de loin, immense au-dessus des marais, sous l'influence de la réfraction. On eût dit une ancienne barque de Normands au

IX° siècle. Nous la croisâmes après bien des détours, presque en face du marigot de Kolikoli.

C'est entre ce marigot, ainsi appelé à cause des tours qu'il fait, et le Barra Issa qu'est comprise la province de Ghimbala, indûment portée sur les cartes entre le Bara Issa et l'Issa Ber, là où il n'y a pas un habitant.

Le Kolikoli, qui bifurque en aval des ruines de Toy, traverserait un lac plus petit que celui de Dhéboë situé à l'est du village de Sandigué. Ce ne serait même peut-être qu'un grand marais, puisque, d'après certains renseignements, il serait couvert d'herbes qui empêcheraient une canonnière de marcher, même au cœur de l'hivernage et qu'en saison sèche, il y aurait des endroits complètement abandonnés par l'eau. Le Kolikoli est tellement sinueux qu'on met à le suivre le double du temps qu'il faut en passant par le Bara Issa. A partir d'Oréaya, qui est à une petite journée de marche de Faranghoéla, le marigot de Kolikoli se diviserait en deux branches, l'une allant à Tautala ou à Sa, l'autre vers Senendongou, et irait aboutir à Faranghoéla.

A l'est et assez loin du Kolikoli se trouvent des montagnes qui vont en s'éloignant à partir de Korandiéla et sont aussi hautes que celles de Bandiagara. A Diamadoubala, il y a une gorge dans les montagnes et l'on peut aller à Bandiagara en trois jours; c'est la route de Niakongo à Farangoéla.

Le Ghimbala étant couvert d'eau en hivernage, j'ai lieu de croire que le Kolikoli n'a pas un cours bien régulier et, qu'en somme, les pirogues suivent tout simplement une route à travers les herbes inondées. Quand il y a de l'eau dans le Kolikoli, le fleuve est en baisse à Sansandig et à Bammako.

Quand les eaux commencent à baisser dans le Kolikoli, le fleuve déborde à Tombouktou.

Quoi qu'il en soit, depuis que la lutte dure entre Tidiani et Abiddin, les pirogues de Tombouktou prennent ce marigot pour aller à Dienné, rencontrant sur leur chemin plusieurs centres de commerce, tels Ourégné, Markadougouba, Korandiéla.

Le chef de Korandiéla est un bambara nommé Samatilé; celui de Ourégné, Mahmadou Mansong, est également bambara. Près d'eux sont des captifs de Tidiani, comme à Sa et à Faranghoéla. Ourégné et Korandiéla auraient environ chacun deux mille habitants. Les Bambaras habitent dans un tata et les Pouhls, à l'extérieur, dans des cases en paille.

Trois chefs de partis, bambaras soumis à Tidiani, commandent le Ghimbala, payent des impôts au cheihk et fournissent des combattants si l'on réunit une armée. Tidiani entretient, pendant la saison sèche, un groupe de deux cents cavaliers pour empêcher les Maures de venir piller.

Faranghoéla, Saréféreng, Safounou ou Safara, suivant les dialectes, est le plus grand marché du Ghimbala. Ce village est bâti sur un monticule de trente mètres de hauteur, long d'un kilomètre, orienté du nord-est au sud-ouest. A l'extrémité sud-ouest se trouve le tata environné de nombreuses cases en paille; au nord-est, il y a un parc à bestiaux. Faranghoéla compte environ deux mille habitants. En face sont les villages de Bétu et Bétugou, les seuls que nous eussions rencontrés sur la rive gauche. Ils ne sont séparés de Saréféreng que par cinquante mètres de fleuve qui n'a pas, en cet endroit, plus de trois mètres de profondeur.

Au centre de Faranghoéla, dans une sorte de crique extérieure, se trouvaient vingt pirogues de Tombouktou, en train de charger ou halées au sec pour être réparées. Il se fit un grand mouvement pour nous voir passer, sans aucun signe d'hostilité; des enfants montèrent même à cheval pour nous suivre.

Cependant Abd el Kader ayant reconnu parmi les curieux un captif de son père, je donnai l'ordre de ralentir la marche et d'envoyer le canot à terre. Ce captif nous dit « que le « bruit courait que Tidiani ne nous voyait pas avec plaisir « faire notre voyage, qu'il aurait voulu se débarrasser de « nous, qu'il n'avait pas osé, crainte des conséquences. « Comme il ne peut rien, ni avec les cavaliers, ni avec les « pirogues, il nous laisse faire. Les gens de Faranghoéla « sont très étonnés de nous voir revenir de Bandiagara où « ils croyaient que nous avions été tués. »

« Tidiani aurait envoyé un courrier à Liouarlish, chef « des Tademeket, deux jours avant notre départ de Bandia-« gara, par un Diawandou, nommé Mahmadou Ali, sorte « de griot toucouleur, toujours à la suite d'un personnage. »

Ces nouvelles n'étaient pas engageantes et je compris dès lors les paroles du fourbe Shérif Mouley : « Laisse-les donc « aller à Tombouktou, qu'est-ce que cela peut bien te « faire ? » Il savait que Tidiani avait pris ses précautions et il espérait bien que nous ne reviendrions pas.

Nous continuâmes notre route après avoir débarqué le captif. A partir de Faranghoéla, le Bara Issa décrit une grande courbe et revient passer à quinze cents mètres au nord-est de cette ville. Arrivé là, le fleuve, large de quarante mètres à peine, tourne à angle aigu devant des dunes de sable de dix mètres de hauteur au sommet desquelles se trouvaient des gens armés de fusils. En cet endroit, il nous eût été impossible de nous défendre contre une embuscade et le moindre acte d'hostilité commis auparavant eût été sans doute cruellement expié. Ces gens se contentèrent heureusement de nous suivre. Ils faisaient partie de l'escorte nombreuse de Guéno, le captif que Tidiani avait préposé à la garde de Faranghoéla. Guéno, monté sur un beau cheval, richement harnaché, nous interpella et nous répondîmes par des paroles banales de paix et d'amitié, tout en continuant notre chemin, le plus rapidement possible. Après les renseignements que je venais de recueillir, la défiance était encore plus que jamais de rigueur, surtout en un semblable endroit où rien n'était plus facile que de nous tendre un piège.

Nous allâmes mouiller un peu au sud de Dar Salam, non loin du marigot de Garnat qui, paraît-il, rejoint le Kolikoli à Senendougou et passe également à Alcodia, village habité par des Pouhls de la tribu des Fittou. A Garnat, il y aurait un marché de Maures où les gens du Moshi et de Tombouktou se rencontreraient pour faire des échanges; on y trouverait surtout des boubous, des turbans du Haoussa et des objets de pacotille.

Beaucoup de gens de Dar Salam étant accourus sur la rive, je résolus, pour en avoir le cœur net, d'entrer en relations avec eux. Pendant que je palabrais pour avoir du bois, avec quatre indigènes que j'avais réussi à faire monter à bord, un incident se produisit. Un des hommes jeta à l'eau une bouteille vide dont un enfant s'empara, au grand mécontentement d'un cavalier à turban, probablement toucouleur, qui lui donna l'ordre de la rejeter dans le fleuve. Une dispute s'ensuivit entre les Pouhls et les partisans de Tidiani, au cours de laquelle Sory entendit l'homme à turban dire « qu'il défendait de rien prendre ni vendre et qu'il avait bien compris la lettre de Tidiani arrivée deux jours avant. » De leur côté, les Pouhls répondirent qu'ils n'étaient pas captifs. Sur ces entrefaites, le chef de Dar Salam, dont la fille est mariée à Tidiani, arriva avec quelques cavaliers et intima l'ordre de s'en aller à des gens qui étaient venus à bord nous vendre du tabac. Ils obéirent malgré mes protestations et, dès lors, il n'y eut plus possibilité de communiquer avec la terre. Nous n'avions plus qu'à aller chercher du bois ailleurs et à rallumer les feux en entamant notre précieuse réserve de charbon. L'état des grilles ne laissait pas de m'inquiéter. Déjà trop minces, au départ, elles étaient beaucoup réduites d'épaisseur par les nombreuses heures de chauffe qu'elles avaient supportées, et je me demandai, dès lors, si elles résisteraient jusqu'au bout de l'expédition, n'ayant pas de fer à bord pour les remplacer.

Le village de Dar-Salam est bâti sur un monticule de un kilomètre de longueur, à mille mètres du fleuve; il me parut contenir deux mille habitants.

Un peu au delà de Dar-Salam, on rencontre le campement pouhl de Gunambugu, le dernier lieu habité jusqu'à Diré. Nous mouillâmes le treize août au soir, un peu au nord de Gunambugu, devant une ligne de gommiers là où le Bara Issa, sortant de ce que Caillié a appelé le cachot, s'élargit soudain jusqu'à avoir sept cent cinquante mètres d'une rive à l'autre. Le soir nous fûmes assaillis par une violente tornade qui nous empêcha de descendre à terre.

Toute la matinée du quatorze août fut occupée à couper

du bois. Pendant ce temps j'observai la longitude du mouillage qui est 5°46'30" ouest. Des pêcheurs venant à passer, nous réussîmes à force de signes d'amitié à les faire accoster le bord et ils consentirent finalement à nous vendre du poisson contre du riz.

Le quatorze août, nous rencontrâmes cinq pirogues appartenant à Baba Si, grand commerçant de Tombouktou. En arrivant au sud de la baie d'Atabañha, qui n'a pas moins de trois kilomètres de largeur, près d'un monticule pierreux et rougeâtre, nous nous croisâmes avec une autre pirogue de Tombouktou, sur laquelle se trouvait un Maure de la connaissance d'Abd el Kader. Venu à bord, il raconta que Tidiani avait bien envoyé une lettre aux Touaregs, mais que le cheihk les avait prévenus de n'avoir pas peur, puisque nous n'avions pas d'armée à bord.

Ce Maure, pâle et tremblant comme une feuille, aurait été, d'après Abd el Kader, élevé par un marabout ami de Tidiani. C'est là, sans doute, ce qui explique ses paroles qui n'étaient que des mensonges d'après ce que je savais déjà et ce que j'appris plus tard. Du reste, ce Maure n'avait qu'une hâte, fuir la canonnière et ne s'attarda pas à bord.

La baie d'Atabañha finit en face du marigot de Minansaña Bañhé, là où s'arrête le territoire de Tidiani et commence le pays des Touaregs. A partir de ce marigot, on aperçoit la montagne d'Ouoro qui se trouve à l'ouest de l'Issa Ber. On passe près des ruines de Bugu et de Bugubéru, villages détruits par Tidiani en 1883, alors qu'ils étaient commandés par Gìngarai Ber, un aborigène de Tombouktou, à qui le cheihk fit couper la tête.

La journée du quinze août fut consacrée à couper du bois.

Le seize août au matin nous étions en route, et ce fut avec un bien vif plaisir que nous doublâmes la pointe de Safaï (séparation en sonraï) où se rencontrent le Bara Issa et l'Issa Ber. Nous étions enfin sortis des états de Tidiani et Tombouktou, le but de nos efforts était proche. Malgré tous les ennuis qu'Abd el Kader semblait se plaire à me faire prévoir, je ne pouvais m'empêcher d'espérer. « Le Sultan « du Maroc aurait écrit, en 1886, à Tombouktou, pour ne « pas laisser les Français y venir, ni à Sansandig, ni à « Dienné, parce que le pays lui appartient, sans cela, il « enverrait une colonne et ferait un poste ! El Hadj me « répétait fréquemment de ne pas descendre à terre si Rhiaia, « le chef de Tombouktou, ne venait pas à bord. » D'ailleurs et, quoi qu'il arrivât, je pensais que nous avions déjà acquis un grand résultat en poussant notre exploration jusqu'à Safaï d'autant que je me proposais de revenir par l'Issa Ber, que nul Européen n'avait encore parcouru.

La pointe de Safaï est rongée par les deux fleuves et, à son extrémité, se trouve une île prolongée par des bancs à laquelle nous donnâmes le nom d'île aux Pélicans, à cause du grand nombre de ces oiseaux tout blancs, qu'on y apercevait. En cet endroit, le fleuve a plus de quinze cents mètres de largeur et une brise de sud-ouest, bien établie, y soulevait des lames assez violentes qui, heureusement nous prenaient par l'arrière ainsi que le courant. Fait curieux, le baromètre avait beaucoup baissé dans la nuit du quinze au seize août, alors qu'il n'avait que très peu varié depuis notre départ de Manambougou, se tenant entre 740 et 743$^{m}/^{m}$.

Non loin de Safaï, sur la rive gauche, se trouve un village

près duquel on a élevé, sur un monticule de trente mètres, un tombeau à un marabout très vénéré Al Oualighi Badiaora (Oualighi ou Oualidou, synonyme d'Ould, qui veut dire fils). Un marigot intérieur part de ce village et va rejoindre un peu au sud de Diré le Niger large de deux kilomètres cinq cents mètres. Diré, ruiné par Tidiani n'est habité aujourd'hui que par quelques captifs de Sonraïs, anciens maîtres du pays de Tombouktou. Les coordonnées géographiques de ce village sont :

DIRÉ
Longitude 16°13'30" N.
Latitude 5°35' O.

Nous jetâmes l'ancre le matin en un endroit appelé « Mouillage de la Latitude », à cause de l'observation que je pus y prendre par 16°16'30" nord. De là, nous gagnâmes le jour même un autre mouillage au nord de Koura. En arrivant près du village de Hamtaga, établi sur une île de sable, on aperçoit le marigot de Ribobo qui va à Goundame où se trouvait le premier campement des Touaregs que nous ayons vu avec des tentes très basses, en peaux de bœufs, supportées par des piquets. Il se fit un grand remue-ménage au moment de notre passage, et les Touaregs agitèrent frénétiquement, d'un air menaçant, leurs boucliers en peaux de bœufs d'une blancheur éclatante.

Abd el Kader nous dit qu'en saison sèche on voyait des cailloux près d'Hamtaga, mais nous ne les aperçûmes pas. En suivant la rive droite, la sonde n'accusa pas moins de deux mètres quatre-vingts.

Un peu plus loin, on rencontre le marigot de Koradougou

débouchant en face d'une île et qui va rejoindre celui qui, venant de Sarayamo, aboutit au nord de l'île de Koura et a été exploré par Barth. Sur ses rives habiteraient les Touaregs amis de Tidiani, Oubibi ou Irregenaten, dont le chef est Salmi. A mesure que l'inondation s'avance, ces Touaregs se retireraient avec leurs troupeaux dans l'intérieur, vers Doventza et le Hombouri et payeraient pour cela un droit de pacage au cheihk. Sarayamo qui se trouve aussi sur ce marigot est un pays de Foulbé, en bonnes relations avec Tidiani. Leur chef était à Bandiagara pendant notre séjour.

A partir du marigot de Koradougou, le fleuve n'a plus qu'une largeur moyenne de trois cent cinquante mètres. Au sud de l'île de Koura sont les ruines du village et du tata de Koura détruits par Tidiani, dont les coordonnées géographiques sont :

Longitude 16°22' N.
Latitude 5°23' O.

Nous allâmes mouiller ce jour-là en face des campements où se sont réfugiés les anciens habitants de Koura, au lieu dit : *la Tortue,* ainsi nommé parce que le cuisinier Boly prit à la ligne une tortue mesurant au moins cinquante centimètres de diamètre qui fournit à tous un succulent repas. Ce mouillage est par 16°27 de latitude N. et 5°22 de longitude ouest.

L'île de Koura finit au marigot de Sarayamo, par lequel arriva Barth en venant de Say. Là commencent les dunes de sable et finissent complètement les bois devenus déjà très rares depuis Koura. Nous mouillâmes le 17 au matin un peu au nord de ce marigot devant Koirétago, village ruiné par Tidiani, habité par des captifs des Touaregs et situé par 16° 34' 30" de latitude nord. Nous étions à moins de vingt kilomètres de Koriumé, le premier port de Tombouktou. Ne voulant pas effrayer les habitants, je fis jeter l'ancre sur la rive droite du fleuve qui a plus de cinq cents mètres de largeur en cet endroit, et j'envoyai Abd el Kader dans le canot Berton, avec deux hommes, pour essayer d'entrer en relations. Ce fut en pure perte ; malgré tous les signes de paix et les paroles d'amitié qu'il prodiguait, en levant les mains, El Hadj revint sans avoir pu communiquer. Chaque fois qu'il élevait la voix, les indigènes qui se tenaient sur la rive faisaient le plongeon derrière de petits monticules en poussant des cris et, véritablement, je ne pouvais m'empêcher de trouver cette scène très comique, bien qu'Abd el Kader ne parût pas rassuré. Après cet essai infructueux, je demeurai tranquille pour donner le temps aux habitants de se tranquilliser et, vers quatre heures du soir, voyant qu'il y avait beaucoup de gens assis sous l'arbre du palabre, j'envoyai de nouveau Abd el Kader. Cette fois il fut plus heureux et ramena le chef du village Asseï, un diriman de la famille de Rhiaia, le chef de Tombouktou.

Je lui proposai de porter une lettre à Rhiaia, où j'exposais que nous venions en paix et en amitié pour nous entendre sur le commerce et le prévenir que j'avais une lettre à remettre à lui-même de la part du chef des Français, ou aux envoyés qui auraient ses pouvoirs. Asseï accepta cette mission et emporta en même temps une lettre adressée au père d'Abd el Kader. Avant de partir, il nous assura, qu'il retournerait bientôt nous apporter les vivres dont nous avions besoin.

Vers neuf heures du soir, Asseï revint nous apporter un

petit mouton en cadeau et nous vendre un peu de lait et de beurre, quelques œufs et des poulets.

A partir de Koirétago, le Niger s'élargit, les berges sont basses, nues, sablonneuses. Sur la rive gauche on rencontre de nombreux campements de Touaregs, près de marigots, dont l'un le Gané Gabourne, va jusqu'à Tasagane. En approchant de Koriumé, le Niger tourne brusquement à l'est et forme un estuaire qui n'a pas moins de deux kilomètres de largeur jusqu'à Géghélia. Au nord de cet estuaire se trouve un petit marigot qui conduit à Koriumé et à Kabara. Le fond diminue beaucoup en approchant de son entrée, et ce n'est pas sans peine que nous pûmes parvenir à jeter l'ancre tout près de Koriumé, ne nous doutant pas alors que là se terminerait notre expédition.

CHAPITRE XVI

Pourparlers avec les chefs et notables de Tombouktou. — Insuccès des négociations. — Départ de Koriumé. — Description historique et géographique du pays de Tombouktou.

A peine avions-nous jeté l'ancre que trois envoyés de Rhiaia montèrent à bord, disant qu'ils venaient de la part de leur chef nous saluer et aussi s'assurer que ce qui avait été écrit était la vérité. Ils demandèrent à Abd el Kader de leur remettre l'objet qu'il possédait et qui devait servir de preuve de son arrivée ; c'était un cachet sur lequel on lisait Saida el Hadj Mohammed, appartenant peut-être à Sidi Mohammed, un des fils de Sidi Ahmed el Beckay.

Deux envoyés quittèrent immédiatement la canonnière pour aller chercher la réponse de Rhiaia ; le troisième resta à bord, nommé Ahmady, originaire du pays de Tiéba. Je l'interrogeai longuement et il fournit, sans trop se faire prier, de nombreux renseignements.

Liouarlish, chef des Tademeket ou Tendérédief, était en ce moment entre Koirétago et Goundame. Son frère, Salsabil, établi à Tasagane, était venu le matin même trouver Rhiaia. Un Maure commerçant avec Saint-Louis du Sénégal, nommé Ibrahim Ould Sonalim, craignant que notre arrivée ne nuisît à ses intérêts, répétait partout que nous étions arrivés avec une armée appelée par El Hadj. C'est ce même Maure qui, pendant le séjour d'Abd el Kader à Saint-Louis, avait répandu le bruit que l'ex-ambassadeur n'était pas de Tombouktou. Tous ces racontars étaient destinés à effrayer les Touaregs qui, au dire de Mahmady, avaient déjà pris peur. J'appris également par cet indigène que Tidiani avait écrit une lettre où il représentait perfidement notre arrivée comme une occupation du sol.

Le soir, deux cavaliers touaregs, envoyés par Salsabil, vinrent sur la berge pour nous saluer, mais sans vouloir monter à bord. Je leur fis remettre à terre la lettre suivante adressée à Liouarlish et à Salsabil. « Salut. Je viens en paix
« et en amitié m'entendre avec vous. J'ai une lettre du chef
« des Français que je ne puis remettre qu'à toi ou à un
« envoyé qui aura tes pouvoirs. Je t'adresse en même temps
« quelques étoffes en signe d'amitié. »

Vers le coucher du soleil, une violente tornade éclata au nord-est qui jeta le chaland à la berge et ce fut miracle si la canonnière ne s'échoua pas par l'arrière au risque de fausser les hélices et le gouvernail. Au mouillage, le marigot n'avait pas plus de soixante mètres de largeur. En résumé, cette journée n'était pas faite pour dissiper les appréhensions que j'avais conçues sur la réussite des pourparlers avec Tombouktou.

Le dix-neuf août au matin, je m'aperçus que le campement des Touaregs établi près de Koriumé avait disparu, sans bruit et rapidement pendant la nuit. Un nouvel envoyé de Rhiaia vint de bonne heure pour réclamer à Abd el Kader un revolver. Il dit que notre arrivée avait fait beaucoup de bruit à Tombouktou, que les plus méchants propos circulaient sur notre compte. Il nous assura que Rhiaia, étant le possesseur du pays, pouvait seul régler les affaires avec nous, que Liouarlish et Sabsabil n'avaient pas qualité pour cela, que d'ailleurs les Touaregs étaient gourmands, qu'ils craignaient que les cadeaux que je leur avais faits la veille ne fussent les seuls que j'eusse l'intention de leur donner, etc.

Je répondis à cet envoyé que, puisque Rhiaia était si puissant, il n'avait qu'à venir à Koriumé s'entendre avec nous, que je lui avais déjà envoyé un écrit auquel j'étais étonné qu'il n'eût pas encore répondu.

Cet indigène m'ayant proposé de descendre à terre avec mes bagages qui seraient transportés par des ânes, je lui demandai s'il avait les pouvoirs de Rhiaia. Sur sa réponse négative je lui dis: « Retourne vers ton maître et fais-lui
« connaître que, dès que Tidiani m'a appelé à Bandiagara,
« je suis parti de suite. Lorsque Rhiaia m'aura écrit pour
« m'offrir l'hospitalité et protection contre tous, je me ren-
« drai vers lui, en toute confiance. »

Vers neuf heures, Mohamed Aouad, un des frères de Liouarlish, arriva sur la berge. Son influence est moindre que celle de Salsabil. Toutes les pirogues avaient disparu et ce fut le youyou du bord qui alla prendre les deux garazas (sorte de domestiques) que Mohamed envoyait à bord. Ils étaient chargés par leur maître de saluer, d'assurer que Rhiaia s'entendait avec Liouarlish, que les Touaregs savaient garder la foi jurée mieux que Tidiani, et autres propos oiseux. Quelque mécontent que je fusse de ne voir jamais une personne notable monter à bord, je reçus bien les garazas et leur dis de rapporter à leur maître que j'étais venu en paix et en amitié pour commercer. Je les laissai à dessein visiter la canonnière dans l'espoir qu'ils démentiraient le bruit que nous étions venus avec une colonne. Les garazas se retirèrent avec quelques cadeaux pour Mohamed.

Vers onze heures, un soi-disant Turc vint à bord que je reconnus bientôt pour être un Tripolitain voyageant depuis trois ans entre Araouan et Tombouktou. Il venait, disait-il, pour saluer ; mais en réalité pour espionner. Il parla de Constantinople et de la politique turque qui, pour lui, se résumait dans je ne sais quel fétichisme pour le Sultan, l'homme le plus puissant de la terre. Cette conviction est d'ailleurs partagée par toutes les peuplades africaines professant l'Islam qui croient de bonne foi que le Sultan règle les destinées de l'Europe et même du monde. J'engageai ce Tripolitain à apporter des marchandises que je lui achèterais. Sans doute pour m'éprouver, il me montra de l'or qu'il avait dans sa poche en demandant s'il était de bonne qualité. C'était le même or que celui que les caravanes viennent vendre aux factoreries des rivières du sud du Sénégal. Le Tripolitain s'en alla et, il est presque superflu d'ajouter qu'on ne le revit plus.

A une heure Abdoul, frère de Rhiaia, parut sur la berge avec son Arman (captif de confiance). Abdoul cria qu'il était dépêché par son frère pour le représenter, mais qu'il avait peur de l'eau et qu'il n'avait jamais mis les pieds dans une pirogue. Il paraîtrait d'ailleurs qu'Abdoul est un jeune homme bien tranquille et chargé des magasins de Rhiaia.

Il envoya donc à bord son Arman armé d'un joli fusil marocain à long canon garni de nombreuses capucines dorées et d'un sabre en forme de yatagan. « Abdoul, dit-il,

« représente Rhiaia et moi je représente Abdoul. Dis-moi
« ce que tu veux à Rhiaia. Les Touaregs savent mainte-
« nant qu'il n'y a pas de colonne à bord et sont rentrés chez
« eux. Tous les notables sont réunis à Kabara. On accusait
« d'abord Rhiaia d'avoir envoyé El Hadj chercher une
« armée de Français ; maintenant tout est tranquille et les
« affaires sont laissées au soin de Rhiaia, qui te dit « Bis-
similai. » Je remis au Diraman la lettre suivante adressée
à la Djemâ :

« J'ai reçu votre lettre. Vos pensées sont les miennes et
la plus grande confiance doit maintenant régner entre nous.
La France est une grande nation, connue dans le monde
entier par sa puissance, sa richesse et sa générosité. C'est
elle qui a le plus de relations avec les musulmans, vos coré-
ligionnaires. En Algérie, en Tunisie, en Egypte, au Sénégal, elle a d'étroits liens d'amitié et de commerce avec les
Maures. Partout elle protège votre religion et vous devez
savoir qu'à Saint-Louis, le principal conseiller du Gouverneur était Bou el Mogdad connu de vous tous, le cadi
tamsir, de la religion musulmane. Elle protège également le
commerce et les marchandises ont toujours été les bienve-
nues dans ses villes.

« Ayant construit un établissement à Bammako, sur le
Niger, elle n'a pas voulu rester plus longtemps sans vous
connaître, sans s'adresser à vous pour travailler ensemble à
la prospérité du pays et à l'extension du commerce. C'est
pour cette raison que je vous envoie une canonnière dont le
chef vous porte mes paroles et vous remettra cette lettre.
C'est un homme sage qui vous dira quelles sont mes inten-

tions et s'entretiendra avec vous de nos projets. Comme vous le verrez, il arrive en messager pacifique. Nous n'avons aucune idée de conquête sur votre pays. Nos possessions sont déjà assez grandes dans le Soudan ! La canonnière n'est pas un instrument de guerre, c'est une grande pirogue, faite à la manière des blancs et qui a seulement pour objet de le porter lui et quelques compagnons. Fermez vos oreilles aux calomnies des méchants qui ne veulent pas que nous entrions en relations d'amitié et qui sont guidés par la jalousie. Nous ne voulons que la paix et la tranquillité, nos intentions sont absolument pacifiques. Ecoutez donc mon envoyé. Faites-lui bon accueil. Vous verrez qu'une nouvelle ère de prospérité et de richesse s'ouvrira pour votre pays, dès que vous vous serez entendus avec nous par paroles et par écrit.

« Je vous salue tous. »

Pendant l'entretien avec l'Arman, Abd el Kader, profitant de ce que tout le monde faisait la sieste et que la plaine était abandonnée par les gens armés et les cavaliers qui y paradaient depuis le matin, était descendu à terre pour s'entretenir avec Abdoul. Abd el Kader me dit en rentrant : « D'après ce qui se passe, je n'ai aucune con-
« fiance dans les Touaregs, ne descends pas à terre si le
« fils de Salsabil ne vient pas comme otage à bord. » El Hadj ne dit pas tout ce qui s'était passé pendant son entretien avec Abdoul ; mais, à partir de ce moment, il se refusa complètement à quitter le bord.

J'ajoutai donc peu de foi aux paroles du captif d'Abdoul ; mais le congédiai néanmoins avec un cadeau pour son maître. Celui-ci ayant demandé un revolver, je le lui promis en cas de réussite des négociations.

Dans l'après-midi, Konga, le chef des Touaregs Igouadaren ou Gawa Darna, arriva en face de la canonnière, avec une escorte de gens montés à dos de chameaux. Lui aussi dépêcha deux garazas pour dire que l'on venait de lire devant tous, à Kabara, la lettre adressée à la Djemâ et que tout allait bien maintenant. Les Igouadaren étant voisins d'Alimsar, chef des Ould Illiminden, je proposai aux garazas de se charger d'une lettre pour Alimsar. Ils s'y refusèrent en prétextant qu'ils se déplaçaient sans cesse, et partirent en assurant qu'ils allaient tranquilliser Liouarlish sur nos intentions. J'appris, plus tard, qu'en réalité Konga, avec toutes ses forces disponibles, allait rejoindre l'armée de Liouarlish. Tous ces chefs n'avaient d'ailleurs d'autre but, en envoyant leurs garazas, que de nous tromper et aussi de mendier quelque cadeau que je refusais d'autant moins que, dans le Soudan, donner beaucoup est un puissant moyen d'action.

C'est pendant que je palabrais avec les garazas de Konga qu'un envoyé de Rhiaia, complètement voilé, vint le long du bord, avec une pirogue, et lança à la dérobée quelques mots à Mahmady, le captif de Rhiaia resté à bord. Le chef du village de Tombouktou faisait savoir qu'il y avait de mauvaises gens, m'engageait à ne communiquer avec personne et me demandait surtout de ne pas le contredire sur le but commercial de notre voyage! Quelque temps après, Mahmady demanda à descendre à terre et ne revint plus à bord. Il était resté jusqu'alors sur la canonnière, censément pour nous procurer ce dont nous avions besoin et principalement des vivres et du bois ; en réalité, il ne nous fournit absolument rien, et il n'avait sans doute d'autre mission que de nous surveiller.

Les paroles d'Abd el Kader, le discours du captif voilé, la disparition d'Ahmady montraient assez que l'affaire tournait mal, et qu'il n'y avait plus guère à espérer dans la réussite des négociations. Le bruit courait à bord, parmi les laptots, qui avaient saisi çà et là quelques paroles, que les Touaregs cherchaient à nous attirer dans un piège. Bien que je ne voulusse pas croire entièrement à cette rumeur, je redoublai de précautions pendant la nuit.

Le vingt août au matin, je reçus la visite de Mohamed Alloud, frère d'N'Gouna, chef des Eguilades, vêtu d'un splendide boubou, richement brodé de soies multicolores ; c'était le seul personnage important qui fût encore monté à bord et je causai longuement avec lui. Il ne cacha pas que l'on répétait partout, malgré la lettre adressée à la Djemâ, que nous n'étions pas venus pour le commerce. Lui, disait-il, savait très bien que notre arrivée ferait du bien dans le pays. Je crus quelque peu à ces paroles, émanant d'un chef des Eguilades qui passent pour religieux et plus doux que les autres Touaregs ; je lui remis une lettre pour son frère qu'il prit en la baisant et en remerciant des cadeaux qui y étaient joints.

Mohamed Alloud quitta le bord en disant qu'il allait retourner près de N'Gouna et apporter de suite une réponse. C'était un mensonge ; car je sus plus tard que N'Gouna était déjà, avec ses contingents, à l'armée de Liouarlish. Je n'en reste pas moins persuadé que les Eguilades nous verraient arriver à Tombouktou d'un œil assez favorable, parce que leur influence y est minime. Déjà, ils sont en relations de commerce avec Bammako où j'ai vu des bœufs venant de leur pays.

A peine Mohamed Alloud était-il parti, qu'un garaza de Salsabil monta à bord pour essayer d'entraîner Abd el Kader à terre par toutes sortes de belles paroles et de promesses. El Hadj s'y refusant énergiquement, je ne voulus point l'y contraindre. Ce garaza finit par demander un cadeau, assurant qu'il avait assez d'influence sur Salsabil pour le décider à venir sur la canonnière.

Vers midi, Baba Ould Bakar, cousin de Salsabil, parut sur la berge, refusa, comme tous les autres, de monter à bord et délégua à sa place un garaza déjà venu.

Jusqu'alors, laissant de côté toute méfiance, j'avais reçu qui voulait venir à bord, laissant tout voir pour montrer que nous n'avions rien à cacher, et persuader tous les visiteurs de nos intentions pacifiques ; mais, depuis le matin, je n'avais plus de doute sur les sentiments hostiles dont on était animé à notre égard. Cinq cents hommes armés de lances et de fusils se livraient, tout près de nous, dans la plaine, à des marches et contre-marches. Chose inexplicable, des gens stationnaient, çà et là, avec des ânes bâtés, comme dans l'attente d'un événement. Koriumé étant devenu le quartier général des chefs, de nombreux cavaliers y étaient réunis.

Sans être autrement ému de ces préparatifs militaires, je ne pouvais plus croire à une entente pacifique, et j'en témoignai durement au garaza d'Ould Bakar. « Voilà trois jours que j'ai écrit aux chefs, et toutes mes lettres sont restées sans réponse. Je n'ai vu aucun d'eux, et pas même un notable n'ose embarquer à bord. J'ai fait à tous des cadeaux en signe d'amitié, et l'on ne m'envoie, en échange, ni lait, ni poulet, ni bois, ni rien de ce dont j'ai besoin. Que signifient des procédés si singuliers et si contraires aux usages du pays? Pourquoi les parents d'Abd el Kader ne viennent-ils pas à bord? Quel est le but de tous ces préparatifs guerriers, dont j'ai pris méfiance? Retourne vers ton maître, répète-lui mes paroles et dis-lui que je ne veux plus recevoir de garazas qui ne sont rien. Je suis le représentant de la France qui est une grande nation, et c'est avec les chefs seulement que je puis m'entendre. »

Le garaza de Baba n'était pas plus tôt descendu à terre que le chef de Kabara parut sur la berge en criant que lui ne craignait rien et qu'il venait se constituer comme otage à bord. Le youyou alla le prendre et il monta sur la canonnière, avec un pseudo Marocain, en réalité Maure Tajacante, nommé Al Kounti. A peine le chef de Kabara eut-il salué qu'il demanda le youyou pour s'en retourner à terre et je ne le revis plus. J'eus alors une longue conversation avec Al Kounti.

« Ibrahim Ould Soualin, de la tribu des Tikina, pays de l'Oued Noun, à dix jours de Ténériffe, chassé de Médone en 1885, aurait bien déclaré que nous venions pour établir un poste et aurait appuyé ses dires de la parole d'un commerçant français de Saint-Louis! Dans une assemblée de notables, il aurait affirmé que nous avions à bord des briques et du ciment et juré que, si nous descendions à terre, la première balle serait pour Abd el Kader. Tous les Maures commerçants auraient excité les Touaregs contre nous et leur auraient même fait des cadeaux. »

S'adressant à Abd el Kader il lui dit que « son père était empêché de venir, qu'il lui faisait savoir de ne pas descendre à terre, ni lui, ni aucun des Européens, parce qu'on voulait nous trahir. »

« Liouarlish était à Tasagane à un jour de marche, occupé contre Abiddin, et en grand souci de rallier à son armée les autres chefs touaregs, complètement divisés et qui se battaient même entre eux à Tombouktou. Rhiaia, ne pouvant rien faire sans Liouarlish, l'avait prévenu de notre arrivée et avait attendu sa décision. Un conseil avait été tenu au camp touareg, au sein duquel on avait résolu d'entraîner tout d'abord Abd el Kader à terre ; une fois qu'il eût été pris, on lui aurait fait m'écrire que tout allait bien et que je pouvais descendre avec Sory. On nous aurait alors tués tous les trois et on aurait ensuite pillé les bateaux. (Personne ne connaissait la présence des officiers à bord du chaland.) Les gens qui stationnaient avec des ânes étaient prêts à ramasser le butin. On aurait fait éloigner les cavaliers touaregs et on aurait montré seulement les hommes de Rhiaia. Les Maures avaient en outre proposé aux Touaregs, au cas où on ne pourrait s'emparer de nous, de déclarer que tous les habitants du pays de Tombouktou étaient sujets du Maroc. »

Ces nouvelles étaient tellement graves que j'hésitais beaucoup à y ajouter foi. Abd el Kader m'assura que je pouvais avoir toute confiance dans les dires d'Al Kounti, l'ami et l'associé de son père, et me conjura plusieurs fois de me bien garder. Il avoua qu'il avait parlé, sans me consulter, d'envoyer des otages à bord, tel par exemple le fils de Salsabil. On s'était bien gardé de lui répondre et il n'avait plus aucune confiance. Il paraissait d'ailleurs très visiblement inquiet.

Al Kounti s'en retourna à terre. Il était armé d'un Winchester et avait fait connaître qu'il y avait trois armes semblables à Tombouktou, dont l'une entre les mains d'Abdoul, le frère de Rhiaia.

Pendant cet entretien, le youyou qui, depuis le commencement de notre séjour, faisait le service de va et vient, était resté à terre. La foule des gens armés augmentait et quelques-uns cherchaient à s'emparer de l'embarcation. L'un d'eux menaça même de son sabre un de mes meilleurs laptots qui lui répondit très vivement de rentrer son arme, s'il ne voulait pas faire connaissance avec nos fusils. J'interrompis dès lors toute communication avec la terre. Le chaland, mouillé trop près de la berge, se rapprocha de la canonnière et l'on prit toutes dispositions pour le combat. A la vue de ces préparatifs les gens armés se retirèrent par groupes à Koriumé et les âniers s'en allèrent, comme à regret. Une heure après la rentrée du youyou, la plaine était vide.

Pendant qu'on était en train de couper la toiture du chaland, beaucoup trop résistante au vent, vers quatre heures, Salsabil, escorté d'une cinquantaine de cavaliers, s'avança sur le bord du fleuve et envoya à bord, par une pirogue, un de ses garazas chargés de faire une dernière tentative pour entraîner Abd el Kader à terre. Jusqu'alors voyant qu'il n'y avait pas moyen d'entrer en relations avec les gens de Tombouktou, tant qu'Abd el Kader ne montrerait pas de confiance, je l'avais laissé presser par les envoyés ; mais, devant le refus désespéré de l'ancien ambassadeur qui me suppliait de ne pas l'envoyer à terre, je congédiai durement le garaza en lui disant que nous n'étions pas dupes de leurs mauvaises intentions. Il eut l'aplomb néanmoins de mendier un cadeau. Salsabil, voyant sa trahison découverte, se retira en criant des menaces.

Aussitôt après montait à bord le Marocain Al Kounti porteur d'une lettre venant de Rhiaia, dans laquelle tous les habitants de Tombouktou et les Touaregs se déclaraient sujets du Maroc ; comme tels, ils disaient ne pouvoir entretenir avec nous aucunes relations de paix, d'amitié ou de commerce tant que nous ne nous serions pas entendus avec le Sultan du Maroc. Cette lettre adressée à Abd el Kader d'abord et à moi ensuite ne portait aucun cachet. Aussi fis-je savoir à Al Kounti que je ne pouvais écrire aucune réponse à une semblable lettre ; mais qu'il pouvait aller dire à ceux qui l'avaient envoyée que si je n'avais été animé de sentiments pacifiques, je leur aurais fait connaître de suite la force des armes des Français. Il m'eût été bien facile de répondre du bord aux bravades des Touaregs par des décharges de Kropatchek et de Hotchkiss, si je n'avais voulu à tout prix sauvegarder l'avenir pour ceux qui me suivront. Je mis Al Kounti dehors et il s'en alla rapidement, peu rassuré.

Quelque surpris que je pusse être de voir cette lettre apportée par l'associé du père d'Abd el Kader, quelque doute que je pusse avoir sur son authenticité qu'El Hadj expliquait en disant que Rhiaia avait été forcé de l'écrire parce qu'on l'accusait d'avoir envoyé chercher une armée, il y avait une chose certaine, c'est que le parti hostile à notre arrivée avait, dans le moment, la majorité à Tombouktou et voulait se débarrasser de nous par n'importe quel moyen. Dans ces conditions, à moins d'user de la force, ce qui était contraire aux instructions que j'avais reçues et bien aléatoire avec les quelques fusils que j'aurais pu mettre à terre, il n'y avait plus qu'à retourner. C'est à quoi je me décidai non sans amertume et non sans qu'il m'en coûtât beaucoup. Nous appareillâmes avant la nuit pour jeter l'ancre à l'entrée de l'estuaire.

Si je n'avais pu entrer dans Tombouktou, du moins j'avais réuni, pendant le séjour à Koriumé, de nombreux renseignements sur cette ville, dont je donne ici le résumé. Contrôlés les uns par les autres, ils offrent une certaine garantie d'exactitude. Dans tous les cas les officiers qui me suivront pourront compléter ou même rectifier cette exquisse historique et géographique.

L'histoire du pays de Tombouktou et celle du Macina se confondent souvent, comme on l'a vu plus haut. Cette confusion tient non seulement à la position géographique de Tombouktou, mais encore à la nécessité où se trouve cette ville de tirer ses vivres du Macina, par suite de l'aridité du sol où elle est bâtie. Après avoir battu les Sonraïs, les Marocains restèrent maîtres du pays de Tombouktou, jusqu'à la fin du XVIIIe siècle. Durant leur occupation, il se forma une race croisée de Sonraïs et de Marocains, les Dérabou ou Arma, peut-être aussi Diraman. Pendant que le Pouhl Ahmadou Lobbo attaquait le Maroc à Dienné, les Touaregs, sous la conduite de Salim, père de Liouarlish, le chef actuel des Tademeket, chassaient en 1802 (?) les Marocains du pays de Tombouktou.

En 1826, peu de temps avant le passage de Caillié,

cheihk Ahmadou livra bataille aux Touaregs dont les exigences pillardes étaient devenues insupportables et s'empara de Tombouktou. Il ne s'entendit point avec Chir (1) Moktar el Kébir, grand-père de Chir Backay. Devenus les maîtres, les Pouhls opprimèrent tellement les marchands de Tombouktou que ceux-ci firent venir de l'Azaouad le cheihk El Moktar, frère aîné d'El Backay, de la tribu des Kountahs, très vénéré chez les Berbères. El Moktar réussit à chasser les Foulbé, avec l'aide des Touaregs; mais n'en fut pas moins contraint, vers 1846, de conclure une convention avec les Pouhls, qui empêchaient l'approvisionnement de la ville. D'après ce traité, l'impôt de la ville et du marché était partagé entre les cheihks du Macina et de Tombouktou et c'est pourquoi, au passage de Barth, en 1853, il y avait deux cadis, l'un Pouhl, l'autre Sonraï, c'est-à-dire probablement Arma ou Dérabou.

Après la bataille de Saewal, El Hadj Omar établit un cadi dans Tombouktou, à titre d'héritier des rois du Macina. Cette province s'étant révoltée, appela Chir El Backay à son secours. El Hadj Omar fut défait et tué et, pendant dix-huit mois, de 1863 à 1865, Chir El Backay fut le seul maître de Tombouktou. Il conserva comme chef de village Al Khaia, Arma nommé depuis 1857. Chir Backay mourut en 1865, pendant que Tidiani s'établissait dans le Macina. Son fils, Sidi el Moktar, lui succéda, mais ne put s'entendre avec les Touaregs contre lesquels il entra en lutte, appuyé par les Pouhls. Il mourut à Atara en 1878, au moment où il se rendait dans la Fermagha. Al Khaia resta chef du village,

(1) Chir, Chirou, Cheihkou, prononciation nègre du mot arabe Cheihk.

en trahissant la cause de Sidi el Moktar, en s'appuyant sur les Touaregs et aussi sur la Djemâ, sorte d'assemblée de notables, composée des principaux commerçants. Il devint assez puissant pour pouvoir protéger Lenz.

Vers 1870, le petit Abiddin (1) se serait rendu maître du pays du Macina, situé sur la rive gauche du marigot de Diaka, qui avait pour capitale Tenenkou, en guerroyant contre Ba Lobo et Tidiani. En 1878, il aurait été chassé, je ne sais pour quelle raison, par les Pouhls, aurait été battu à Kélikandié, village des états de Boroba et serait mort en 1884, à Nempala, village de N'To, dans le Kalari. Quoi qu'il en soit, le fils de Ba Lobo essaya alors de s'emparer de nouveau du Macina, et le Fermagha appela à Gardio Abiddin, fils de Chir el Backay. Abiddin joignit le fils de Ba Lobo à Dia et d'un coup de fusil le chassa jusqu'à San !

Il reprit alors le Macina de la rive gauche et demanda aux Pouhls, pour sa peine, mille bœufs, vingt fois cent mille cauris et cent captifs. Abiddin, croyant tout arrangé, rentra dans le Fermagha qui avait alors pour chef Alli Aoudi ; mais les Pouhls trouvèrent la carte à payer trop forte, et les gens de Dia appelèrent Tidiani. Celui-ci arriva, s'empara du pays que baigne le marigot de Diaka, et pour en finir, emmena en captivité, de l'autre côté du Niger, tous les habitants, après avoir ruiné Towaron.

Ce qu'il y a de certain, c'est que lorsque Lenz passa à Tombouktou, en 1880, les Touaregs commandés par Eg Fandagounon, avaient la prépondérance, et que la lutte était

---

(1) Le petit Abiddin serait le fils d'El Backay, fils de Baba Ahmed Lamine, fils de Cheihk Sidi Moktar El Kebir. Les renseignements que j'ai recueillis sur lui sont assez confus.

menaçante avec les Pouhls commandés par Abiddin. Celui-ci en effet avait traité en 1880 avec le Fermagha (Pouhls Sonrabé et Yaelbé) et s'y était établi. Les Touaregs en prirent inquiétude et lui cherchèrent querelle. Abiddin finit par rentrer à Tombouktou, mais avec cent hommes du Fennagha, qui firent beaucoup de mal dans la ville. Les Touaregs vinrent alors assiéger Tombouktou et cerner Abiddin. Quand la famine eut réduit les gens à toute extrémité, les notables allèrent demander aux Touaregs la grâce d'Abiddin en faveur de son père qui avait laissé un si bon souvenir. Abiddin obtint de sortir de la ville pour rentrer dans le Fermagha, mais fut obligé de payer une rançon aux Touaregs.

Peu de temps après, Tidiani ruinait Bugoubérou, en 1883, et détruisait Diré et Koirétago. En 1884, Al Khaia mourut et fut remplacé par son fils Rhiaia (nom générique) qui s'empara par force du pouvoir en armant ses captifs et en menaçant de mort les notables. Rhiaia supprima la Djemâ, jusqu'alors chargée de payer les coutumes aux Touaregs et autres chefs du pays de Tombouktou. Aujourd'hui c'est Rhiaia qui acquitte directement les impôts en prélevant des coutumes du dixième à l'entrée et à la sortie sur toutes espèces de marchandises. Il a une autorité plus forte que celle de son père, en ce sens qu'il a le droit de haute justice; mais plus que Al Khaia, il est resté le prisonnier des Touaregs.

L'année de la mort d'Al Khaia, Abiddin, retiré dans le Fermagha où il tenait tête aux Touaregs et à Tidiani, dépêcha des envoyés à Alimsar, chef des Ould Illiminden, alors présent à Tombouktou, pour lui faire des cadeaux et le prévenir qu'il allait attaquer les Touaregs. Alimsar le lui défendit en disant que tous les Touaregs étaient frères. La guerre éclata au cours de laquelle Abiddin fut deux fois vainqueur, la première à Myodogo. Liouarlish, frère et successeur de Fandagounou, chef des Tademeket, invoqua d'abord l'appui des Eguilades qui lui répondirent : « Nous sommes des marabouts et nous ne faisons pas la guerre. » Liouarlish usa alors d'un stratagème. Il paya un Maure pour raconter à Abiddin que les Eguilades avaient tué trois fils de son oncle.

Abiddin crut d'autant plus facilement à ce mensonge que le Maure lui affirma qu'il était présent lors du meurtre et, furieux, tomba sur les Eguilades pour les piller. Ceux-ci s'allièrent alors avec Liouarlish. Au moment de notre passage, les Touaregs avaient réussi à enlever quelques bœufs à Abiddin, sans pour cela l'avoir réduit, car le bruit courait pendant notre séjour qu'Abiddin avait attaqué les Touaregs aux environs de Safaï et que ceux-ci ne s'entendaient plus pour continuer la lutte.

En résumé, en 1887, Tombouktou était dans la plus grande anarchie. Les Touaregs, Tidiani et Abiddin, s'en disputaient la possession, tandis qu'à l'intérieur les Arma, les commerçants et les Maures étaient divisés.

Les Touaregs ou Sourgou sont de race berbère. Ceux que j'ai vus étaient généralement de taille plus élevée que la moyenne, forts, bien pris, le nez droit, le visage ovale, le teint d'un blanc un peu terreux. Leur langage n'est ni le maure, ni l'arabe, c'est une sorte d'idiome particulier, le targuï, que Barth a étudié. Leur accent est dur et ils s'appellent entre eux par des cris rauques inimitables. Ils sont vêtus des pieds à la tête de guinée bleue, et généralement malpropres. Ils s'enroulent la tête d'une bande de même étoffe formant turban qui couvre le bas de la figure, ne laissant voir que les yeux farouches, perçants quoique ne regardant jamais en face. Quelquefois, ils ajoutent un ruban de couleur, rouge par exemple, terminé par une boucle de cuivre, pour retenir le turban.

Ils ont toujours un poignard de quarante centimètres environ attaché au poignet gauche par un bracelet. A cheval ils portent en outre une ou deux lances suivant la classe à laquelle ils appartiennent (les esclaves en ont deux), et un bouclier en peau de bœuf d'une blancheur éclatante grand de soixante-dix centimètres environ orné de grisgris rouges ou bleus. Leurs chevaux sont de petites tailles, très vifs. Les Touaregs y mettent un bon prix, les montent hardiment et ont très bonne mine en selle.

J'en ai vu arrêter court leurs chevaux lancés au grand galop, sauter d'un bond à terre et abandonner leurs bêtes à elles-mêmes, sans s'en préoccuper. Les Gawa Darma sont les seuls Touaregs que j'aie vus monter à dos de chameaux et cela tient sans doute à ce qu'ils parcourent le désert. Aucun d'eux ne se sert d'armes à feu.

Les Touaregs cultivent le mil mais ne le consomment pas. Ils campent sous des tentes très basses en peau de bœuf, soutenues par des piquets. A la moindre alerte, ils chargent leurs ânes et décampent au plus vite. Ils n'ont pas de religion à proprement parler et ceux qui font Salam, par imitation, ne suivent pas pour cela les préceptes du Coran.

Pendant que j'étais encore à Bammako, un marchand de

Tombouktou, nommé Ahmed Ould el Sher (Shérif) en fit la description suivante, originale et assez exacte.

« L'habillement est rare chez les Touaregs ; aussi un boubou vaut-il deux bœufs chez eux. C'est pour cela que les Maures préfèrent prendre à Bammako de la guinée plutôt que toute autre étoffe. Les Touaregs ne pillent pas ; mais demandent au chef de caravane d'habiller leur chef. En cas de refus, ils pillent. Le chef des Touaregs, quand il est présent, empêche de voler, mais tant pis s'il est absent. A Tombouktou, les Touaregs pillent les verroteries et demandent de la guinée. Ils vont et viennent même pendant l'hivernage. Ils sont forts, grands buveurs d'eau et méchants. Ils ont peur des Européens. » Ahmed ajoutait : « Les gens de Tombouktou aspirent à traiter avec la France pour être délivrés des Touaregs. Tombouktou est bon et sain ; mais les hommes n'y sont que des femmes et tremblent devant les Touaregs. »

Les tribus touaregs sont nombreuses autour de Tombouktou. La plus voisine est celle des Tademeket ou Tendérédief qui occupe le territoire situé au sud-ouest entre Kabara et Nyafunké. Ils ont eu pour chefs successifs, depuis le commencement du siècle, Salim qui chassa les Marocains en 1802 et vivait encore en 1864. Fandagounou, premier fils de Salim, son successeur, mort en 1882 et remplacé par son frère Liouarlish. Le commandement reviendra ensuite à Salsabil (1) ou à son défaut à Mohamed Aouad, déjà âgés.

El Walish ou El Ouarlish, d'où Liouarlish est le nom

(1) Salsabil est encore appelé Séhel-Mohamed Aouad ou Mohamed Ould Ouah

arabe du chef actuel, en sonraï on dit El Vakliss. C'est le véritable maître de Tombouktou, bien que les Tademeket ne soient pas très nombreux. Il fixe à sa guise des impôts que Rhiaia paye, sans murmurer, au moyen des coutumes du dixième.

Au nord de Tombouktou se trouve la tribu des Tarbanazas, sujets de Liouarlish, qui perçoivent des coutumes sur le sel. Les Maures qui apportent le sel à Tombouktou leur payent un cheval de race par caravane.

Liouarlish ne reconnaît qu'un maître, c'est Al Amsar ou Imsar, le puissant chef des Ould Illiminden, la grande tribu qui parcourt le désert à l'est de Tombouktou, depuis Sokoto jusqu'au sud de l'Algérie. Alimsar, quoique le plus fort des Touaregs, ne s'occupe du pays de Tombouktou que pour venir demander tous les deux ou trois ans un tribut aux autres chefs. Pendant notre séjour le fils d'Al Amsar était à Tombouktou. Aradien est le second chef des Ould Illiminden.

En marchant six jours à l'est de Tombouktou, avant d'arriver chez les Ould Illiminden, on rencontra les Gawa Darma ou Igouadaren, dont le chef Konga marche immédiatement après Al Imsar.

Au nord et au nord-est de Tombouktou, à sept jours de marche, se trouve la tribu des Bérabishs qui occupe le territoire entre Araouan et Azaouad. Leur chef est Sidi Mohammed Ould Mohammed.

Les Berabishs touchent sept gros d'or par chameau venant du Maroc. De plus Al Amsar a délégué un homme des Berabishs à Mabrouk pour toucher des coutumes sur les gens qui viennent du Touat. L'oncle du chef des Berabishs était présent à Tombouktou pendant notre séjour.

Les Touaregs Irrégenaten ou Oubibi habitent au sud et au sud-est de Tombouktou depuis le Hombouri jusqu'à Géghélia et le long du Niger jusqu'à Safaï. Leur ancien chef Tinas est mort et a été remplacé par Salim qui entretient de bonnes relations avec Tidiani. La tribu des Karta Molet a pour chef Abdoul Mégid et est bien avec Abiddin. Les Karta Molet sont les Irrégenaten les plus voisins de Tombouktou. Cette ville paye un tribut annuel aux Irrégenaten consistant en deux chevaux de race, des boubous et cinq cents objets de pacotille.

Au sud-est de Tombouktou, à quelques jours de marche, sur la route du Hombouri, on rencontre les Touaregs Kalgosh qui sont d'un naturel assez doux et peu influents.

Les Eguilades se tiennent à l'ouest sur la route de Tombouktou à Oualata, à la tête du marigot de Goundame. Leur chef N'Gouna n'a pas d'influence à Tombouktou. Ils acceptent des cadeaux et ne sont pas voleurs. Les Ould Rhoutoutou et Ould Hammantafa semblent devoir faire partie des Eguilades.

En résumé, de quelque direction que viennent les caravanes à Tombouktou, elles sont rançonnées par les Touaregs qui sont les véritables maîtres du pays, libres de l'étreindre et de le pressurer à leur guise. Ils sont donc naturellement hostiles à l'arrivée des Européens qui empêcheraient leurs pillages et point n'était besoin de la lettre que Tidiani écrivit à Liouarlish pour exciter leur méfiance.

Maîtres du Sahara, les Touaregs ont juré de ne laisser pénétrer aucun Européen connu comme tel. Qu'ils soient du nord ou du sud, le sentiment est le même ; mais je me hâte d'ajouter qu'ils ne sont ni assez nombreux, ni assez bien armés pour nous résister. Ils n'essaieraient même pas et, tout en nous harcelant, demeureraient insaisissables par suite de leur mobilité.

Les Arma ou Dérabou, peut-être aussi Arman ou Diraman, sont les noirs croisés de Marocains et les véritables possesseurs du pays. Leur dialecte, dont j'ai rapporté un commencement de vocabulaire, est mélangé de sonraï pur de Gao, d'arabe et autres dialectes soudaniens. Leur chef porte le nom générique d'Al Khaia ou Rhiaia; autrefois on l'appelait El Bacha. L'autorité est héréditaire de père en fils, puisque l'oncle de Rhiaia, nommé Baba Touré, existe encore. Le chef et sa famille s'habillent comme les gens riches de Bammako, avec le bonnet blanc distinctif des Bambaras. Tout le terrain appartient au roi ainsi qu'à quelques notables, propriétaires comme Titi et Karamokho à Bammako. Il n'y aurait pas à proprement parler de cadi titulaire et la justice serait rendue par le voyageur ou l'habitant le plus instruit. Les notables seraient:

Alpha Ben Shérif Cadi,
Bouya Ould Yaya-Sami Ould Asman,
Ben Ali Ould Al Kaid Masoud,
Ba Mohamed Ould Bousou,
Samy Mcy Ould Farangara,
Matala Ould Alima,
Baba Ould Al Kaid Boubakar,
Almamy Boua Afana,
Ahmadou Baba Ould Sidi Abass.

Bien que Rhiaia ait une grande autorité dans le village même de Tombouktou, il n'en est pas moins à la merci des Touaregs. C'est probablement pour se délivrer de leur joug qu'il a envoyé, en 1884, Abd el Kader comme ambassadeur à Paris. Quand il nous vit arriver vingt en tout, il prit peur et se tint coi ; car il n'aurait sans doute pu nous défendre et lui-même aurait été en danger de mort. Je ne doute pas que si nous eussions eu des forces suffisantes, les Arma ne nous eussent aidés à pénétrer dans Tombouktou.

Les Kountahs, de race arabe, sont des marabouts guerriers de l'Azaouad, de l'Adrar et du Tagant qui jouèrent un grand rôle à Tombouktou, au commencement du XIXe siècle, et qui aujourd'hui encore jouissent d'une certaine influence. Jusqu'à la mort de Chir Backay il semble que les Kountahs aient marché d'accord, avec les Touaregs contre les Foulbé ; mais aujourd'hui Abiddin s'appuie sur les Pouhls du Fermagha. Baba Amed, chef du pays d'Aribinda, fils de cheihk Sidi el Moktar, est ami et allié de Tidiani qui reconnaît en lui un grand marabout et le paye pour dire des prières. Les autres Kountahs continuent à faire paître leurs troupeaux sur le sol de leurs pères et il est assez probable qu'ils sont restés fidèles à leur ancienne alliance avec les Touaregs.

Les Touaregs, les Arma et les Kountahs sont les principaux habitants du pays de Tombouktou ; on rencontre encore dans cette ville des Bambaras, des Sonraïs de race pure, des Moshis, des Pouhls.

Chir Backay avait en quelque sorte chassé les Pouhls de Tombouktou ; mais Tidiani semble avoir reconquis l'ancienne influence des rois du Macina. Une convention a dû certainement s'établir après que le cheihk eut ravagé le pays jusqu'à Koirétago et affamé Tombouktou en 1885; d'après certains renseignements, cette ville payerait même des droits à Tidiani. Ce qu'il y a de certain c'est que le cheihk m'a déclaré qu'il était le maître de Tombouktou et que la lettre qu'il adressa aux chefs de cette ville eut un grand effet. Baba Si, le commerçant que nous avons rencontré à Mopti, disait que le commerce avec le Macina venait seulement de renaître, après vingt ans d'interruption et que tout irait bien si nous nous entendions avec Tidiani. Enfin ce cheihk, marabout vénéré et très suivi par les musulmans Tidjanites qui admettent l'emploi des armes, jouit à Tombouktou d'une grande influence religieuse.

La ville de Tombouktou est encore habitée par des commerçants maures ou nègres qui trafiquent avec les pays environnants et même éloignés, tels que le Maroc et la Tripolitaine.

Vers 1856 vinrent à Tombouktou cinq yaoudi (juifs) dont trois s'en allèrent au bout de quelque temps : un autre mourut. Celui qui reste aujourd'hui fait des avances de banque usuraires, s'occupe surtout du commerce de plumes d'autruches et est en très bonnes relations avec les Touaregs, à cause de son argent.

Les commerçants marocains importent à Tombouktou des marchandises espagnoles, de la soie, de l'escamid (sorte de calicot) de toutes les couleurs, des burnous, du thé, du sucre, des fusils, des sabres, des ciseaux et autres objets de pacotille. Ils exportent de l'or, des peaux d'animaux féroces, des dents d'éléphants, des plumes d'autruches, des peaux de bœufs et de la gomme. Ils mettent quarante jours à aller de Tombouktou à Touzonni dans le sud du Maroc, et soixante jours, au retour, quand ils sont chargés, en suivant l'itinéraire ci-dessous :

A un jour dans le nord de Tombouktou se trouve le campement de Asian El Sidi Ali, à partir duquel on ne rencontre plus que des arbres et du sable jusqu'à Araouan.

Entre Araouan et Taoudenné on trouve El Méria dont la terre est dure, blanche, sans végétation. Il faut emporter de l'eau d'Araouan, en faisant provision pour dix jours. Le sol d'El Méria est tellement plat qu'on voit un homme à un jour de marche. De Taoudenné on va à Taraza en quatre jours. C'est un village que le sultan du Maroc a fait sauter jadis et où l'on rencontre de l'eau.

De Taraza au puits de Toufouri, cinq jours de marche ;

De Toufouri au puits de Boéri Rhalef, sept jours ;

De Boéri au puits d'Al Hank, trois jours ;

D'Al Hank au puits de Lighi Saïb, cinq jours ;

De Lighi Saïb au puits de Bel Abbas (nom du constructeur), trois jours ;

De Bel Abbas au puits de Bella Ghana, cinq jours ;

De Bella Ghana au village de Tendouf, six jours.

On va ensuite en quatre jours à Touzouni, le premier village du Maroc, et de là à Maroc en sept jours.

A l'arrivée à Touzouni des courtiers israélites achètent pour le compte de maisons anglaises le chargement de la caravane (1). Ce sont donc les Anglais qui profitent, tant à

---

(1) Notre consul à Magador estime à 600,000 ou 700,000 fr. la valeur d'une caravane.

Touzouni qu'au cap Juby, du commerce de Tombouktou. Les commerçants marocains sont à peu près les seuls qui aillent à Windi (Libtako) chercher les plumes d'autruche. Là ils se trouveraient encore en relation avec les Anglais par la voie du Dahomey Salaga Moshi. Les fusils Winchester qui existent à Tombouktou sont arrivés par ce côté.

Par le seul fait des bénéfices que les commerçants marocains retirent de leurs transactions, ils sont hostiles à notre arrivée à Tombouktou. De plus, il faut tenir compte que les gens riches de cette ville envoient leurs enfants étudier au Maroc chez des marabouts, dont le plus renommé et le plus saint serait Al Kadéri, chef d'une secte qui répudie, il est vrai, l'emploi des armes.

Les commerçants tripolitains détiennent avec les Marocains les routes de trafic du nord. Par Ghadamès, ils importent principalement du corail, de la soie, des étoffes, des objets de pacotille, de l'ambre, des poignards et des sabres touaregs. Ils vendent des esclaves et exportent les mêmes productions que les Marocains.

Rien ne viendrait par l'Algérie, parce que les Touaregs mettent un soin jaloux à nous interdire l'entrée du Sahara et n'y admettent que les caravanes de gens résignés à subir leurs volontés. Il y a peut-être une autre raison, c'est que les esclaves ne pourraient se vendre en Algérie, tandis qu'ils s'achètent couramment au Maroc et dans la Tripolitaine. Il en était de même autrefois en Tunisie, et les insurgés de Sfax comprenaient dans leurs rangs beaucoup de noirs. M'étant trouvé à terre, dans cette ville, le jour même où éclata la révolte, j'ai de bonnes raisons pour m'en souvenir.

Dans l'ouest de Tombouktou, à dix jours de marche, se trouve le village de Oualata ou Byrou, où l'on fait principalement le commerce de sel contre de l'or, des pagnes ou de la guinée venant de Saint-Louis du Sénégal. On se rend de Tombouktou à Oualata, soit en passant par Goundame le long du marigot, à travers le pays des Eguilades, soit directement par un chemin à peu près désert, mais sûr. On va alors à Aribônhon, sorte de lac où campent habituellement les Maures, et l'on y fait provision d'eau pour gagner la montagne de Dara; là on peut rencontrer des Maures et leur demander de l'eau. Dara est à deux jours à l'est de Oualata et doit être assez élevée, puisque les indigènes disent qu'on semble ensuite descendre dans un puits.

Byrou a pour chef Mahmoud Mohamoud, de la tribu des Masdouf, qui va quelquefois à Médine; il laisse alors comme percepteur de ses droits à Oualata son captif Kédid. Dans l'ouest d'Oualata se trouve l'oasis de Tichitt, sur la route de Tombouktou, au banc d'Arguin, une des plus courtes certainement pour arriver à la côte.

Tombouktou est en relation de commerce avec Saint-Louis par Oulata et le pays des Maures; mais la route, généralement fréquentée par les quelques commerçants de Tombouktou qui se rendent dans nos possessions, passe par Goundame, Miodougou, Basikoumou, Souala, Goumbou et le Nioro, pour aboutir à Médine. Depuis qu'Ahmadou occupe le Nioro, d'autres bifurquent de Souala par le Bélédougou pour arriver à Bammako, soit directement, soit par Sansandig. Au reste, les seuls produits français qui arrivent à Tombouktou sont la guinée, filature ou parmentier, le calicot et en général les étoffes et les objets de pacotille. Nos importations dans cette ville sont donc peu considérables, et les exportations à peu près nulles.

Tombouktou produit très peu de chose et n'est qu'un entrepôt. Les productions du Soudan qu'on y trouve proviennent des pays environnants, et sont, ou portées par des caravanes, de mai à novembre, ou achetées directement, en hivernage, par les commerçants qui affrètent les pirogues. Celles-ci allaient autrefois jusqu'à Bammako, Kangari, Bouré et Kangaba. Aujourd'hui elles ne naviguent plus guère qu'entre Tombouktou et Dienné par le Kolikoli. Je ne crois pas qu'il y en ait plus de cinquante armées à la fois, bien qu'à Koriumé et à Sarefereng seulement j'en aie vu à peu près autant au sec. En estimant le tonnage moyen à cinquante tonneaux, on arrive à un transit de cinq mille tonnes, chiffre qui doit être bien dépassé à cause des marchandises encombrantes, comme le mil.

Ce n'est qu'exceptionnellement que les pirogues naviguent sur le Niger dans l'est de Tombouktou. J'ai eu connaissance d'un voyage exécuté entre le douze août et le vingt-huit septembre, de Sokoto à Tombouktou, soit en quarante-sept jours ; il s'était fait avec une pirogue moyenne que l'on dut décharger et porter en beaucoup d'endroits. Il est vrai que, dans ce bassin, le fleuve n'atteint son maximum de hauteur qu'à la fin de décembre.

Le commerce par eau vers le Haoussa n'existe donc pas, à cause tant des dispositions peu favorables des populations que l'on rencontre, que des nombreux barrages. Il est assez probable que les chutes de Bourroum et de Boussah, si elles sont franchissables, ne le sont qu'un mois au plus par an, au maximum de la crue, comme cela a lieu à Sotuba. La voie de terre vers le Haoussa n'est suivie qu'exceptionnellement, à cause de la distance et des populations qu'il faut traverser.

Autrefois il y avait beaucoup d'or à Tomboukton; mais il n'en est plus ainsi depuis que les guerres d'El Hadj Omar ont rendu les routes difficiles. Les gens du Moshi vont en chercher à Kong. Le gros d'or vaut de dix à quinze francs. Cinq francs valent cinq mille cauris. De Safaï à Tombouktou on emploie le système décimal.

L'ivoire vient de Windi, du pays des Touaregs et du Haoussa. Une dent d'éléphant mâle vaut quinze gros d'or, et une dent de femelle dix gros. Les plumes d'autruche arrivent de la Doventza, du Hombouri et de Windi.

La noix de kola est fort estimée à Tombouktou; on envoie le kola siga de Dienné et du pays de Tiéba, du Ouassoulou, de Ouéroudougou et même de Sierra Leone.

Les kolas de Conza (Kong) ou Gondia Kola sont portés par les gens du Moshi à Faranghoéla et à Garnatt; mais il n'y a que peu de temps que Tidiani les laisse passer.

On trouve à Tombouktou des broderies faites à l'aiguille provenant de Bammako, Nyamina, Saint-Louis. Le tabac vient d'un village nommé Bamba sur le bord du fleuve du Haoussa, à huit jours de marche. Cependant on le cultive à Mosébango, situé à l'E.-S.-E. de Tombouktou, à deux heures de marche du Niger. Ce village a appartenu à Sidi Amadi et ensuite à son fils; à la mort de ce dernier, les captifs restèrent pour cultiver le tabac près d'un grand puits. Le beurre de karité ou Si vient de Soua près de Dienné sur le marigot où s'engagea Davoust en 1885. Le fer arrive de Fatigné,

San et Dienné ; quelques maisons auraient des serrures apportées de Saint-Louis. Les citrons sont originaires de Dienné et les dattes du Touat (1). Le mil et le riz qui font la base de la nourriture des gens de Tombouktou ne sont pas cultivés en assez grande quantité, et les habitants sont obligés de s'adresser à Mopti, au Ghimbala et à Dienné. Trente moules de mil (environ soixante-douze kilos) vaudraient une barre de sel. Lorsqu'en 1885 Tidiani arrêta le commerce du mil pour forcer Tombouktou à établir une convention, un moule valait une barre de sel.

Le froment est cultivé dans les mêmes lougans où se trouvent les rizières en hivernage, et comme on le sème au commencement de la saison sèche, il faut arroser pendant trois mois. Les indigènes creusent un bassin au milieu du champ, le remplissent d'eau qui s'écoule dans tous les sens par des rigoles. Il n'y a que les gens riches qui mangent du pain.

Le principal article de commerce de Tombouktou est le sel qui vient des mines de Taoudenné et de Boushébeir sur la route de Maroc et que les commerçants transportent jusqu'à Kangari. Si Tombouktou dépend du Macina pour le mil, en revanche, cette province est tributaire de Tombouktou pour le sel.

A un jour ou deux de marche de Tombouktou on trouve des forêts de gommiers, El Kaourir, le vrai verek. D'ailleurs, si on trace une ligne partant du pays des Brakna passant par Oualata, Dara, entre les dix-sep-

---

(1) Le moule de dattes (2 k. 500) vaut un gros d'or.

tième et dix-huitième degrés de latitude nord, à la limite du désert, on peut être assuré de rencontrer le verek. La gomme se récolte vers mai.

De l'endroit où nous étions mouillés, à Koriumé la ville de Tombouktou était cachée par une dune de sable. Entre Koriumé et Kabara le second port de Tombouktou, on navigue deux heures en pirogue. On va en trois heures à pied de Kabara à Tombouktou, à la condition de bien marcher dans le sable. Le pays est complètement déboisé, sauf près de Tombouktou, où on aperçoit, dans le nord-ouest de Koriumé, un rideau d'arbres. Le premier jour de notre arrivée à Koriumé on nous avait promis d'apporter du bois à dos de chameaux, de bœufs ou d'ânes; mais il n'en fut rien. Il paraîtrait que les gens riches se servent de charbon de bois fabriqué par les Touaregs pendant l'hivernage, et de la façon suivante : après avoir brûlé un mélange de bois vert et d'une petite quantité de bois sec, les Touaregs enterrent le résidu dans le sable et le retirent une nuit après.

Tombouktou, d'après de nombreux renseignements, serait grand comme deux fois Bammako, plus considérable que Ségou et contiendrait beaucoup de ruines; il y a donc lieu de supposer une population moyenne de cinq mille habitants pouvant varier suivant les époques, les départs ou arrivées des commerçants et des caravanes. Le climat y est sain. Bien que l'hivernage commence en mai pour finir en octobre, la crue ne se fait sentir qu'en juillet, lorsque le fleuve en amont a déjà beaucoup grossi. Vers la fin de septembre les pirogues peuvent remonter jusqu'à Kabara. Ce n'est donc que vers cette époque qu'une canonnière aurait avantage à se présenter devant Tombouktou et, pour notre part, nous sommes arrivés trop tôt. A la fin de décembre ou au commencement de janvier, les eaux débordent et un youyou pourrait, en certaines années, naviguer au pied de Tombouktou. La crue reste stationnaire en février. Les tornades du nord-est sont peu fréquentes de même que les pluies qui ne suffisent pas à alimenter le fleuve. La crue du Niger à Tombouktou est donc réglée par les eaux d'amont.

Un relèvement pris de Koriumé nous a donné pour position approchée de Tombouktou :

Longitude 5° 12' ouest.

Latitude 16° 49' nord.

CHAPITRE XVII

Pourparlers infructueux avec Liouarlish. — Barrage de Toundoufarma. — Iowarou-Abiddin et le Fermagha. — Tempête dans le Dhéboe. — Traversée du marigot de Diaka-Peñhé. — L'Almamy de Dia.

Le jour où nous quittions Koriumé, nous n'avions plus qu'un mois de vivres de conserve. L'équipage, privé depuis longtemps de nourriture fraîche, entassé et immobilisé sur les petits bâtiments, sans aucun abri contre les intempéries, souffrait de la fièvre et s'anémiait rapidement. Nous avions déjà usé tous les rechanges de barreaux de grille, et ceux qui restaient, bien diminués d'épaisseur, se tordaient sous l'ardeur du feu, laissant passer le charbon, sans l'utiliser. Il n'y avait plus à bord que quatre tonnes de charbon, et pas un morceau de bois ; cependant, avant de rencontrer des arbres, il nous fallait remonter cinquante kilomètres jusqu'à Koura, à contre-courant, avec une vitesse ridicule. Dans ces conditions, nous ne pouvions songer à pousser plus loin l'exploration, à travers des pays mal disposés. Le retour s'imposait. Néanmoins, avant de quitter définitivement la région de Tombouktou, je résolus d'essayer d'entrer directement en relations avec Liouarlish. Il était alors à Tasagane, près de Koirétago, dont le chef Assei se chargea de porter une lettre, où je demandais en somme à Liouarlish s'il approuvait la déclaration qui nous avait été faite à Koriumé.

Avant de partir, Assei raconta ce qui s'était passé quand il avait fait porter la première lettre à Rhiaia. « On avait réuni les notables et on l'avait lue devant « Salsabil. Tous les ennemis de Rhiaia s'étaient écriés : « Voilà l'armée que tu as demandée ! »

Salsabil les avait fait taire en disant que cela le regardait. Rhiaia ayant dit que les juifs étaient à Tombouktou et qu'il ne voyait pas de raison pour que les Français ne vinssent aussi y commercer, Salsabil lui avait imposé silence, répétant qu'il prenait tout sur lui.

Le vingt-deux nous allâmes mouiller devant Koura, où nous ne pûmes trouver qu'un chargement de canot de bois, péniblement obtenu en démolissant les cases en ruine. La nuit suivante, nous eûmes à supporter une forte tornade de nord-est. Pendant le mois d'août, la caractéristique météorologique du bassin qui s'étend entre Safai et Tombouktou est la permanence du vent de sud-ouest interrompue de temps en temps par des coups de vent de nord-est.

Dans l'après-midi du vingt-deux, des captifs des Touaregs vinrent nous vendre quelques poulets, et je leur achetai une lance et un poignard.

Le vingt-trois nous étions mouillés devant Hamtaga où les habitants noirs, captifs des Touaregs, entrèrent facilement en relations et nous procurèrent treize poulets pour mille six cents cauris, et quelques moutons maigres qui furent les bienvenus. Un des noirs, nommé Allou, avait quitté Liouarlish la veille au soir, à Fatakara, sur le marigot de Goundame, à une nuit de marche du fleuve.

Tous les chefs touaregs, y compris N'Gouna, étaient réunis autour de Liouarlish et, d'après Allou, ce n'était pas sans raison que nous avions rencontré à la fois. à Koriumé, Conga, Salsabil et le frère de N'Gouna ; ils s'y étaient rendus après la réception de la lettre de Tidiani.

J'achetai à Allou deux nattes de paille assez artistement tissées contre deux boîtes d'endaubages vides qui valaient pour les indigènes deux mille cauris. N'étant pas bien certain qu'Assei eût porté la lettre à Liouarlish, je demandai à Allou de se charger d'en faire parvenir une autre ainsi conçue (1) :

« Gloire à Dieu seul ! Dieu me suffit.

« De la part du commandant du bateau à vapeur le Chrétien, à Kar, prince des Oughlis, salut complet.

« Je viens à vous avec le bien et la paix, et l'affection entre nous et vous et Tombouktou, et en vue de tomber d'accord sur la question du commerce.

« J'ai atteint Kir un jour où les imbéciles disaient que nous arrivions vers vous avec une armée, et, par Dieu, cela n'est qu'un mensonge. Lorsque le porteur de cette lettre arrivera près de vous, vous verrez que je ne suis pas venu avec une armée. Puis, j'ai écrit une lettre à votre frère Salsabil pour qu'il vous la remette, et cette lettre-là est une lettre du sultan des Français, et il n'a pas dit qu'il la prendrait. Et il nous a apporté une lettre portant que Tombouktou et tous les habitants ont écrit cette lettre, nous disant qu'il n'y aurait pas entre nous de commerce, de ventes, parce que leur maître est le sultan du Maroc.

« Maintenant il est sûr que cela est un pur mensonge, que

---

(1) C'est la traduction de la lettre arabe.

vous, El Oughlis, cette terre est à Dieu et à vous. Et cela est une certitude. Alors pourquoi donc les gens de Tombouktou ont-ils écrit cette lettre? Je demande une réponse auprès de Kerkebir (1) et de ton frère Salsabil. Si vous ne me rendez pas réponse, moi je sais ce que ton frère Salsabil a commis en fait de turpitudes.

« Enfin, si tu ne réponds pas, alors nous retournerons auprès du sultan des Français et nous l'informerons de cela. Salut. »

Allou, frère d'un captif du père d'Abd el Kader, reconnaissant des bons traitements qu'avait reçus son frère, accepta la mission de porter la lettre et demanda, avant de partir, à Abd el Kader, de lui donner sa bénédiction, ce que celui-ci fit en lui, tenant la main et en murmurant quelques prières. Le lendemain matin Allou nous fit savoir que le bruit avait couru que Liouarlish s'était déplacé et que, s'il était en retard d'un jour, ce ne serait pas de sa faute.

Nous nous mîmes en route pour Korangoïber. En chemin, les hélices heurtèrent un corps dur immergé, dont le choc nous causa une vive émotion jusqu'à ce qu'on se fût assuré que rien n'était cassé.

Peu de temps après nous rencontrâmes une pirogue de Tombouktou, longue de dix-huit mètres, qui venait de Faranghoéla.

Malgré nos signes de paix, nous ne pûmes tirer une parole des marchands réunis à bord qui semblaient hostiles et qui peut-être aussi craignaient que nous ne leur enlevions leurs riches marchandises.

(1) Korangoïber.

Le soir du vingt-quatre août, nous étions mouillés devant Safaï, par 5° 39' de longitude ouest, non loin du village de Korangoïber, soumis aux Touaregs, autrefois habité par des Pouhls de la famille de Fakala, et descendants d'Ahmadou Mahmadou. Aujourd'hui les Fakala sont retirés, les uns à Dar Salam, les autres dans le pays des Bobos, où ils luttent contre Tidiani.

Le vingt-six août, vers midi, Allou revint rapporter ma lettre non décachetée. D'après lui, Assei avait fait ma commission, mais on lui avait dit de décamper au plus vite, qu'il était suspect, comme parent de Rhiaia. Dès l'arrivée d'Allou, un nommé Djéddou se serait écrié : « Brûlons la lettre. » — « A quoi bon, aurait répondu Liouarlish, l'envoyé n'a qu'à s'en retourner sans réponse. »

Assei avait trouvé Liouarlish à Toumanzala, entre Goundame et Fatakara. Les Touaregs, n'ayant pu s'emparer de nous à Koriumé, étaient à cette heure d'accord pour tâcher de nous surprendre avec toutes leurs forces réunies et avaient échelonné des cavaliers le long du fleuve. Assei ajouta : « Tout ce qu'a fait Salsabil était convenu avec Liouarlish, N'Gouna et les autres Touaregs. Méfie-toi tant que tu ne seras pas sorti des Etats des Touaregs, et ne crois pas même la personne qui viendrait te dire de descendre à terre. »

Après cet entretien, nous nous mîmes en route par l'Issa Ber, que nul Européen n'avait encore visité. En passant devant le village de Korangoïber, situé sur un monticule de sable de quinze mètres de hauteur, je comptai trois cents cases en paille environ. J'y remarquai quelques pirogues, des bœufs, des chevaux, des moutons et des champs de haricots entourés d'épines. Malgré leurs ressources, les habitants n'avaient rien voulu nous vendre, à cause de la présence de sujets des Touaregs, de la famille des Imill, qui y avaient à dessein établi leur campement. Les Imill, en leur qualité de sujets, portent deux lances, tandis que les Touaregs de race noble n'en ont qu'une.

Le soir, à la nuit, nous allâmes mouiller en face de Tindirma, village de cases de paille, situé à un kilomètre du fleuve, sur la crête d'un monticule de sable assez élevé, habité par des Sonraïs Derabou, de la même famille que Rhiaia et aussi par quelques Pouhls. Au pied des montagnes voisines se trouve Fatibougon, où campaient alors les Touaregs.

De Tindirma nous poursuivîmes notre route, le vingt-sept, jusqu'aux environs du marigot de Térézit, rencontrant en chemin Arbéré, le dernier campement que nous devions voir jusqu'à Diaka, et qui est habité par des Pouhls de la tribu des Fakala. Le vingt-huit nous passions devant le marigot de Térézit qui sort de la montagne de Térézit, prolongement de celle d'Ouoro. Entre ces montagnes, qui peuvent avoir deux cents mètres de hauteur, et le fleuve, le terrain est bas, marécageux, défoncé; aussi, dès que l'hivernage arrive, les Touaregs Tademeket se retirent-ils sur les hauteurs près desquelles passe la route de Goundame à Gardio.

Après avoir dépassé le marigot de Térézit, nous continuâmes notre route, sans accident, jusqu'au barrage de Toundoufarma, dont le nom signifie, en sonraï, cailloux qui roulent les pirogues et dont personne à bord ne connaissait la passe. Je pris à tout hasard le couloir de cinquante mètres qui sépare l'île de la rive gauche, où le fond n'est pas inférieur à un mètre. Tout alla bien jusqu'à l'extrémité où nous vîmes que le fleuve était barré dans toute sa longueur par une ligne de rochers sur lesquels l'eau se précipitait en écumant. La sortie s'effectua entre deux îlots séparés par dix mètres ; mais, en débouchant de cette passe, une fausse manœuvre de l'homme de barre jeta la canonnière sur un rocher où elle talonna par trois fois, heureusement sans vitesse. Comme dans un éclair je la vis perdue, et les conséquences de cet échouage m'apparurent terriblement nettes, alors que nous nous trouvions encore en pays touareg.

Bientôt rassuré en voyant que la canonnière n'avait aucune voie d'eau, je fis manœuvrer avec succès pour la dégager. Rien ne saurait peindre la satisfaction de tous lorsque nous reprîmes notre route librement. Je considère véritablement comme providentiel d'être sorti sain et sauf de ce dédale de rochers. A la satisfaction d'avoir échappé à un grand danger s'ajoutait celle d'avoir reconnu une nouvelle route.

Vingt-neuf et trente août. — Depuis le vingt-sept nous payons tous notre tribut à la fièvre. Le docteur est très fatigué depuis Bandiagara, et le fourrier Vivier est tellement anémié qu'il ne laisse pas de nous inspirer de sérieuses inquiétudes. Un vent froid et assez violent du sud-ouest arrête presque complètement la marche de la canonnière. Le trente nous restons au mouillage pour ne pas brûler inutilement du bois et fatiguer l'équipage en pure perte. C'est à Nyafunké que finissent les Etats des Tademeket. Près de ce village, on aperçoit la fin de la montagne de Myodogo qui prolonge celle de Térézit.

Du trente et un août au deux septembre, nous traversâmes, avec ennui, un pays désert, rencontrant çà et là des ruines, telles que celles de Pia, dont la longitude est 6° 28' 36" O', sans voir un habitant ni apercevoir de cultures. Nos estomacs fatigués ne pouvaient plus supporter les conserves. Par-dessus tout, venaient s'ajouter la contrariété de marcher contre le courant avec une lenteur désespérante et l'obligation de nous arrêter fréquemment pour couper du bois dans des marais pestilentiels. Aucune promenade n'était possible sur les rives défoncées, inondées, refuge de serpents et de toutes sortes d'animaux immondes, couvertes de hautes herbes qu'il fallait débroussailler pour observer.

La navigation était heureusement facile, l'Issa Ber, à partir de Toundoufarma, est suffisamment profond, bien qu'il soit large de cinq cents mètres en moyenne. Sur la rive droite, près de Sébi, on rencontre un marigot qui va rejoindre celui de Koromba, à travers un pays désert et inondé en hivernage; sur la rive gauche, quand on a quitté le Haoussa, on trouve, à une journée de marche dans l'intérieur, le pays de Sonfa, dont le chef Ousman el Mozemmi, métis d'un Touareg et d'une Pouhle, s'entend avec Liouarlish. La capitale du Sonfa, appelée Sonfi, village de cinq cents habitants, est pauvre, et le commerce n'y saurait exister à cause des pillages qui résultent de la lutte des Touaregs contre Abiddin. Un peu au sud de Soukourlay, on croise le marigot de Niaona qui va à Gardio, la capitale du Fermagha, et qui, peut-être, communique avec le lac de Kabara Tanda. Aux hautes eaux, la canonnière pourrait dépasser, sur ce marigot, le village de Niaona qui est en ruines.

Le deux septembre au soir, nous arrivions à Iowarou, sur le bord occidental du lac Dhéboe, jusqu'alors inexploré. En revoyant ce beau lac, il nous semblait que nous étions déjà de retour de notre voyage, et sa largeur détendait notre esprit habitué aux horizons étroits des pays que nous venions de parcourir.

De Mopti à Tombouktou, et depuis le départ de Tombouktou, nous sentions sourdre autour de nous une hostilité latente plus difficile peut-être encore à supporter que le danger vu en face; dans la mer libre du lac, nous respirions enfin tout à notre aise.

A peine avions-nous jeté l'ancre devant Iowarou qu'une tornade s'éleva menaçante du plus profond du lac et nous obligea à retourner sur nos pas pour gagner un abri plus sûr. Le lendemain matin, par un beau soleil et un ciel pur, nous allâmes mouiller près de Iowarou, où nous aperçûmes une cinquantaine de gens, sans doute mal intentionnés, et qui s'enfuirent rapidement. D'après le pilote Oumarou, ces gens venaient du Kolikoli, où ils avaient dû arrêter une pirogue de commerçants de Bamandougou, voler le chargement et emmener les propriétaires captifs. Quoi qu'il en soit, leur fuite faisait évanouir l'espoir que j'avais conçu d'entrer en relations avec Abiddin, le chef du Fermagha.

On a vu plus haut qu'Abiddin, appelé d'abord par les Pouhls du marigot de Diaka, fut trahi par eux, à cause de ses exigences pécuniaires. Quant aux Touaregs, ils prirent bientôt peur des prétentions d'Abiddin sur Tombouktou, et alors commença une lutte qui dure encore. Abiddin est donc mal avec tout le monde, même avec les commerçants de Tombouktou qui lui reprochent ses pillages sur le fleuve; mais c'est surtout avec Tidiani que la haine est irréconciliable, pour plusieurs raisons : De tout temps les Kountahs ont été des marabouts craints, vénérés, jaloux; de là une rivalité religieuse entre Abiddin et Tidiani. C'est le père d'Abiddin qui a fait tuer El Hadj Omar, que Tidiani considère comme son père. Enfin, Tidiani et Abiddin sont rivaux politiques dans le Macina et à Tombouktou.

Jusqu'ici, Abiddin n'a pu être réduit dans la lutte qu'il soutient contre tous. Il passe d'ailleurs pour très brave. Attaqué à Sarédina, où est le tombeau de son père, par mille cavaliers de Tidiani, il les aurait mis en fuite avec quatre-vingts cavaliers seulement. Dans la lutte avec les Touaregs, il a presque toujours eu l'avantage. Aussi, et sans vouloir ici exagérer l'importance de ce chef, je crois que nous pourrions utiliser, à notre profit, ses visées ambitieuses sur Tombouktou, en n'oubliant pas toutefois qu'il est musulman, et qu'en outre il passe pour fourbe. A ce sujet, Abd el Kader me raconta que, quand il était près d'Abiddin, il reçut un jour l'ordre d'arrêter un troupeau de bœufs. Les propriétaires étant venus réclamer à Abiddin, celui-ci répondit qu'El Hadj avait contrevenu à ses ordres et ordonna de rendre les bœufs. Ce qu'il y a de certain, c'est qu'Abd el Kader craindrait pour sa vie s'il traversait le Fermagha par terre et que je ne pus songer, à cause de sa querelle avec son cousin, à l'envoyer à Gardio, capitale du Fermagha.

Gardio a été bâti en 1878. Ses premiers habitants furent des gens venus de Conza, dont le nombre s'augmenta rapidement des personnes qu'Abiddin fit entrer de force. Aujourd'hui ce village, entouré d'un tata, compte cinq mille habitants, presque tous guerriers ; le commerce y est à peu près nul. Les autres centres habités du Fermagha sont Diarto, presque ruiné, Gassi Gherma, village de cultivateurs, et Léré, où sont les troupeaux d'Abiddin. Gassi Lakala était autrefois un grand marché où les commerçants du Maroc se rendaient avec leurs chameaux. En somme, le Fermagha est peu peuplé.

Dans l'ouest de Gardio. à deux jours et demi de marche, se trouve Basikounou, village de mille habitants, où réside le chef des Mohamed Alloush, avec ses captifs. Ce sont des pillards qui perçoivent un impôt de trois pièces par chameau venant de Saint-Louis et allant à Oualata ou à Tombouktou. Au delà de Basikounou, on trouve le désert. La route de Souala à Tombouktou passe par Basikounou, Léré, Gardio, Diarto, Sonfa, Myodougou et Goundame. Les commerçants noirs doivent donc subir les exigences successives des Alloush, d'Abiddin, des Touaregs, et il y a lieu d'être surpris qu'il puisse encore exister un courant commercial dans ces régions.

Nous demeurâmes deux jours à Iowarou. Sachant très bien que le marigot de Diaka était déboisé, et néanmoins résolu à le reconnaître, puisqu'il n'avait jamais été exploré, je fis encombrer de bois les petits bâtiments. Dans les ruines immenses de Iowarou, on n'a que l'embarras du choix pour démolir des cases et en enlever les poutres. C'est en 1879 que ce village a été détruit par Tidiani.

Appelé par les Pouhls du marigot de Diaka, le cheihk réunit une armée de Pouhls habitant les rives du Niger, depuis Hamdallai jusqu'à Faranghoéla, de gens de Dienné et de Diafarabé. Mille pirogues transportèrent l'armée au cœur de l'hivernage, devant Iowarou, alors complètement entouré d'eau. Le village se composait de deux parties, l'une où logeaient dans des cases en terre et en bois des commerçants de tous les pays et particulièrement du Moshi, l'autre où campaient les Pouhls. Dès l'arrivée de Tidiani, les commerçants se retirèrent sur la colline de Tougoumarou, où on les laissa tranquilles. Après une tentative de résistance, et voyant qu'ils ne pouvaient rien avec leurs lances contre les fusils, les Pouhls se rendirent d'autant plus vite qu'ils avaient été tournés.

Après la prise de Iowarou, le cheihk conduisit son armée jusqu'à Gassi, ruinant tout sur son passage et faisant les habitants prisonniers. Les pirogues allèrent encore détruire, à la faveur des hautes eaux, le village d'Ourandia, dont le canton est aujourd'hui complètement abandonné.

En voyant les ruines immenses de Iowarou, encore bien conservées, je pensai que Tidiani, digne neveu et disciple d'El Hadj Omar, pouvait revendiquer, comme son oncle, la gloire d'avoir ruiné le Soudan. Aujourd'hui, Iowarou n'est plus qu'un repaire de bêtes fauves, de gibiers de toutes sortes, et l'on peut relever, dans le même endroit, des traces de biches, de kobas et de lions ; mais dès notre arrivée tous ces animaux s'enfuirent dans l'intérieur, tout au moins pendant le jour.

Près des ruines de Iowarou se trouve la colline de Tougoumarou, élevée de trente mètres environ, au sommet de laquelle on a une belle vue sur le lac, et où M. Lefort prit des relèvements à boussole hydrographique. Sur la colline, nous trouvâmes des quantités de débris de poteries faites avec une terre rougeâtre semblable à celle que donne la sonde au mouillage de Iowarou. L'eau et les objets qui y sont immergés reflètent cette teinte.

La position astronomique de Iowarou est la suivante :

Latitude. . . . . . 15° 18' 57" Nord.
Longitude. . . . . 6° 25' 20" Ouest.
Déclinaison . . . . 17° 30'   N.-O.

Le 5 septembre au matin, nous appareillâmes par un beau temps, marchant d'abord au sud-est, par des fonds d'un mètre, à peu près au milieu des deux rives très basses et séparées par une largeur de sept kilomètres. Arrivé à hauteur de la pointe qui termine la langue de terre comprise entre Didhiover et les ruines des anciennes places importantes de commerce de Kaba et de Sabé, on tourne au sud, laissant la rive occidentale à trois kilomètres environ. La sonde augmente et donne deux mètres en moyenne.

Le lac est plein vers la fin d'octobre ; mais il gagne sans doute plus en largeur qu'en hauteur, car à cette époque les pirogues qui partent de Iowarou mettent le cap droit sur Peñhé et Dia, à travers les herbes inondées, là où il n'y a pas de courant. Les deux bras du Niger sont alors réunis par un réseau enchevêtré de marigots navigables. Le fleuve s'étale dans la vaste plaine limitée à l'est par les montagnes de Bandiagara et le lac Do de Barth, et à l'ouest par les montagnes du Aoûssa et le canton d'Ourandia, formant une nappe d'eau de plus de cent kilomètres de largeur.

Cependant, les indigènes prétendent qu'on ne peut traverser le lac de l'ouest à l'est. Cette assertion mériterait vérification, et il nous paraît que la chose doit être possible, au moins aux hautes eaux.

Le cinq septembre, le lac Dhéboe avait déjà quarante-cinq kilomètres dans sa plus grande largeur, mesurée suivant un axe orienté du sud-ouest au nord-est. Le courant ne dépassait par un quart de mille à l'heure ; la brise soufflait du sud et, quoique légère, agitait les eaux du lac et secouait les petits bâtiments. Arrivé près de la côte méridionale, non loin d'un petit promontoire boisé, là où la route s'infléchit au sud-ouest, je fis mouiller dans l'intention d'observer la latitude méridienne, 15° 12' 30" nord.

Nous nous remîmes précipitamment en route à la vue d'un arc de tornade qui se dessinait dans le sud-est. Bien qu'il soit très rare de voir éclater une tornade à l'heure de midi, je fus pris d'inquiétude, car les terres basses et uniformes étaient à peine visibles du pont de la canonnière, et il était impossible de reconnaître la sortie. Pendant que nous tâtonnions ainsi, le coup de vent montait rapidement et promettait d'être fort. Nous arrivâmes enfin à l'entrée du marigot de Diaka au moment même du premier souffle de la tempête, et quelques instants après elle éclatait avec une violence inouïe. Je fis larguer les remorques du chaland qui alla s'échouer au milieu des herbes; la canonnière, lancée à toute vitesse, ne put tenir contre le vent, et s'échoua par l'avant aussitôt après : mais avant que l'arrière eût touché, l'équipage avait sauté à l'eau pour protéger les hélices et le gouvernail.

Pendant plus d'une heure, des lames furieuses menacèrent de remplir la canonnière, et les mécaniciens réussissaient à grand peine à vider l'eau. Le vent faisait rage et couchait la canonnière, qui n'était soutenue que par les épaules des hommes; il fallut jeter à terre tout ce qu'il y avait sur le pont.

A l'endroit où nous était arrivé cet accident, près des ruines de Ouallado, le marigot de Diaka n'a que cent cinquante mètres de largeur, et par la fureur avec laquelle la tornade y sévissait, on peut juger de ce que pouvait être le lac, que nous apercevions, au delà de la barrière d'herbes, complètement blanc d'écume. Quelques minutes de retard, et la canonnière, sans défense contre les vagues, balayée comme un fétu par le vent, aurait sombré dans le lac. Comme le lac de Genève, le lac Dhéboe a ses fureurs bien connues des pirogues de Tombouktou, dont un certain nombre y périt chaque année, bien que leurs dimensions soient aussi grandes que celles du *Niger*.

Et si la canonnière put être sauvée, même dans le marigot, ce n'est que grâce au dévouement de l'équipage qui, par le vent, la pluie et les lames, resta dans l'eau pour l'empêcher de s'incliner. Une fois échouée et couchée, nous n'aurions pu la relever.

Le lendemain matin nous nous engageâmes par erreur dans une sorte de poche que forme le fleuve sur la rive gauche, et nous dûmes retourner sur notre chemin. Il pourra peut-être paraître surprenant au lecteur que nous ne nous soyons que très rarement trompés de route sur un parcours presque inconnu de deux mille kilomètres. La raison en est que nous prîmes toujours soin de nous éclairer par de nombreux renseignements. Un village devant lequel on savait devoir passer, le signalement des rives recueilli à l'avance, enfin les quelques connaissances du fleuve qu'avaient Oumarou et Abd el Kader nous tiraient généralement d'embarras dans les endroits critiques. D'ailleurs le cours principal du Niger est presque partout nettement dessiné, et ne peut être que difficilement confondu avec les marigots adjacents.

Quand on a dépassé, sur la rive droite, le marigot de Kakagnan, le fleuve de Diaka se rétrécit jusqu'à n'avoir pas plus de quinze mètres de largeur en certains endroits et décrit des courbes capricieuses qui rendent la navigation très difficile. A chaque instant les petits bâtiments allaient à la berge. A perte de vue on n'aperçoit qu'une plaine d'herbes souvent inondées, tellement régulière qu'on pourrait presque y prendre une hauteur comme à l'horizon de la mer. Çà et là émergent des monticules couverts de quelques arbres où l'on découvre des ruines de villages complètement abandonnés.

Nous marchâmes péniblement toute la journée du six septembre sans presque faire de chemin, à cause des nombreuses sinuosités que M. Lefort et moi nous relevions avec beaucoup de peine. Parfois nous étions les jouets de l'horizon sans limite et, après avoir multiplié les relèvements pour déterminer la position d'un point remarquable, il arrivait que, quelques heures après, nous passions à côté. Le six au soir nous étions mouillés près de Sarébéré, où le courant atteint deux milles et où le fond est rocheux.

Sept septembre. — Depuis que nous sommes entrés dans le marigot de Diaka, nous éprouvons toutes sortes de difficultés de navigation. Les échouages aux tournants, le courant, le vent, retardent notre marche. A Sarébéré, nous n'avons pas trouvé de bois et nous n'avons plus que douze heures de combustible à une vitesse ridicule de deux kilomètres cinq cents à l'heure. Si nous ne rencontrons pas de bois, comment ferons-nous pour sortir de ce marigot ? Le courant est trop violent pour être remonté, le vent est contraire, les berges sont trop inondées pour haler à la cordelle. Faudrait-il déjà sacrifier le chaland et augmenter l'encombrement déjà si pénible à bord de la canonnière ? La provision de vin et d'eau-de-vie est épuisée et nous n'avons plus ni sel ni tabac, depuis quelques jours.

Le soir nous mouillons près des ruines de Gandé Tama, devant un rideau de gommiers. Une tornade se lève de l'est, les ancres chassant sur un fond de rochers et, pendant une partie de la nuit, les petits bâtiments ne cessent de s'aborder, pendant que la pluie tombe à torrents et mouille tout à bord. Après la pluie, des nuées de moustiques font invasion et ne permettent pas de goûter un seul instant de repos.

Huit septembre. — Nous nous remettons en route sans avoir pu trouver de bois sec. Un hippopotame, furieux d'être dérangé, grognant de colère, nous donne la chasse pendant quelque temps. Craignant de le voir heurter les hélices, je lui fais envoyer quelques balles ; il plonge et ne reparait plus. Le marigot devient de plus en plus sinueux, décrivant des méandres plus compliqués que des arabesques. Les rives sont bordées de broussailles rougeâtres sur lesquelles de nombreux oiseaux ont fait leurs nids. Toujours le même horizon d'herbes inondées, avec quelques ruines, monotone, triste, sans vie.

Neuf septembre. — Toute la nuit j'ai été dévoré par les moustiques, bien qu'habillé, malgré des guêtres, des gants et un drap autour de la figure. Le matin, nous appareillons pour nous approcher de Togoro-Coumbé, où toutes les solives des cases ont été déjà enlevées. Quand je dis aux mécaniciens de préparer les chaudières pour chauffer au charbon, ils répondent que les barreaux de grille sont déjà très minces, à moitié brûlés et en nombre insuffisant, que c'est risquer de les perdre totalement et de ne plus pouvoir même chauffer au bois. J'envoie Adam Dyr avec le canot explorer un bouquet d'arbres à quelque distance ; il revient en disant qu'il y a trouvé quelque bois sec, et que plus loin il y a un bouquet de gommiers inondés. On coupe tous les accessoires du chaland et aussi des broussailles le long des rives, avec lesquels nous réussissons à marcher une heure et à gagner un mouillage où nous trouvons un peu de bois mort.

Dix septembre. — Ni vêtements, ni couvertures, ni moustiquaires ne peuvent protéger contre les piqûres des moustiques qui nous rendent furieux. C'est presque avec terreur que nous voyons arriver la nuit. Au matin, nous marchons une demi-heure, au bout de laquelle nous rencontrons des gommiers inondés. Toute la journée l'équipage manie la hache dans les marais, au soleil, et, quand vient le soir, nous avons cinq canots de combustible. Le matin, j'ai rencontré un petit monticule où, après avoir fait couper les herbes, j'ai observé la longitude 6° 47' ouest.

Le onze septembre. — Au matin, nous passons devant un bras du marigot de Kakagnan, qui se jette presque en face de Kamakha Sébé. Le village ruiné de Kakagnan est situé à un jour de marche à pied dans l'est ; son ancien chef, Chérou Seïdou, se fit tuer plutôt que de suivre Tidiani. Sa fille devint la femme de Tidiani.

Kamakha Sébé, aujourd'hui ruiné, dépendait autrefois d'Ourandia, canton aussi libre que celui du Fermagha, avant qu'Ahmadou Mahmadou l'eût soumis. Entre Kamakha et Nyasso, nous fûmes croisés par sept pirogues chargées de poisson séché qui venaient de Mopti par le marigot de Ouaniaka. Les gens qui les montaient nous avaient vus avant notre départ de Mopti, et racontèrent qu'ils avaient été un moment fort anxieux, craignant une attaque de notre part. D'après ces pêcheurs, les pirogues prendraient, pendant la saison sèche, le marigot de Kakagnan où il y a plus d'eau que dans celui de Diaka. Le pilote Oumarou confirma cette assertion et dit que, quinze ans auparavant, il était allé de Kakagnan au lac Dhéboe sans rencontrer d'habitants, Tidiani ayant ruiné, en trois jours, les trois cents villages qui se trouvaient dans le Bourgou.

A partir de Kamakha Débéré, le marigot de Diaka atteint parfois deux cents mètres de largeur et devient moins sinueux ; mais le courant augmente, ce qui donne à penser, en effet, que le marigot de Kakagnan emprunte une bonne partie de la crue. Un peu avant d'arriver à Nyasso, le courant est même tellement rapide que la canonnière restait à peu près sur place. Nous fûmes cruellement déçus dans l'espoir que nous avions conçu de trouver du bois à Nyasso, nous dûmes continuer notre route et, après une journée des plus pénibles, mouiller au hasard devant un bouquet de bois qui semblait promettre quelques bûches.

Douze septembre. — Les moustiques ont bien diminué et la nuit a été plus supportable. Néanmoins, il n'est que temps, pour la santé de tous, de sortir de ce marigot qui paraît interminable. La fatigue et l'ennui se réunissent pour accroître l'état maladif de l'équipage ; de tous, le docteur semble en ce moment le plus indisposé. Pour ma part, je sens que l'anémie physique réagit sur le moral et que la tête faiblit, quoique je m'en défende.

Le bouquet d'arbres ne contenait pas de bois mort ; j'ai envoyé le sharpee jusqu'aux ruines de Diouki Maoudo où il a heureusement trouvé du combustible. Je suis allé y observer la longitude qui est de 6°53' ouest. Ce village, autrefois considérable, abandonné depuis quelques années seulement, a été envahi par une forêt vierge qui prouve bien la puissance de végétation du sol, lorsque rien ne vient l'entraver. Depuis que les berges ne sont plus soutenues par des piquets, le fleuve gagne sur le petit monticule où était construit Diouki Maoudo qui ne tardera pas à être recouvert par les eaux. Depuis le départ de l'homme la nature inconsciente poursuit son œuvre de destruction et de vie.

Treize septembre. — Entre Diouki et le village de Gandé-Korbo, près duquel nous mouillons le soir, il y a, tous les kilomètres, des ruines de villages ombragés par des palmiers et de magnifiques fromagers, malheureusement trop verts pour être brûlés. Au mouillage nous sommes assaillis par une tornade qui, commençant au sud, se termine au nord, dans la direction du fleuve et soulève de grosses lames. Le chaland, presque vide, depuis qu'il n'y a plus de bois ni de vivres, chasse sur son ancre et roule bord sur bord. Vers minuit, la tornade se calme, et comme les moustiques ont disparu, nous pouvons, pour la première fois depuis quelques jours, goûter un peu de repos.

Pour continuer notre route le lendemain matin, nous dûmes brûler les planchers des soutes, les cloisons du chaland, toutes les caisses de conserves en les mélangeant aux quelques briquettes de charbon qui restaient. Au mouillage de la veille, nous apercevions Gandé Korbo à sept cents mètres ; mais le fleuve décrit en cet endroit une courbe tellement capricieuse que nous dûmes faire huit kilomètres avant d'arriver à ce village, dont les ruines sont situées sur une colline de sable de dix mètres de hauteur, au sommet de laquelle se promenait une autruche toute blanche. Un peu plus loin, près de Tnien, on voit les débris d'un marigot artificiel, à écluse, creusé par les captifs des Pouhls, pour attraper du poisson.

Nous arrivâmes à Peñhé, vers dix heures du matin, au moment où la pression allait tomber, faute de combustible. Je fus saisi d'admiration en voyant les ruines qui s'étagent au bord du fleuve, sur une longueur d'un kilomètre, et qui disparaissent sous une végétation luxuriante. Peñhé était autrefois le port de commerce de Tenenkou auquel il est joint par un marigot. Mais je suis bien persuadé que ce village ne devait pas avoir, au temps de sa splendeur, un aspect aussi pittoresque que depuis qu'il est abandonné, et que la nature s'est chargée de le parer. A l'extrémité nord, on remarque des cases juchées sur une hauteur, entourées d'un mur élevé dont l'ensemble figure un castel féodal.

Peñhé a été déserté après l'attaque de Iowarou en 1878. A cette époque il y avait peut-être cent mille indigènes résidant sur les bords du marigot de Diaka, dont cinq mille au moins à Peñhé, alors habité par des commerçants de Tombouktou et des marchands saracolets qui y faisaient, comme à Iowarou de bonnes affaires. On trouve encore aujourd'hui, dans les ruines, des maisons à deux étages, avec fenêtres en bois, délicatement ouvrées, à la mode arabe; telles les maisons de Baba Si et de Bakar el Djeberi, le père d'El Hadj, qui sont bien conservées.

Lorsque El Hadj était à Peñhé, il paraît que ses affaires n'allaient déjà pas très bien, car, pendant notre séjour à

Bandiagara, Gouro, l'ancien chef pouhl de Silembéa, vint réclamer à Tidiani, au sujet d'une dette de riz de trois cents mille cauris qu'El Hadj avait contractée et n'avait pas payée. Tidiani répondit à Gouro qu'Abd el Kader faisait partie de ma suite et qu'il fallait le laisser tranquille. Je n'appris ce fait qu'après le départ de Bandiagara et, sans cela, je me serais cru obligé de payer la dette d'El Hadj.

C'est dans la cour de la maison de son père que M. Lefort et moi nous allâmes observer la position de Peñhé.

Latitude 14° 24' nord.

Longitude 7° 01' ouest.

Une inscription a été gravée sur l'un des murs.

Peñhé était autrefois en relation de commerce avec Sokolo, Kala ou Souala, situé dans l'ouest, à six ou sept jours de marche à pied. Sur le chemin qui passe par Tenenkou, l'eau est rare et on ne rencontre plus que des villages en ruine, tel celui de Ya Salam, dont les habitants, fuyant devant Tidiani, se réfugièrent à Si, dans le Sarrau. Les seuls campements que l'on trouve sont ceux de la tribu pouhle Bouaro qui a pour chef Al Hadi Bougouni. Les Ouarbés sont nomades dans le pays des Kouroumars, et entretiennent de bonnes relations avec Tidiani. Il paraîtrait aussi qu'il existe encore un village habité par des Bambaras, celui de Dioura, situé un peu au nord de Tenenkou, dont le chef va chaque année porter un tribut à Tidiani.

Nous nous remîmes en route le quinze à midi, n'ayant pu trouver dans les cases que des solives de rônier, dont le bois, quand il est sec, brûle comme de la paille, sans produire de pression. Nous nous traînions péniblement contre le courant, culant parfois dans les remous, quand nous eûmes la bonne fortune de rencontrer des pirogues montées par des gens de Dia, qui vinrent de suite accoster la canonnière pour nous vendre un morceau de tango, sorte de biche, fraîchement tué, et du poisson. Dans l'une des pirogues je remarquai de grands harpons avec lesquels les indigènes tuent les hippopotames.

Les pirogues s'éloignèrent pour revenir bientôt nous rapporter du bois sec au milieu duquel se trouvait un serpent que nous tuâmes à la hâte. C'était la première fois qu'un pareil fait se produisait ; mais souvent des scorpions ou autres bêtes venimeuses venues avec le bois occasionnèrent des piqûres suivies d'enflures durant quelques jours.

Nous mouillâmes à la nuit et, pour la première fois depuis longtemps, nous fîmes un succulent repas dont était sévèrement proscrit l'endaubage habituel.

Le lendemain matin de bonne heure une pirogue vint apporter une barre de sel de vingt-six kilos que nous achetâmes vingt-cinq francs avec d'autant plus de plaisir que depuis quelque temps nous ressentions vivement la privation de ce condiment. Les indigènes nous vendirent du tabac du pays dont les feuilles vertes sont exécrables ; mais avec celles qui sont bien séchées on peut rouler des cigares ou hacher du tabac à cigarettes qui nous parut, à ce moment-là, meilleur que le plus fin produit de la régie de France.

Peu de temps après arrivait un envoyé spécial de l'Almamy de Dia, Mahmadou, qui nous adressait mille compliments, nous faisait cadeau d'un mouton, de poules et de sucre, le tout d'une blancheur éclatante, pour nous prouver son amitié sincère. Il demandait pour ses yeux un remède que le docteur joignit aux cadeaux que j'envoyai.

Dia, le Diaka des cartes, est un village entouré d'un tata. Lorsque Tidiani, appelé par les Pouhls, arriva sur le marigot, il n'emmena pas les habitants, soit à cause de l'antiquité du village, soit à cause du courage des habitants et de la vénération dont était entouré l'Almamy. Ce qu'il y a de certain, c'est que Tidiani donna à Mahmadou tout pouvoir sur le marigot de Diaka, et que l'Almamy a justifié la confiance de Tidiani. C'est ainsi qu'il a servi d'intermédiaire entre le Sarrau et le Macina pour ouvrir le passage du Sarrau aux marchands de Tidiani. C'était affaire conclue, quand des gens du Macina arrêtèrent, pour les vendre, un marchand de Boroba, le chef de Monimpé, et deux dioulas du Sarrau. Le chef de ce dernier pays, Touman, protesta près de l'Almamy, lui disant qu'il s'était porté garant de la tranquillité des relations, qu'il allait d'abord l'attaquer, et ensuite les gens du Macina. Tidiani, averti par l'Almamy, fit rendre immédiatement les dioulas du Sarrau ; mais celui de Boroba, déjà vendu, ne revint que plus tard.

Quoique l'Almamy de Dia ait rendu des services à Tidiani, je ne l'en crois pas moins acquis à la France, dans les bras de laquelle il ne demande qu'à se jeter, de même que la population de Bozos, qui lui obéit. Ceux-ci, qui nous sont très sympathiques, ne demanderaient qu'à commercer librement et en toute sécurité sous notre protection.

Nous fîmes route, toute la journée du seize septembre, les pirogues faisant la navette et nous accostant en marche pour nous donner du bois. Entre Dia et Diafarabé, le fleuve a une largeur moyenne de trois cents mètres ; le courant atteint trois milles, les rives sont boisées, et çà et là, on aperçoit des cultures et des cases. Après dix heures de navigation, pendant lesquelles nous ne fîmes que quinze kilomètres, nous arrivâmes près de Diafarabé, prenant soin, cette fois, de mouiller à l'abri de la tornade, qui éclata au commencement de la nuit, avec une grande violence. Malgré la joie que j'éprouvais d'être arrivé en cet endroit, je dus encore payer tribut à la fièvre.

CHAPITRE XVIII

Arrivée à Mérou. — Excellent accueil. — Traité avec Boroba signé à Kokry. — Le Sarrau. — Commerce de Sansandig. — Les Toucouleurs nous refusent du bois. — Démolition du chaland. — Bambaras et Toucouleurs. — Arrivée à Manambougou.

Le dix sept septembre au matin nous quittions Diafarabé. Devant le campement de Somonos venus de Kokry établi à la pointe de la rive gauche, une pirogue se détacha pour nous apporter deux poulets de la part du chef, auquel je fis remettre une couverture en cadeau. Nous étions désormais en pays ami, et, mieux encore, dans des eaux que je considère comme françaises.

M. Lefort et moi nous éprouvâmes une vive satisfaction à laisser enfin de côté les cahiers d'observations hydrographiques. Depuis deux mois et demi, nous avions relevé environ deux mille kilomètres de carte, nous tenant debout, au soleil, tout le temps de la marche. Cette besogne était surtout fatigante pour les yeux, éblouis par les rayons du soleil, brûlés par la réverbération des eaux et du sol, si bien que, quand nous arrivions au mouillage, la fièvre nous était entrée par les yeux. Le souci, s'ajoutant à tant d'autres, de remettre, avant de reposer, la carte au net, avait fini par nous devenir insupportable. Comme des écoliers à l'approche des vacances, nous mîmes de côté nos cahiers, nous contentant de prendre quelques notes pour constater les changements apportés par la crue à l'aspect du fleuve.

Devant Sokholéma, le Niger avait doublé de largeur depuis le mois de juillet et le courant avait augmenté jusqu'à trois milles. Notre vitesse devenait ridicule en même temps que la consommation du bois augmentait; dans l'après-midi il fallut mouiller, pour renouveler la provision, non loin des ruines de Soumouni, sur la frontière orientale des Etats de Boroba, chef de Monimpé. En cet endroit se trouve un marigot qui, d'un côté va à Dia, et de l'autre à Kamindara : cette dernière branche s'appelle Bokolo, du nom d'une sorte de lac ou réservoir de poissons.

Le dix-huit, nous dépassions le campement de pêcheurs de Kamara Daga, où traversent les gens qui se rendent à Saï. Un peu plus loin, le courant devint tellement violent que les bâtiments se mirent à culer franchement et qu'il fallut déhaler le chaland le long de la rive, au moyen d'un faux bras. Je songeai dès lors à brûler le chaland, car la machine menaçait de manquer, et le personnel, malade, épuisé, était rendu. A la vitesse ridicule de un kilomètre cinq cents à l'heure, je calculai qu'il nous faudrait environ un mois avant de rentrer à Manambougou, et avant cette époque, il était à craindre que le matériel et le personnel ne cédassent.

Le dix-neuf septembre au soir, la canonnière mouilla sur la rive droite, en face de Mérou, à l'abri de la tornade. L'ancre n'était pas plus tôt jetée, qu'une nuée de pirogues se dirigea vers nous, les unes montées par des pêcheurs, les autres par des femmes ou même des enfants, poussant des cris de joie, interpellant les laptots, dans un tumulte assourdissant. Les pirogues se heurtaient, se poussaient, à qui accosteraient les premiers le bord. Bientôt le chef lui-même, nommé Mansa, monta sur le *Niger*, le visage joyeux, pour exprimer avec emphase son contentement de nous voir de retour. Les histoires les plus fantastiques avaient couru sur notre compte, et l'on ne croyait plus que nous reviendrions. Les uns disaient que nous avions été assassinés à Bandiagara, les autres que des pirogues nous avaient attaqués, que nous avions été pillés et même tués. Mansa pouvait à peine croire que nous fussions allés jusqu'à Tombouktou et que nous eussions échappé à Tidiani et aux Touaregs.

Depuis longtemps le chef de Monimpé, Boroba, dont dépend Mérou, avait donné l'ordre de préparer du bois à notre intention et avait recommandé de le prévenir de notre arrivée pour aller nous rejoindre de suite à Kokry. Le chef du Sarrau avait les mêmes intentions amicales.

Pendant cet entretien, les bâtiments avaient été envahis par les indigènes, pour vendre des vivres frais. Depuis Mopti, nous n'avions rencontré que des villages hostiles ou bien nous étions entrés en relations avec des populations graves et réservées. A Mérou, le changement était frappant. Tous avaient la joie sur la figure, les femmes circulaient sans crainte, riant de bon cœur, et les enfants eux-mêmes ne pleuraient pas en voyant nos visages pâles. La lune éclaira une nuit fraîche, humide. Le tam-tam commença à résonner, avec accompagnement de chants que, malgré leur peu d'harmonie, j'écoutai avec le plus grand plaisir; depuis longtemps je n'avais entendu de musique, qui est sévèrement proscrite dans les Etats du Macina.

Le lendemain matin, nous allâmes mouiller tout près de Mérou pour y embarquer du bois. Les pirogues vinrent de nouveau nous accoster avec un vacarme indescriptible qu'en temps ordinaire j'eusse trouvé insupportable. Dans la mêlée, une pirogue montée par des femmes coula à pic, sans que ce bain forcé pût refroidir leur enthousiasme. Il n'y eut d'autre perte que celle de quelques provisions, et les indigènes ne s'occupèrent pas autrement de la pirogue, sûrs qu'ils étaient de la retrouver à la saison sèche. Les gens qui nous apportèrent du bois ne voulurent accepter aucun payement, sous prétexte qu'ils ne faisaient qu'exécuter les ordres de Boroba.

Depuis notre dernier passage, l'eau avait monté de quatre à cinq mètres, baignant presque le pied du tata de Mérou, village de cent vingt mètres carrés, habité par cinq cents personnes, pouvant réunir quatre-vingts fusils. Tidiani l'a attaqué jadis par trois fois : la première, il surprit le campement des pêcheurs ; mais les deux autres, il fut repoussé. On cultive surtout, à Mérou, le riz et le maïs. Dans l'intérieur, vers Maio, là où le terrain est moins inondé, on trouve des champs de manioc, dont les racines sont excellentes, soit qu'on les fasse cuire à l'eau, soit qu'on les fasse frire, coupées en tranches, comme les pommes de terre. Nous en fîmes une bonne provision pour remplacer le biscuit qui nous manquait.

Le village de Mérou, sans être commerçant, est un lieu de passage très fréquenté par les Dioulas, qui viennent du nord, se dirigeant vers le sud, ou *vice versa*, et n'y payent d'autres coutumes que le cadeau d'hospitalité et le prix de transport en pirogue.

De Mérou, nous nous rendîmes à Ké ; là, une pirogue vint de suite à notre rencontre, montée par le captif de confiance du chef, nommé Al Hañi. Cet homme avait autrefois appartenu à un riche Somono, mort depuis, qui commerçait avec Tombouktou ; vêtu d'un boubou bleu de ciel, très propre, la barbe coupée en fer à cheval, Al Hañi frappait par une correction et une distinction peu ordinaires chez un captif. Certes, entre Kalisounou, le jeune chef de Ké, et Al Hañi, la comparaison était tout à l'avantage de ce dernier.

Ké compte mille habitants, est entouré d'un tata presque au bord de l'eau en septembre : comme Mérou, c'est un lieu de passage pour les dioulas et particulièrement pour ceux qui viennent de Souala. Pendant la saison sèche, la population de Ké s'augmente beaucoup de gens venant de Saï, de telle sorte que le village peut mettre en ligne cent soixante fusils au lieu de quatre-vingts, comme en hivernage.

J'embarquai en cet endroit une petite provision de bois que le chef envoya en disant qu'elle était préparée depuis longtemps à notre intention ; que, ne nous voyant pas revenir, et les bruits les plus sinistres ayant couru sur notre sort, on ne comptait plus nous revoir. Il me priait de ne pas me plaindre à Boroba de la faible quantité de bois que j'avais reçue, plainte qui lui vaudrait une amende. Cette supplique me confirma dans l'opinion que je m'étais déjà faite que Boroba était très respecté dans ses Etats.

Une tornade menaçait, et nous nous hâtâmes de gagner le marigot de Ouolo, où nous étions certains de trouver un abri. Toute la nuit, l'horizon entier fut sillonné d'éclairs et l'air était tellement électrisé que, malgré la fatigue, les nerfs, tendus, surexcités, se refusaient à tout repos. Au jour, nous quittions le marigot de Ouolo, dont les deux extrémités sont à sec lors de la baisse des eaux, la partie du milieu formant une sorte de réservoir toujours rempli de poissons.

Nous étions attendus à Kokry, où les griots se mirent à chanter nos louanges dès que nous eûmes annoncé notre intention de mouiller. Le vieux chef Boubakar s'empressa de venir saluer et d'apporter des poulets. Les pillards que nous avions rencontrés près de Iowarou avaient répandu le bruit que nous avions construit un fort sur la colline de Tougoumarou.

Quoique petit, le village de Kokry est assez peuplé, surtout en saison sèche, où il peut mettre en ligne deux cent trente fusils, y compris les dioulas qui viennent de Sansandig ou qui vont à San. Pendant l'hivernage, il ne réunirait que cent cinquante hommes armés. L'eau gagne chaque année sur le tertre où est construit Kokry, l'attaque de toutes parts et le fait effondrer, malgré de forts piquets plantés tout autour. Le fleuve, qui avait dû monter de cinq mètres environ depuis le mois de juillet, était déjà en baisse de cinquante centimètres. Kokry possède une mosquée qui n'est guère fréquentée que par les vieillards, les jeunes gens restant incrédules.

Au matin du vingt-deux septembre, le vent se leva tellement violent du sud-est, que le chaland fut jeté à la côte où il resta jusqu'à ce que le calme revint. Il était midi quand je vis arriver Tiéma Kouloubali, frère de Boroba. Il exprima les regrets de ce dernier de n'avoir pu venir à cause de son âge, de la difficulté du terrain encore inondé, ce qui forçait à voyager, tantôt à pied ou à cheval, tantôt en pirogues. Cela me rappela le voyage de retour de Bandiagara. D'ailleurs et à cause même de l'âge de son frère, Tiéma est très influent et commande en réalité; il était accompagné de son frère cadet Bina Kouloubali et de son neveu Boroba Karantighi, fils d'un frère aîné de Boroba, aujourd'hui mort. Après l'échange des longues salutations habituelles, Tiéma m'offrit sept moutons et j'abordai franchement la question du traité de protectorat. Je n'eus aucune peine à décider les envoyés qui répondirent : « Nous ne pouvions croire que tu serais « revenu de ton voyage ; puisque tu as pu échapper à Tidiani « et aux Touaregs, c'est que les Français sont plus forts que « tous et nous nous mettons sous leur protection, acceptant « tout ce qu'il leur plaira, ne désirant rien autre chose que « de ne pas être abandonnés par eux. »

Je fis écrire de suite, en français et en arabe, le traité suivant :

Au nom de la République française, entre nous J. Galliéni, lieutenant-colonel d'infanterie de marine, représenté par M. Caron, lieutenant de vaisseau, commandant la canonnière *le Niger*, d'une part, et Boroba Kouloubali, chef de Monimfébougou, représenté par son frère Tiéma Kouloubali, d'autre part,

Il a été convenu ce qui suit :

ARTICLE PREMIER.

Il y a paix et amitié entre le commandant supérieur du Soudan français, agissant au nom du gouvernement de la

République française, et Boroba Kouloubali, chef de Monimfébougou, qui déclarent vouloir établir entre leurs pays respectifs les relations nécessaires pour le développement du commerce dans le Soudan et pour la richesse et la prospérité de leurs Etats.

ARTICLE II.

Boroba Kouloubali, chef de Monimfébougou, pour bien marquer son désir d'entretenir avec les Français les relations prévues par l'article premier, déclare placer ses Etats sous le protectorat de la France et les mettre ainsi à l'abri de toutes les compétitions étrangères.

Fait à Kokrimadougou, le vingt-deux septembre 1887.

La signature eut lieu le soir même en présence de MM. le Docteur Jouenne et Lefort ; les deux frères de Boroba, ainsi que leur neveu, signèrent pour le chef de Monimpé, chacun pour son propre compte, en cas de mort de l'un ou de plusieurs d'entre eux. Je remarquai à cette occasion que les Bambaras ne prononcent pas le mot « mort », par une sorte de crainte superstitieuse et disent malheur.

Aussitôt ce traité signé qui, joint à celui déjà passé en 1885 avec Karamokho Diara donnait à la France la possession de toute la rive gauche du Niger jusqu'à Diafarabé, environ quatre cents kilomètres en ligne droite, je remis à Tiéma un sabre doré destiné à Boroba, en signe d'investiture.

Pendant tout le voyage et bien que j'en eusse eu l'occasion, notamment à Koriumé. je m'étais bien gardé de tirer un coup de fusil ; mais à Kokry, il me parut qu'il n'y avait aucun inconvénient et au contraire avantage à montrer la force de nos armes à nos nouveaux alliés. J'ordonnai un branle-bas de combat à feu pendant lequel le hotchkiss et les fusils à répétition tirèrent à toute volée à la grande satisfaction des indigènes qui s'émerveillaient de la portée de ces engins qu'on n'avait pas besoin de recharger. Je fis tirer aux envoyés quelques coups de revolvers, et ils déclarèrent qu'ils comprenaient maintenant pourquoi nous avions traversé si heureusement le pays. Tant de force sur un petit bâtiment les confondait. Je ne doutai pas dès lors que notre simulacre de combat, raconté et grossi par mille bouches, ne produisît l'effet cherché, de montrer aux populations que les Français ont des armes pour défendre leurs amis et confondre leurs ennemis; mais aussi qu'ils ne s'en servent qu'en cas de légitime défense.

La poudre avait sans doute donné soif aux parents de Boroba, qui me demandèrent de l'eau-de-vie dont notre provision était depuis longtemps épuisée ; toutefois une bouteille d'absinthe restait en réserve qu'ils burent sans eau et sans faire la grimace.

Au soir, on brûla quelques feux Coston ou de Bengale, qui, bien qu'effacés par la lumière de la lune, n'en produisirent pas moins leur effet (1); car le dernier artifice n'était pas encore éteint qu'une pirogue vint accoster le bord pour demander à Sory de se rendre auprès de Tiéma. Celui-ci fit nos louanges dans le style le plus hyperbolique, répétant que nous étions des rois, que nous disposions de toute chose et demandant ce qui pouvait nous mécontenter afin de ne

---

(1) La lumière électrique serait, je crois, un puissant moyen de frapper l'imagination des noirs.

pas le faire. Tiéma me faisait prier d'attendre jusqu'au lendemain les envoyés du Sarrau qui auraient déjà dû être arrivés et qui seraient désolés de ne pas nous rencontrer.

Je le lui promis d'autant plus volontiers que j'avais à compléter les renseignements sur les Etats de Boroba. Celui-ci, de la race royale des Kouloubali, autrefois sujet de Torocoro Maro, l'avant-dernier roi bambara de Ségou, profita de l'arrivée d'El Hadj Omar à Ségou pour se rendre indépendant dans ses Etats où il est craint et respecté. Le territoire qu'il possède, confiné dans l'est par Dia, à l'ouest par les possessions de Karamokho, s'étendant dans le nord un peu au delà de Monimfé, borné au sud par le fleuve, n'a pas plus de neuf cents kilomètres carrés, est relativement peuplé par vingt mille personnes environ, habitant quarante principaux villages entourés de tatas. La pêche, pratiquée par les Bozos qui peuplent les villages du fleuve, est la seule industrie du pays, et le commerce n'y existe qu'à l'état de transit par suite du passage des dioulas, à qui la situation politique de ce bassin du Niger a fermé les routes de l'est et de l'ouest. D'une part, le marigot de Diaka, autrefois grande route commerciale, est abandonné par suite des guerres de Tidiani ; de l'autre, la lutte des Bambaras entre eux et contre Ségou rend inpraticable les routes de l'ouest.

Les avantages pécuniaires que Boroba retire de cette situation n'ont pas laissé de lui susciter de nombreuses jalousies : c'est ainsi que Tidiani ne lui accorda la paix, par l'intermédiaire de l'Almamy de Dia, qu'après une lutte infructueuse de trois années. Aujourd'hui les gens de Boroba vont commercer librement dans le Macina.

Dans l'ouest, la situation est différente : Karamokho, qui se tient pour le représentant d'Ali, voudrait commander à Boroba, et l'ancien captif N'To désirerait également prendre le pas sur le descendant des Kouloubali.

N'To arrête les voyageurs de Boroba; il aurait même empêché par deux fois des envoyés de Monimfé d'aller porter des présents et des ouvertures de traité à Bammako. Aussi, Tiéma me demanda-t-il d'intervenir pour que la route lui fût ouverte vers nos possessions, ce que je lui promis.

Avant de quitter Kokry, je remis à Tiéma un certain nombre de cadeaux qu'il reçut avec le plus grand contentement, protestant qu'il était heureux de s'être mis sous notre protection, et qu'il voyait bien que nous ne lui voulions que du bien. J'écrivis aussi une lettre au chef du Sarrau pour lui faire connaître que j'avais attendu ses envoyés à Kokry, que j'étais tout disposé à traiter avec lui sur le pied du protectorat, de la paix et du commerce, et que je recevrais ceux qui auraient ses pouvoirs, soit en chemin, soit même à Bammako.

Le Sarrau qui faisait autrefois partie de l'empire bambara de Ségou tomba, après la chute d'Ali, entre les mains d'El Hadj Omar, puis entre celles d'Ahmadou et lorsque la puissance de ce dernier commença à s'affaiblir, devint indépendant. C'est un fait d'histoire assez curieux que la création par El Hadj Omar d'un vaste empire musulman ait abouti à un morcellement à l'infini des États bambaras, autrefois réunis sous une seule domination. J'y vois un nouvel exemple de l'instabilité des conquêtes reposant uniquement sur la force et le génie d'un chef noir. El Hadj meurt dans le Macina, la révolte éclate partout, sans qu'Ahmadou puisse la réprimer ; l'empire de Ségou se démembre et craque de toutes parts ; sur ses ruines s'élèvent de petits États indépendants, tels que le Sarrau.

Le chef de ce petit pays, nommé Sarrau Satouma ou Sarrau Touman, est un Saracolet, devenu Bambara, d'autant plus obéi qu'il a été élu par ses sujets, hommes libres, très courageux, presque tous princes, disent les indigènes ! Le Sarrau peut mettre en ligne dix mille guerriers, ce qui suppose une population de cinquante mille âmes au moins répartie sur un territoire de deux mille kilomètres carrés environ. Les limites sont à l'est le Diennéri, au sud le Bendougou et le Mayel Balevel dont le cours est excessivement sinueux entre Yamina et Ouoloni, à l'ouest le Kaminiadougou et au nord le Niger.

Sur la frontière du Diennéri, les villages de Koudam, Kosama et Pana payent un impôt à Satouma pour ne pas être razziés ; avec Karamokho, chef du Kaminiadougou, les relations sont tantôt bonnes et tantôt mauvaises, mais l'amitié est complète avec le Bendougou, comme avec Boroba.

Les principaux centres sont Sarrau, la capitale et ville de guerre, Barota, Si, grands villages de commerce comptant chacun trois mille habitants, dont les cases, construites en terre, sont entourées d'un tata au dehors duquel se dressent des cases en paille pour les Pouhls du Macina. A Barota comme à Si il se fait un grand commerce de mil, d'arachides, d'indigo et de karité appelé assez fréquemment Si. C'est à travers le Sarrau que passent les commerçants qui, venant du nord et ayant traversé les Etats de Boroba, continuent leur route vers San et le Bendougou.

En quittant Kokry nous allâmes mouiller devant Niaro où se réfugient, en hivernage, les habitants de Noy et où passent les dioulas qui vont à San, par Fatigné, à travers le Kaminiadougou. Un peu plus loin on rencontre Kayou, village de mille habitants, bâti sur un tertre, entouré d'un tata, avec des cases en dehors, pour les pêcheurs. Souma, le chef de la corporation des Somonos, Mahmadou Diara, chef des Bambaras, Maniouma, chef délégué par Karamokho pour commander les pêcheurs, vinrent à bord apporter des cadeaux, pendant qu'on embarquait du bois, acheté par petits lots, avec force cris et discussions.

A partir de Kayou la rive gauche du Niger est sillonnée de marigots, tels que ceux de Soliza, Barkadougou et Nakry, (ces deux derniers navigables), dont les débouqués s'appellent fiza et où l'on rencontre des villages habités par des bozos, sujets de Karamokho. Nakry compte cent cinquante habitants et a pour chef Tiérou.

Non loin de Nakry se dresse le grand village de Goumakoura où M. le capitaine Delanneau signa avec Karamokho, en 1885, un traité qui mettait ses États sous le protectorat de la France. Karamokho, descendant des anciens rois de Ségou, n'est maître absolu que du Kaminiadougou. Partout ailleurs ses possessions sont mélangées à celles des autres chefs bambaras. Saï par exemple, qui compte cinq mille habitants, le plus grand village bambara, sans contredit, est enclavé dans le Sarrau.

Le Kaminiadougou est compris entre le Niger et le Mayel Balevel, confiné à l'est avec le Sarrau, et touche à l'ouest au Ségou, vers Koghé sur le Niger. On dit que Karamokho peut mettre en ligne 25,000 combattants, pour la plupart, il est vrai, des captifs, se battant beaucoup moins bien que des hommes libres, comme le sont ceux du Sarrau.

Il était nuit complète quand nous jetâmes l'ancre, le vingt-cinq septembre, devant Sansandig. Dès le matin je descendis à terre pour aller voir le vieux chef Kami qui manifesta une joie d'autant plus grande de notre arrivée que le bruit avait couru que nous avions été assassinés par Tidiani. Kami me procura de suite, pour aller à Bammako, un courrier nommé Al Khassoum, avec lequel je fis le marché qu'il ne mettrait pas plus de huit jours à faire la route et qu'il serait payé en raison directe des jours qu'il aurait gagnés. Cinq jours après Al Khassoum était rendu à Bammako, ayant fait à pied cinquante kilomètres par jour. Devant Kami et les notables réunis, je fis l'éloge sincère du pilote Oumarou qui m'avait rendu les plus grands services au point de vue des renseignements et de la navigation du fleuve, excellent homme, toujours de bonne humeur quoi qu'il arrivât, n'épargnant pas sa peine et ayant complètement épousé la cause française.

Kami répondit que les habitants de Sansandig étaient avant tout des commerçants, ne désiraient rien tant que de voir toutes les routes libres, qu'à ce point de vue mon voyage avait dû mettre la paix partout. « Tu as travaillé pour « nous, et tout le village te demeure reconnaissant ; pour « moi, je te remercie d'avoir ramené tout le monde et Ou- « marou sain et sauf. Nous sommes entièrement à ta « disposition pour ce dont tu auras besoin. »

Je quittai le palabre en prévenant que j'achèterais quelques étoffes qu'on ne tarda pas à apporter. Tous les objets suivants, ainsi que ceux que j'ai pu me procurer pendant le voyage, ont été déposés au Musée permanent des colonies :

Une couverture bleue et blanche (13,000 cauris), 26 fr., valeur dans le pays.

Un pagne gros bleu frappé, très estimé (4,250 cauris), 8 fr. 50.

Un pagne de femmes ou dampé, nouveau modèle (7,500 cauris), 15 francs.

Une couverture blanche, rayée de noir (8,000 cauris), 15 fr. 50.

Un pagne de femmes en bandes non cousues (4,000 caur.), 8 francs.

Toutefois, je payai ces étoffes un peu plus cher que les prix susindiqués, car bien que cinq francs valussent deux mille cinq cents cauris à Sansandig, on ne nous en donnait que deux mille cauris.

Toutes ces étoffes, entièrement tissées en coton aborigène par des ouvriers du pays, se composent de bandes cousues et atteignent un bon marché qui serait difficile à obtenir en France, à cause de la main-d'œuvre. Les étoffes à dessins sont obtenues en tissant des fils de couleur différente ; quant aux pagnes gros bleu les plus estimés dans le pays, ils ne sont teints qu'une fois tissés. J'ai pu voir quelques essais maladroits de teinture par place en cousant les parties qui ne doivent pas recevoir la couleur, procédé des plus rudimentaires et des plus irréguliers.

Une veuve apporta un pagne tout en soie multicolore, qu'elle avait eu en héritage et qu'elle vendit, pressée d'argent, pour cent cinq francs. La soie de ce pagne, tissé comme les étoffes de coton, provenait de Tombouktou ; tel quel, il valait, pour les gens de Sansandig, autant qu'un captif, c'est-à-dire cent mille à cent vingt mille cauris. Le tisserand qui l'avait fait me dit que la soie n'arrivait plus de Tombouktou.

Le nommé Fadoua vint apporter un boubou de calicot, teint en bleu de ciel, brodé à jour en soie blanche, pour lequel il demandait deux cents francs. Je lui en offris cent cinquante francs, et il s'en alla offusqué. Ces broderies ont pour les indigènes une valeur d'autant plus grande, qu'il faut entretenir l'ouvrier pendant tout le temps que dure le travail, et que naturellement celui-ci ne se presse que le moins possible.

Sansandig est renommé pour ses teintures d'indigo, dont je réunis quelques échantillons. Pour faire un canari (vase de trois à quatre litres) de teinture, il faut quatre ou cinq pains d'indigo, dont chacun ne vaut pas plus de quatre-vingts cauris, soit en tout trois cent vingt à quatre cents cauris. On fixe la couleur avec la cendre d'un arbre particulier. Le karité était relativement bon marché à Sansandig, où douze kilos coûtaient dix francs, soit quatre-vingt-trois centimes le kilo, à peu près le prix auquel il devrait être rendu en France, pour être exploité industriellement.

PRIX DE QUELQUES OBJETS EUROPÉENS A SANSANDIG

Calicot, 500 cauris la coudée (0 m. 60).
Guinée, 400 cauris la coudée.
Tissu épais à dessins, 700 à 600 cauris la coudée.
Indienne, 600 cauris la coudée.
Surcoton de laine, 600 à 700 cauris la coudée.

Un mouchoir de 0 fr. 50, 1,500 cauris.

Flacon d'odeur (de 0 fr. 50 à 0 fr. 75 à Saint-Louis), 2,000 cauris.

Pierre à feu { qualité jaune, 140 cauris.
qualité noire, 200 cauris.

Couteau à une lame (0 fr. 50 à Saint-Louis), 800 cauris.

   id. (1 franc à Saint-Louis), 1,800 à 2,000 cauris.

Petits ciseaux { première qualité, 2,500 cauris.
deuxième qualité, 1,000 à 1,500 cauris.

Petit miroir, 800 à 1.000 cauris.

Miroir rond, 2,000 cauris.

Fusil double à pierre, 35,000 à 45,000 cauris.

Pistolet à pierre, 12,000 à 15,000 cauris.

Revolver, 25,000 à 30,000 cauris.

Chechia rouge, 3,000 cauris.

Deux aiguilles pour 100 cauris.

Une pelote de soie de Tombouktou, 1,000 à 2,000 cauris.

Tabatière en carton { Grande, 1,000 cauris.
Moyenne, 500 —
Petite, 400 —

Tabatière en bois, 1,200 à 1,500 cauris.

Tabatière en corne, 2,000 à 2,500 cauris.

Ambre { Petit grain, 12,000 cauris.
Gros grain, 100,000 à 120,000 cauris.

Corail (un grain de celui dont on fait usage comme cadeau), 1,000 cauris.

Ce dernier est trop petit : le corail long en gros grains vaudrait 4,000 à 4,500 cauris.

Un bracelet de corail en grains ronds, 20,000 à 25,000 c.

Un seul grain de très gros corail vaut 10,000 cauris.

Il m'a paru utile d'inscrire ici cette sorte de mercuriale qui comprend à peu près tous les besoins actuellement créés aux indigènes. Les prix m'ont été donnés par l'interprète Sory, qui avait eu soin d'apporter une pacotille dont il tira de beaux bénéfices.

Au mois de septembre, Sansandig est bien pourvu en ail, dattes, goumbous, giraumons, pistaches, arachides, maïs, fonio ou petit mil qui venait d'être récolté. De l'autre côté du marigot oriental, là où Ahmadou établit son campement quand il vint attaquer la ville, on voit de beaux champs de mil. Malgré sa déchéance, Sansandig peut encore réunir huit cents hommes armés de fusils, en comptant les captifs disséminés dans les lougans et les trois cents habitants environ qui voyagent.

Kami nous conseilla fort de nous méfier de Ségou dont les Toucouleurs, jaloux du succès de notre voyage, nous haïssaient au fond du cœur. Il savait d'autant mieux à quoi s'en tenir que, pendant l'hivernage, les gens de Ségou, presque réduits à la famine, étaient venus s'approvisionner de maïs et de fonio à Sansandig. A ce sujet Kami racontait un bon tour de Karamokho qui, apprenant que des marchands de Ségou allaient acheter du mil sur le Bafing, ordonna de leur faire un prix raisonnable, de telle sorte qu'une grande caravane ne tarda pas à revenir. Les cavaliers de Karamokho tombèrent sur le convoi et firent prisonnières 2500 personnes! Depuis, une armée bambara barrait la route de Bafing, de telle façon que le Ségou fût entouré de tous les côtés; ce qu'il y a de certain c'est que les gens qui se dirigent de San vers Ségou, par Ouoloni, sont obligés de marcher de nuit pour éviter les troupes de Karamokho.

Pendant notre séjour à Sansandig, Boa, un des fils de Kami qui, quoique âgé de vingt ans seulement, avait déjà beaucoup voyagé, me fournit les détails suivants sur le pays des Kalaris qui s'étend entre Sansandig et Souala. Le terrain en est sablonneux, l'eau ne se rencontre qu'en certains endroits habités par des Bambaras et des Pouhls, cultivateurs, éleveurs de troupeaux.

Rien ne rappelle plus la féodalité que le morcellement de ce pays que se sont partagé Karamokho, N' To et Memfa, on y rencontre même un village de captifs de Sansandig appelé Sériouala. Ce morcellement s'opéra vers 1880 quand Massa Touana, fils de Tiéfolo, frère ou plutôt cousin de Karamokho, fut tué par ses captifs de la couronne mécontents. Seul N' To refusa de participer au crime et s'en alla avec son armée sans vouloir reconnaître la supériorité de Karamokho. Le nouvel élu des captifs dépêcha contre N' To une armée commandée par Bolliédougou. Celui-ci fut battu et sa défaite entraîna la ruine de Sansandig par N' To. Peu de temps après Bolliédougou mourut et fut remplacé par son fils Manimfa ou Menfa, allié comme son père de Karamokho et habitant aujourd'hui à Pogho, à un jour de marche de Sansandig.

Avant de quitter ce village je distribuai de nombreux cadeaux tant au chef qu'à tous les braves gens qui nous avaient si bien accueillis. C'est avec regret que j'y laissai le pilote Oumarou qui, lui-même, malgré la joie d'être rentré, avec un capital, dans son pays, manifesta un chagrin réel de se séparer de nous. Il me demanda surtout de parler de lui en France et je m'acquitte ici avec le plus grand plaisir de ma promesse, le recommandant chaleureusement à mes successeurs. Une chose étonnait beaucoup Oumarou, c'est comment j'avais pu faire la campagne sans presque dormir, et il me questionna sur mon secret. Naturellement je n'en avais aucun et je n'essayai pas de lui faire comprendre que les responsabilités de tous genres qui m'incombaient me tenaient constamment en éveil ; c'eût été, même pour un noir intelligent et actif, un langage peu compréhensible.

Le vingt-six septembre au matin nous passions devant Somonodougouni dont les pirogues se dispersèrent à notre vue, craignant sans doute des représailles. Telle n'était pas mon intention ; non seulement à cause des instructions pacifiques que j'avais reçues, mais encore à cause de la nécessité de compléter la provision de combustible, je n'avais qu'un désir, entrer en relations avec les habitants du Ségou. Longeant la rive droite, je me présentai devant Dialakoro et Diamoribougou pour demander du bois, sans pouvoir obtenir aucune réponse ; les habitants souriaient ironiquement et semblaient ne pas entendre les paroles de paix des interprètes. Devant la mauvaise volonté évidente des Toucouleurs et l'impossibilité de songer à couper des arbres sur la rive gauche, il ne me restait plus, à moins d'employer la force, qu'à démolir le chaland.

Depuis Diafarabé le courant ne cessait d'augmenter et la remorque du *Manamgoubou* devenait de plus en plus pénible ; obligés de marcher du matin au soir, les mécaniciens étaient exténués ; enfin je redoutais que la machine ne vint à manquer. Plus tard, en approchant de Sama, où le courant devient encore plus violent, je reconnus que j'aurais été obligé, sous peine d'accidents, d'abandonner le chaland ; mais, en face de Diamoribougou, sous le coup du refus des

Toucouleurs de nous donner du bois, j'éprouvai contre l'empire de Ségou et contre son chef un vif mouvement de colère.

Pendant que l'on commençait à démolir le *Manambougou*, un griot vint à bord, nommé Mahmadou, fils de Delmamady, l'interprète d'Ahmadou. Ce griot avait passé un mois auparavant à Bammako, où l'on était inquiet à cause de la nouvelle qui avait couru que Tidiani nous avait fait prisonniers. Il me fit connaître que des envoyés d'Ahmadou avaient été conduits, sous notre protection, jusqu'à Koulikoro, que Madani, d'abord hostile aux Français, reconnaissait maintenant qu'il s'était trompé à leur égard et était animé des meilleures intentions. Je répondis à Mahmadou que Madani n'en donnait guère la preuve, que, malgré tout mon mécontentement, je n'avais pas de parti pris contre les Toucouleurs et que j'entrerais volontiers en relations avec Madani, s'il en manifestait le désir. Le griot partit pour Ségou et je ne le revis que plus tard, au moment de rentrer en France, pour se joindre à mon convoi et descendre à Saint-Louis. Il prétendit alors que, pour prix de sa visite à bord de la canonnière, il avait reçu trente coups de corde, mais a beau mentir qui s'appelle griot.

Les bordages supérieurs du chaland avaient été démolis, le personnel ainsi que les bagages avaient été transportés sur la canonnière, qui présentait alors un encombrement extraordinaire. Nous allions vivre désormais vingt et une personnes sur un bâtiment qui n'en loge pas neuf, et les loge horriblement mal. Dans ces conditions, je résolus de n'arrêter en route que le moins possible.

Le soir même, à la tombée de la nuit, nous jetions l'ancre à Siraninkoura, faubourg occidental de Ségou Sikoro, dans le voisinage de la terre; mais personne n'étant venu à bord, nous continuâmes notre route, le lendemain matin, longeant la rive droite, de manière à permettre à M. Lefort de prendre un croquis de Ségou.

Comme on peut le voir sur le dessin, cette ville est entourée, du côté du fleuve, d'un tata en forme de crémaillère, qui n'est réellement solide et élevé que dans la partie où se trouvent les deux grandes maisons dominantes d'El Hadj Omar et d'Ahmadou. C'est là, en admettant la résistance des habitants au feu de l'artillerie, que se concentrerait la défense. Un assaut pourrait alors devenir nécessaire et serait meurtrier, même pour des troupes européennes, à cause du dédale des rues étroites, de la répétition des enceintes et des terrasses étagées qui caractérisent la construction des palais des rois noirs. A notre passage, le fleuve s'étalait jusqu'au pied du tata, dont la base semblait détériorée en certains endroits.

C'est en face du faubourg oriental de Ségou Sikoro que l'on démolit ce qui restait du chaland, opération qui dura quatre heures environ. Personne n'étant venu à bord, je ne crus pas devoir faire d'avances à Madani, qui en aurait sans doute profité pour nous créer des retards et des ennuis, et dès que le *Manambougou* eut été entièrement détruit, je fis continuer la route. Le bois mouillé du chaland brûlait avec difficulté ; il fallait stopper et mouiller de temps en temps pour laisser monter la pression. Nous arrivâmes ainsi péniblement jusqu'au marigot de Kaladougou, village bambara, situé en face de Ségou Bougou, à quelque distance de la rive gauche, où je dépêchai de suite le pilote Demba et l'interprète Sory avec un laptot.

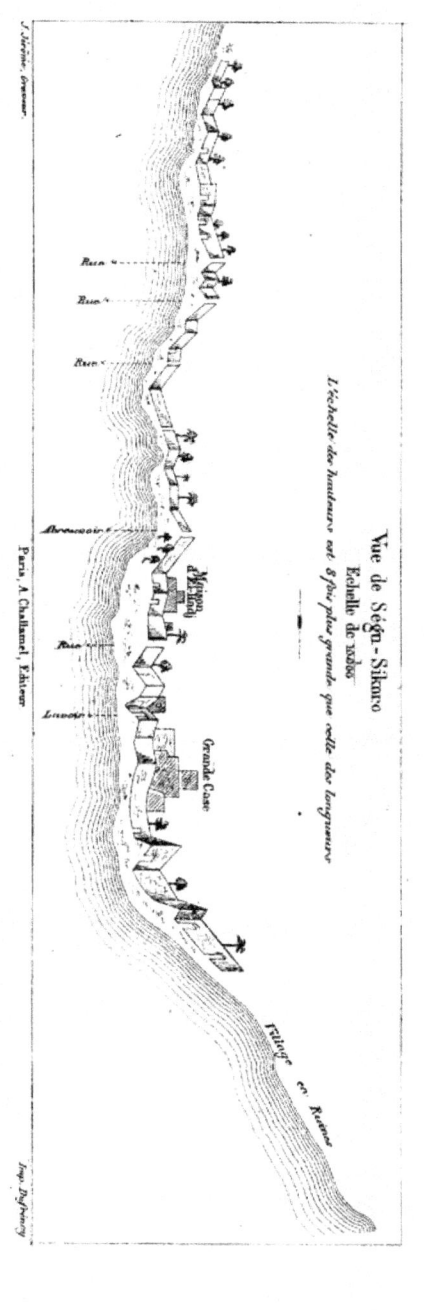

Vers huit heures Sory revint, annonçant qu'il avait reçu le meilleur accueil et que des pirogues chargées de bois le suivaient de près. Le chef de Kaladougou s'appelait Bina ou Mari ; le village avait un tata bastionné, comptait huit cents personnes, et tous les jeunes gens, armés de fusils, faisaient bonne garde contre Madani, sans le redouter en aucun point. Les pirogues ne tardèrent point et, une heure après leur arrivée, nous continuâmes notre route de nuit, pour la première fois, grâce à la carte que nous avions dressée à l'aller. La canonnière, débarrassée de sa remorque, semblait glisser sur l'eau, et, bien que la vitesse contre le courant n'atteignît guère que deux milles et demi, les rives nous paraissaient fuir avec rapidité, tant nos yeux étaient accoutumés à leur lent déplacement. Il était minuit passé quand nous arrivâmes à Soumadougouni.

Entre Sama et Soumadougouni, on rencontre le village de Kamalé, dont le nom signifie brave en bambara, ainsi appelé parce qu'il n'a jamais été pris par les Toucouleurs de Ségou ; il dépend de Karamokho, compte un millier d'habitants et est entouré d'un tata.

A peine étions-nous mouillés à Sama, le premier octobre, que des envoyés de Karamokho, prévenu de notre arrivée par Bina, montèrent à bord. Les gens de Ségou, profitant du passage des envoyés d'Ahmadou, accompli sous notre protection, avaient perfidement répandu le bruit que nous trahissions les Bambaras ; ils affirmaient que le commandant de Bammako avait écrit à Ahmadou pour lui faire savoir qu'il se lavait les mains de son affaire avec les Bambaras. Ahmadou avait envoyé dire aux sept villages du Markadougou qui lui avaient jadis fermé leurs portes, que bientôt il allait revenir, et qu'ils feraient bien d'avoir des portes de fer, car il se promettait de loger chez eux.

Je m'efforçai d'atténuer l'effet fâcheux de toutes ces rumeurs par des paroles d'amitié, d'autant plus sincères que je n'avais eu qu'à me louer partout de l'accueil des Bambaras et qu'à Kalabougou j'avais eu une preuve frappante de la différence de sentiments entre les Toucouleurs et les Bambaras. Toutefois, ne sachant trop ce qui s'était passé pendant mon voyage et ne voulant rien compromettre, je me tins sur la réserve et me gardai de toutes promesses. Aussi les envoyés se retirèrent-ils peu satisfaits.

Mabercano, vieux, malade de la poitrine, était toujours le généralissime de l'armée de Sama, composée de cinq cents hommes armés de fusils et d'un certain nombre de cavaliers. Ancien captif de Mari, Mabercano a un beau fait d'armes à son actif, celui du siège de Sansandig, qu'il contraignit Ahmadou à lever; mais à la suite de cet exploit, il voulut se rendre indépendant et se retira, avec son armée, à Congounkourou. Il paraît que ce fut Abiddin, le chef du Fermagha, qui intervint pour le réconcilier avec Karamokho.

Mabercano continuait la même tactique, celle d'affamer Ségou et de détacher les villages qui en dépendent, en leur prouvant que Ségou ne peut ou ne veut les défendre. Depuis l'affaire de Ségou Koro, où Madani fut poursuivi jusqu'aux portes de Sikoro par un Bambara nommé Tiékoro N'Ghi, le fils d'Ahmadou, qui ne passe pas pour brave, ne veut plus sortir de la ville de peur d'être trahi. En somme, les Bambaras, ne se sentant pas de force à enlever Ségou d'assaut, ont pris le parti de le faire succomber à la disette ou bien à une révolution qui ne saurait tarder à éclater si Ahmadou ne revient pas bientôt du Nioro.

Je ne doute pas que le retour d'Ahmadou ne soit le signal d'une révolte des Bambaras ; mais, divisés, comme on l'a vu, obéissant à des chefs rivaux, jaloux l'un de l'autre, incapables de reconnaître une autorité unique, les Bambaras ne pourraient résister à l'armée d'Ahmadou et succomberaient après lui avoir fait subir quelques échecs partiels. Groupés sous notre autorité, il n'en serait plus de même, et Ségou aurait bientôt vécu.

La question se pose donc ainsi : Devons-nous soutenir les Toucouleurs ou les Bambaras ? Quant à la ligne de conduite politique qui consiste à tenir la balance égale entre eux, celle même que j'ai essayé de suivre, je ne la crois pas bonne ; car, dans ces conditions, le fleuve ne sera jamais libre au commerce.

Sur la rive droite, nous voyons Ségou, débris du vaste empire d'El Hadj, ilot battu par la marée montante des Bambaras, dont le chef n'a traité que contraint par nécessité, par peur de voir disparaître sa dernière forteresse sur le Niger, dont les habitants toucouleurs, haineux, musulmans fanatiques, m'ont, malgré le traité passé, refusé du bois, et ont vu d'un œil jaloux la réussite du voyage de la canonnière.

Partout ailleurs, sur les deux rives du Niger, jusqu'à Diafarabé, nous rencontrons des Bambaras aborigènes, à qui le pays appartenait tout entier il y a trente ans et à qui il appartient encore géographiquement, population sympathique, m'ayant bien reçu partout, ayant fourni à tous les besoins de la canonnière et réclamé avec enthousiasme le protectorat de la France. Rebelles pour la plupart à l'islamisme qu'ils n'ont pratiqué que contraints par le fanatisme d'El Hadj Omar, les Bambaras sont fétichistes, accessibles à notre religion et, par suite, plus facilement à nos mœurs.

Certes, entre les Toucouleurs et les Bambaras, je n'hésite pas à me déclarer en faveur de ces derniers, et, si je n'écoutais que mes sentiments, je me prononcerais pour la destruction immédiate de ce foyer de fanatisme qu'on appelle Ségou. Ce ne serait certes pas chose très difficile avec une colonne organisée comme celle du Soudan français, pourvue d'une artillerie lançant des obus à la mélinite, et, si l'expédition était décidée, au commencement de l'hivernage, les canonnières auraient bientôt fait de transporter nos troupes devant Ségou; mais la prise de cette ville aurait peut-être de graves conséquences. Retiré dans le Nioro, Ahmadou peut, à volonté, fermer la route des caravanes qui se rendent à Médine; en même temps que le commerce serait interrompu, l'attaque de Ségou pourrait entraîner une révolte de Musulmans qui nous forcerait à aller attaquer Ahmadou lui-même dans le Nioro. C'est donc sur ce dernier pays qu'il faut jeter les yeux, reconnaître quelle puissance y exerce Ahmadou, quelles y sont ses forces et sa situation, et lui susciter, si possible, des ennemis (1).

Si j'en crois les Bambaras, Ahmadou serait très gêné dans le Nioro; mais ce ne sont là que dires de gens intéressés, et peut-être le moment n'est-il pas encore venu d'exécuter un coup de force sur Ségou. En attendant, je pense fermement qu'il serait avantageux pour nous d'encourager

(1) *Note de l'auteur.* — Ce livre a été écrit en 1889. Depuis cette époque Ségou a été pris, sans coup férir; mais la question du Nioro reste toujours ouverte.

les efforts des Bambaras, et de nous les attacher. Aussi est-ce avec regret que je constatai à Sama l'influence des rumeurs colportées par les gens d'Ahmadou ; on ne m'envoya aucun cadeau et je fus obligé de dépêcher Sory pour dire à Mabercano combien j'étais mécontent qu'on ne m'eût pas même fourni de bois. Mabercano, il est vrai, s'excusa aussitôt et m'en fit porter pendant la nuit, malgré une tornade.

De Sama nous nous rendîmes à Mignon, village du Ségou, abandonné en 1884, où nous démolîmes quelques cases pour en retirer les solives faites avec du bois de vène, le meilleur pour la chauffe. Un peu au delà se trouvent deux villages assez forts, ceux de Tamani et de Fogni, restés fidèles à Ahmadou. En septembre, la hauteur des eaux permet de passer tout près de ces villages. A dix heures du soir, nous étions rendus à Yamina où des bruits avaient couru que nous avions été tués à Bandiagara, pendant que d'autres prétendaient que nous avions construit des postes à Diafarabé et dans le lac Dhéboë. Le lendemain, je ne pus descendre à terre par suite d'un refroidissement que j'avais gagné pendant la nuit. MM. Jouenne et Lefort allèrent visiter le chef de Yamina, qui passe généralement pour partisan d'Ahmadou. Tout était tranquille dans le village comme aux environs. Le commerce de Yamina est le même que celui de Sansandig, et je n'y achetai pour cent cinquante francs qu'un boubou de guinée bleue frappée, brodée de soie multicolore, tel que celui dont était vêtu à Koriumé Mohamed Alloud, frère de N'Gouna, chef des Eguilades. On m'offrit, pour deux cent cinquante francs, un boubou de calicot brodé de soie blanche et à jour.

Le quatre octobre au matin, nous arrivions devant Kamani, village de la rive droite, grand comme Bammako, entouré d'un tata mal entretenu, dont le chef, Foroto, remarquable par des sourcils épais comme des buissons, vint immédiatement à bord avec les chefs des Dioulas et des Somonos pour déclarer qu'ils étaient nos protégés. Ils se plaignirent d'être constamment pillés par les gens de Konina, à quoi je leur répondis d'aller porter leur réclamation devant le commandant de Bammako. J'aurais eu trop à faire s'il m'avait fallu régler toutes les querelles des villages bambaras dont les habitants se pillent et parfois se font captifs. Dans le Bélédougou surtout, où règne une sorte d'état féodal de villages suzerains ayant des villages vassaux formant des confédérations rivales où le fort cherche à opprimer le faible, ce n'est pas la moindre occupation du commandant de Bammako que de rendre la justice, de mettre de l'ordre et de réprimer les brigandages.

De Kamani nous continuâmes notre route par le marigot de Kenenkou où nous espérions trouver moins de courant : il n'en fut rien et de plus la canonnière faillit s'échouer, à la sortie, fort étroite, profonde d'un mètre à peine. Le village de Kenenkou, assez considérable et environné d'un tata, est habité par des Saracolets, des Bambaras, des Somonos et quelques Sofas d'Ahmadou qui passent dans le pays pour des gens sans foi ni loi. C'est dans le marigot de Kenenkou que le pilote Demba nous montra un bel arbre qui, d'après la tradition, aurait poussé subitement en une nuit.

Il était nuit noire quand nous arrivâmes devant Dinah Bambara dont le chef vint à bord à onze heures, apporter un mouton et déclarer qu'il était notre protégé ; je l'écoutai avec quelque peine, étant en proie depuis quelques jours à de violents étourdissements continuels. Entre Dinah et Koulikoro nous eûmes l'agréable surprise de rencontrer une pirogue à laquelle M. Tautain, Commandant de Bammako, averti de notre arrivée par le courrier de Sansandig, avait donné l'ordre de porter nos lettres. Peu nombreuses à cause de l'incertitude où l'on était, en France, de la date de notre retour et déjà fort anciennes, nous ne les reçûmes pas moins avec un plaisir d'autant plus vif qu'elles ne contenaient, pour aucun de nous, de mauvaises nouvelles.

Au lever de la lune nous quittions Koulikoro pour gagner Kayou où l'ancre tomba au moment même d'une tornade très violente, accompagnée d'une pluie torrentielle. Depuis la démolition du chaland nous couchions tous sur le pont et, dès que la pluie survenait, il n'y avait plus à songer au sommeil : les officiers et moi nous descendions dans la petite cabine de l'arrière, encombrée de toutes sortes de caisses et d'objets sur lesquels nous restions assis dans les postures les plus bizarres, courbaturés, étouffant de chaleur, attendant avec impatience la fin de la tornade qui, habituellement ne dure que quelques heures ; mais cette nuit-là, on eût dit que l'hivernage, pour la dernière fois, s'acharnait contre nous. La tempête ne cessa que le matin, en même temps que le jour se levait sombre, rayé de pluie.

Après avoir jeté l'ancre un moment devant Massala dont le chef, quoique pauvre, nous fit un accueil empressé et généreux, nous arrivâmes devant le barrage de Toulimandio, que je craignais de ne pouvoir passer. Après avoir donné l'ordre aux mécaniciens de maintenir la pression à son maximum, je lançai la canonnière à toute vitesse à travers les roches et les tourbillons. La tête me tournait avec l'eau, et, cramponné à une barre pour ne pas tomber, j'avais toutes les peines du monde à commander la manœuvre : à chaque instant la canonnière, prise par un remous, tourbillonnait vers les roches, obéissant à peine au gouvernail, pendant que les chaudières chauffaient à éclater et que tout tremblait à bord sous l'effort suprême des hélices. Au bout d'une demi-heure de lutte qui me parut bien longue, nous avions franchi le passage difficile : les mécaniciens vinrent annoncer que les barreaux de grille, tordus par le feu, tombaient les uns après les autres dans les cendriers sur lesquels le bois brûlait.

En approchant de Manambougou, je ne reconnus plus le mouillage, tant l'aspect du fleuve avait changé. En se gonflant, il s'était élargi, avait recouvert l'ilot qui ferme le bassin, et là où jadis on voyait la rive, on n'apercevait plus que des arbres dont les cimes seules émergeaient des eaux. Sans m'en douter je dépassai le mouillage et je dus revenir en arrière.

Les tirailleurs et les habitants de Manambougou nous attendaient sur la berge, heureux de nous revoir. Dès que la canonnière fut amarrée je descendis au poste qui ne présentait plus du tout le même aspect. Partout aux alentours le terrain disparaissait sous des champs de mil dont les tiges auraient grandement dépassé la tête d'un cavalier et de tous côtés on entendait des enfants, perchés sur des arbres, crier d'une voix aiguë « Boué, Boué », pour chasser et effrayer les oiseaux. Les cases du poste avaient heureusement résisté à l'hivernage et dès le soir même nous nous y installâmes, pendant que commençait le désarmement de la canonnière.

Le lendemain nous recevions de Bammako les vivres dont nous avions si grand besoin. L'excitation tombée, nos corps, épuisés par les fatigues et les privations du voyage, devinrent incapables de mouvement et, plus encore, nous ressentions un vide cérébral qui empêchait toute pensée. Pendant quinze jours nous restâmes ainsi, étourdis, pris d'un besoin incessant de sommeil, ayant à peine la force de manger, nous engourdissant dans un profond sentiment de béatitude, de repos absolu, de joie presque naïve d'être à l'abri des tornades et de satisfaction du retour.

CHAPITRE XIX

Les courriers de Bandiagara. — Mahmadou Koita envoyé de Madani. — Mort de Tidiani. — Départ pour la France. — Arrivée à Kayes. — J'y trouve mon ami Davoust.

La fin d'octobre était arrivée dans une sorte de somnolence seulement troublée par la présence, dans la case, de serpents que l'on réussit à tuer. Le docteur venait de rentrer à Bammako, quand un des Européens, dans un accès de fièvre chaude, se tira vers la région du cœur un coup de revolver qui traversa la poitrine de part en part.

Je lui fis un pansement tant bien que mal et, quand le docteur Jouenne arriva en hâte, il constata que, par une chance extraordinaire, aucun organe n'avait été atteint. Cet Européen se remit très rapidement et fut renvoyé en France.

Vers la même époque vinrent à Manambougou Assouman Diané, beau-frère de l'Almamy de Dia et Mohamed Taraoualé, les deux courriers expédiés de Bandiagara qui, par suite de la maladie de l'un d'eux, avaient été obligés de séjourner à Souala et étaient arrivés en retard à Bammako. Avant leur départ de Dia, ils avaient appris que j'étais parti pour Tombouktou contre la volonté de Tidiani. L'Almamy leur dit néanmoins d'accomplir leur mission. Ces indigènes nous confirmèrent l'histoire du livre dont l'Almamy avait fait lecture devant les habitants de Dia pour leur apprendre que ceux-là seuls auraient à souffrir de l'arrivée des Français qui ne voudraient pas l'accepter. Après les avoir traités de mon mieux, je congédiai les envoyés et leur remis un Coran pour l'Almamy.

Le premier novembre, après une longue série de tornades, l'hivernage finit tout d'un coup, sans transition, et du jour au lendemain la saison sèche commença. Sur ces entrefaites, un envoyé de Madani, nommé Mahmadou Koita, vint porter des excuses du mauvais accueil que m'avaient fait les villages du Ségou. Les envoyés d'Ahmadou ne seraient arrivés qu'après le passage de la canonnière, et Madani n'aurait eu que trop tard connaissance du traité survenu. Les chefs de Somonodougouni, Dialakoro et Diamoribougou seraient punis de mort, si je le voulais. Quoique fort incrédule à cet égard, je répondis que je ne demandais pas un châtiment si cruel, que d'ailleurs c'était de Madani lui-même que je demeurais fort mécontent, et je m'en exprimai en termes très vifs. Au cours de l'entretien Mahmadou Koita convint qu'il avait trouvé le pays de Ségou livré au pillage et à la révolution, qu'il aurait été perdu pour les Toucouleurs, d'ici un an ou deux, sans l'arrivée des envoyés d'Ahmadou. Déjà les villages révoltés du Guénié Kalari, à l'exception d'Ouinia, avaient fait leur soumission.

J'étais rendu à Bammako quand, le huit novembre, je reçus la visite d'Ahmadou Issa, un des hommes que Tidiani avait chargés d'aller enlever sa mère de Dinguiray. D'après Ahmadou, Tidiani aurait éprouvé un vif mécontentement de ce que je n'avais pas pris tout le riz dont il avait fait cadeau; mon voyage à Tombouktou l'avait laissé indifférent, il savait bien que j'irais quand même.

Depuis quelque temps déjà le bruit courait que Tidiani était mort et, avant de rien terminer avec Ahmadou Issa, je fis venir, pour les interroger, tous les gens qui colportaient cette nouvelle. Je crois utile de grouper ici tous les renseignements faux ou vrais que je recueillis avant mon départ pour la France.

Tidiani, fils d'Alpha Ahmadou, serait mort dix jours après la fête de Tabaski, le huit septembre, des suites d'un coup de pied de cheval reçu autrefois dans la poitrine. On l'avait momentanément guéri en l'enterrant dans un lit de sable chaud ; mais, depuis cette époque, il toussait beaucoup, comme je m'en étais aperçu à Bandiagara. Nos ennemis faisaient courir le bruit que c'était le Docteur Jouenne qui lui avait jeté un sort pour le faire mourir.

Deux versions principales avaient cours : l'une que tout s'était passé tranquillement, l'autre que la mort de Tidiani avait été le signal d'une révolution. D'après la première, trois jours avant sa fin, Tidiani aurait fait reconnaître, sans difficulté, Seïdou Abi, comme son successeur, et les Pouhls l'auraient accepté, à la condition qu'il se conduisit à leur égard aussi sagement que Tidiani.

D'après la seconde version, les seuls témoins de la mort de Tidiani auraient été Ahmadou Tidiani, neveu et fils adoptif du cheihk, la mère d'Ahmadou Tidiani, veuve de Mackiou, Bandiougou et Moussa Kona. Ce dernier, ayant voulu s'emparer des trésors, aurait été tué, et les compétitions les plus diverses se seraient fait jour. Touman Kolimodi aurait appuyé la candidature d'Ibrahim Abi en raison des services exceptionnels qu'il avait rendus depuis les guerres d'El Hadj Omar, contre celle de Mounirou, d'Ahmidou ou du fils de

Tidiani qui n'avaient pas encore fait leurs preuves. Moussa Maoudo, chef de Dienné ayant voulu faire passer Mounirou ou bien le fils de Tidiani, venait d'être relégué aux portes de Bandiagara, dans le village de Séno Feméï, pendant qu'Alpha Colado était nommé à sa place à Dienné.

Tandis qu'on intriguait ainsi à Bandiagara, Abiddin se serait réconcilié avec les Touaregs, aurait été appelé dans le Ghimbala et marcherait sur Bandiagara. Les anciens chefs pouhls du Macina seraient réunis avec leur armée à Kouna et les Toucouleurs attendraient la décision d'Ahmadou, roi de Ségou.

A l'époque où je réunissais ces nouvelles, j'écrivais dans un rapport : « Elles sont probablement fausses, tout en con-« tenant un fond de vérité, et le temps seul pourra les éclair-« cir. Les seules choses certaines pour le moment sont la « mort de Tidiani et son remplacement par Seïdou Abi. » En ce qui concerne celui-ci, je m'étais trompé ; c'est Mounirou qui aurait été nommé et son frère Ahmidou serait mort.

Le dix-neuf novembre, Chirou, second envoyé de Tidiani, arrivait à Bammako, prétendant que les ennemis du cheihk colportaient à dessein le bruit de sa mort. Il était porteur d'une lettre dans laquelle Tidiani demandait sept cent mille cauris, dont quatre cent mille en marchandises ou argent à remettre aux envoyés, et trois cent mille en argent à envoyer au cheihk lui-même par une personne de confiance.

LETTRE DE TIDIANI AU COMMANDANT CARON

« Au nom de Dieu ! Gloire à Dieu.
« Cela suffit.

« Que Dieu répande ses bénédictions sur l'Elu (Mohammed).

« Ensuite (vous parviendra) le salut du prince des Croyants, le cheihk Ahmed El Tidjani, fils d'Alfa Ahmed, que Dieu lui soit favorable et le rapproche de lui dans l'un et l'autre monde. Ainsi soit-il!

« A notre connaissance: Karto Toubak. (Caron Blanc)

« Je vous informe que je vous ordonne de remettre à mes envoyés, qui seront tes compagnons, un million, dont sept cent mille en fait d'argent, les trois cent mille qui restent, en fait de *baghî*, afin de le faire parvenir à mon intermédiaire le plus intermédiaire, Oumm El-Keïr, que Dieu la récompense (pour nous) et double pour elle sa magnifique récompense dans ce monde et dans l'autre.

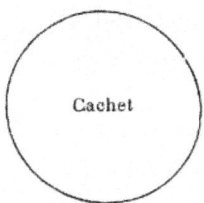

« Salut! »

Chirou, bientôt obligé de se rendre à l'évidence de la mort de Tidiani, demanda à aller à Dinguiray porter la nouvelle à la mère du cheihk. Mahmadou Issa, voyant que sa mission n'avait plus de raison d'être, prit également congé.

Sur ces entrefaites, je reçus une dépêche du Commandant Supérieur qui, prenant en considération les fatigues endurées par la mission, et son mauvais état de santé, nous autorisait tous à rentrer en France. Différentes affaires restaient à régler, tant à Manambougou qu'à Bammako, et retardèrent le départ jusqu'au dix-huit décembre, date à laquelle le docteur Jouenne, M. Lefort et moi nous nous mîmes en route accompagnés de Sory, d'Abd el Kader et du personnel domestique. Le fourrier Vivier, pris par une bilieuse hématurique, ne pouvait encore nous suivre, bien que convalescent, et les mécaniciens Rigaut et Bernard devaient rester à Manambougou jusqu'à l'arrivée prochaine d'un sous-officier désigné pour prendre le commandement du poste.

Le retour s'effectua, joyeux, sans incidents, poussant nos chevaux sur des routes déjà bien améliorées depuis l'année précédente, recevant l'hospitalité la plus charmante. Nous fêtâmes la Noël à Koundou et le premier de l'an à Kita. Entre ce fort et Badoumbé, nous rencontrâmes la colonne destinée à opérer dans le Bélégoudou, sous les ordres du commandant Vallière, dont l'accueil sympathique, les compliments sincères, étaient bien faits pour aller au cœur.

Nous arrivions à Tudora en même temps que la seconde colonne, commandée par le colonel Galliéni qui voulut bien nous assurer que nous avions complètement rempli ses instructions et obtenu les résultats cherchés. Je demandai au colonel une récompense pour Abd el Kader qui, bien qu'il m'eût trompé sur son influence à Tombouktou, n'en avait pas moins rendu des services comme interprète, et surtout m'avait empêché de tomber dans un piège à Koriumé. Abd el Kader reçut deux mille francs et me quitta aussitôt sans se mettre en frais de remerciements. En vérité, et quelque soin que j'aie pris d'observer Abd el Kader, je n'ai jamais pu pénétrer complètement son caractère ; mais j'ai découvert en lui un fond de fausseté qui m'engage à prévenir ceux qui auront à l'employer, de le surveiller très attentivement.

Après avoir séjourné quelque temps dans les postes de Badumbé et de Bafoulabé, où les officiers nous firent le meilleur accueil, nous arrivâmes au Galougo sur lequel on construisait un pont pour le passage de la voie ferrée. En attendant son achèvement, des plates-formes et de petits wagonnets circulaient entre le Galougo et le point où s'arrêtait le chemin de fer. Le docteur, M. Lefort et moi, nous montâmes le plus tôt possible dans un de ces wagonnets que les indigènes poussent à bras dans les montées et qu'on laisse aller dans les descentes, en serrant plus ou moins le frein. Bien que les pousseurs allassent rapidement, le train était parti avant notre arrivée, événement d'autant plus désagréable qu'il fallait attendre jusqu'au lendemain soir et que nos bagages, comme nos provisions étaient restés en arrière. Un noir nous donna du biscuit et de l'eau ; après ce frugal repas, il ne nous restait plus qu'à nous coucher dans de la paille pour nous préserver du froid, déjà très vif pendant la nuit.

Le train arriva le lendemain soir à quatre heures et nous conduisit en deux heures à la gare de Kayes, où M. le commandant Monségur entouré des officiers, nous attendait pour nous souhaiter gracieusement la bienvenue et nous féliciter, au son du canon, du succès de notre voyage.

Mon cher camarade Davoust se trouvait là, venant de nouveau prendre le commandement de la flottille du Niger et monter une seconde canonnière appelée le *Mage*. Nous nous jetâmes dans les bras l'un de l'autre et je constatai, avec chagrin, que Davoust ne s'était pas remis et semblait encore plus fatigué que moi. A son retour, il était resté huit mois au lit, avec un abcès du foie. Quoi que ses parents et ses amis pussent faire ou dire, Davoust avait voulu revenir à la charge pour la reconnaissance du Niger, au delà des régions de Tombouktou, jusqu'à obstacle infranchissable.

Je ne doute pas qu'il y eût réussi si la cruelle maladie qu'il avait contractée lui en eût laissé le temps et les forces nécessaires. Le premier janvier 1889 une dépêche douloureuse annonçait la mort de Davoust à Kita, sur la route de France. Vaillant officier, possédant au premier degré l'amour de l'inconnu, surtout l'esprit de sacrifice, l'histoire n'oubliera pas que Davoust a été le premier à ouvrir la voie fluviale du Niger et qu'il est mort pour avoir voulu l'acquérir tout entière à la France.

Pendant notre séjour à Kayes eut lieu la rentrée triomphale de la colonne commandée par M. le capitaine Fortin qui venait de détruire l'armée de Mahmadou Lamine et de tuer le prophète. Le soir un punch réunit les officiers pour fêter à la fois ce grand succès et la réussite de la mission de Tombouktou.

Le dix-sept janvier nous quittions Kayes à bord d'un chaland. A notre arrivée à Bakel, la ville était pavoisée, le canon grondait, les officiers nous attendaient sur la rive, gracieuse intention du commandant Monségur qui avait voulu que nous fussions salués une dernière fois avec pompe, à la limite du Soudan Français.

Jusqu'à Saldé nous descendîmes le Sénégal en chaland, naviguant lentement, péniblement, dans un ennui d'être confinés dans un étroit espace. A Saldé un canot rapide nous prit, et le vingt-neuf janvier nous entrions à Saint-Louis.

La marine était commandée par M. le capitaine de frégate

Scias, qui m'accueillit avec la plus grande affabilité. Pendant mon séjour à Saint-Louis, je ne retrouvai qu'un très petit nombre des amis que j'y avais laissés. Fut-ce pour cette raison ou pour une autre, mais Saint-Louis me parut triste et je demeurai pressé de le quitter, malgré l'excellent accueil que me firent mes camarades commandant les avisos et aussi M. Beynis, représentant de la maison Maurel et Prom.

Le six février nous prenions le chemin de fer qui nous conduisit, sans retard, à Dakar. J'y retrouvai un excellent camarade, M. d'Hubert, médecin de la marine, chez qui je reçus la plus cordiale hospitalité, en attendant le paquebot.

Le huit février nous embarquions sur le *Niger*, dont le commandant eut les plus aimables attentions et huit jours après nous étions rendus à Bordeaux où la neige tombait en abondance. Saisi par la brusque transition d'une chaleur de trente degrés à un froid rigoureux, M. Lefort tomba malade d'une bilieuse hématurique et l'on craignit un moment pour sa vie. Rassurés au bout de quelques jours, le docteur Jouenne et moi nous quittâmes Bordeaux en grande hâte d'aller embrasser nos familles qui nous avaient pu croire un moment perdus.

CONCLUSION

Le but principal de la mission, plus exactement de la reconnaissance que j'ai effectuée, était d'explorer le fleuve jusqu'à Tombouktou, d'étudier l'état politique des populations riveraines, de réunir des données commerciales et scientifiques, afin de permettre d'asseoir une opinion sur la valeur des contrées arrosées par le Niger moyen et sur la politique à suivre à l'avenir.

L'album hydrographique dressé par la mission au Dépôt des Cartes et Plans de la Marine montre que le Niger est navigable, comme le Sénégal, pendant six mois d'hivernage, pour les bâtiments d'une certaine dimension. En outre les données que nous avons recueillies nous permettent de formuler quelques conclusions dont le lecteur pourra lui-même contrôler la valeur par les faits que j'ai exposés, sans déguisement.

En quittant Bammako, on traverse un premier bassin qui s'étend jusqu'à Diafarabé, habité principalement par des Bambaras, dont c'est le pays, autrefois soumis à un seul chef, aujourd'hui divisés, obéissant à des chefs différents, rivaux, qui se sont taillé des principautés sur les débris de l'empire toucouleur de Ségou, dont la capitale était aux abois, lorsque survint le traité avec Ahmadou. Dans ce bassin, la lutte des Bambaras contre les Toucouleurs, les rivalités des chefs bambaras sont autant d'obstacles à la liberté du commerce. Yamina et Sansandig, habités par des Saracolets, villages libres, sont les seuls où l'on trouve encore trace d'un trafic autrefois florissant avec Tombouktou et Dienné.

Cependant, quand on a dépassé Sansandig, on rencontre les états de Boroba à travers lesquels le commerce existe comme transit d'une rive à l'autre, de Souala vers Fatigné, Si, Barota, Sarro et le Bendougou. Les dioulas prennent cette voie depuis que le marigot de Diaka, autrefois si peuplé, a été abandonné à la suite des guerres de Tidiani.

A Diafarabé on entre dans le pays du Macina commandé par un cheihk toucouleur, dont la population, en grande partie soumise par la guerre, est composée d'éléments les plus divers et remuants, Pouhls, Bambaras, Sonraïs, etc. Comme le disait pittoresquement Tidiani, le cheihk du Macina est porteur de deux outres, Dienné et Tombouktou, pôles du commerce par le fleuve, dont le premier lui appartient en propre et le second dépend de lui pour la nourriture. De plus la route des caravanes qui viennent du Haoussa par Say et le Hombouri traverse le Macina et l'on peut dire que le cheihk de ce dernier pays est le véritable maître du commerce de Tombouktou qu'il peut interrompre à volonté.

Certains même des produits qui alimentent le trafic de Tombouktou, tels l'ivoire et les plumes d'autruche proviennent de la Doventza, du Hombouri, du Gilgodi, états dépendant du Macina. On y trouve encore des gommes de différentes qualités, du caoutchouc, du karité, du coton, de l'indigo ; le mil, le riz et le maïs y poussent en abondance et l'on y cultive aussi le blé. Les troupeaux s'y comptent par milliers, tant de bœufs que de moutons, fournissant des laines et des peaux à vil prix ; enfin l'élève des chevaux s'y pratique sur une assez grande échelle.

Le Macina se termine non loin de Tombouktou, en même temps que commence le pays des Touaregs dont cette ville est en réalité la sujette. A l'intérieur règne l'anarchie par suite de la lutte des partis, Armas, Kountahs, Pouhls et marchands. Tombouktou n'est qu'un entrepôt, un lieu d'échange des produits nègres, tels que la gomme, l'or, les peaux, les plumes d'autruche, l'ivoire, contre des étoffes et des pacotilles européennes. Presque tout le mouvement commercial, qu'il ait lieu par caravanes ou pirogues, se passe entre le Macina au sud, le Maroc et la Tripolitaine au nord. Saint-Louis du Sénégal n'y prend qu'une faible part.

Je conviens donc que, dans l'état actuel, le Niger moyen rapporte peu de chose à la France. Le contraire serait même surprenant, étant donnée la situation politique des contrées que baigne le Niger: mais telle n'est pas la question et il s'agit de savoir si le pays pourra rapporter et atténuer les dépenses d'occupation du Haut Sénégal.

Il est difficile d'évaluer le commerce de Tombouktou ; ce qu'il y a de certain c'est qu'il enrichit les Maures et satisfait l'avidité des Touaregs. Notre consul à Mogador estime à 600.000 ou 700.000 francs une seule caravane venant de cette ville. On conviendra que si nous enlevions au Maroc, ou plutôt aux Anglais, le monopole des plumes d'autruche, de l'ivoire, de l'or, des peaux de luxe, marchandises peu encombrantes, susceptibles de supporter des frais de transport assez considérables, nous aurions déjà obtenu un résultat rémunérateur ; mais ce ne sont pas les seuls produits susceptibles d'être exploités. Au premier rang nous plaçons les gommes du pays de Tombouktou, qui ne vont pas à nos escales de Bakel et de Médine; mais bien au Maroc où les Anglais les achètent. J'ai même lieu de croire qu'une certaine quantité ne trouve pas de débouché ! A côté de la gomme on peut citer le caoutchouc, l'indigo, le coton, la laine, les peaux communes et le karité.

Nous avons, dans la République Argentine, un merveilleux exemple de ce que peut produire l'industrie pastorale et de la fertilisation des terres vierges par les grands troupeaux de bœufs. Le bétail ne manque pas au Macina et, ce qui tendrait à prouver que son sol est bien meilleur que celui de la pampa, c'est que les moutons y vivent déjà, tandis qu'ils ne peuvent exister dans les terres vierges de la République Argentine, qu'après une première fumure naturelle faite par les bœufs.

Pour être d'un bon rapport en France, le beurre de karité devrait y être vendu, tous frais de transport payés, au prix de 0 fr. 70 le kilo, à peu près ce que je l'ai payé à Sansandig ; mais si l'on augmentait la production du karité, son prix ne tarderait pas à baisser et, il n'y a rien d'impossible à cela, puisque l'arbre à beurre pousse naturellement et vit sur les bords du Niger. Le karité n'y est devenu plus rare que par suite des incendies que l'indigène insouciant laisse se développer au delà des lougans nécessaires. C'est ainsi que les forêts disparaissent et, qu'avec le déboisement, la nature du climat et du sol se transforme. Là où l'homme n'a mis en usage ni la hache ni le feu, existe une végétation splendide, même quand le sol est rocailleux, comme dans le défilé du Balou. D'ailleurs on a reconnu que le karité pouvait donner, par incision, de la guttapercha, matière devenue rare sur les marchés européens.

Tels sont les principaux produits, les uns immédiatement exploitables, les autres dans l'avenir, qui pourraient alimenter le commerce dans le Haut-Sénégal, en échange d'objets européens semblables à ceux qu'importent le Maroc et Tripoli ou qui ont cours à Sansandig. Le difficile est de les y faire arriver, par suite de l'habitude qu'ont prise les indigènes d'aller à Tombouktou.

Un traité avec cette ville est chose difficile à réaliser dans l'état d'anarchie où elle se trouve et n'offrirait probablement pas de garanties suffisantes : il n'empêcherait pas les Marocains et les Tripolitains d'y commercer et ne détruirait pas leur concurrence. Nous établir à Tombouktou est une entreprise difficile à cause de l'insaisissabilité des Touaregs. Nous ne pourrions d'ailleurs nous y établir tout de suite et je me demande même si, une fois entrés en armes dans Tombouktou, nous n'aurions pas intérêt à ruiner la ville et à changer à notre profit la route des caravanes.

Heureusement un autre moyen se présente plus paisible, moins coûteux et plus digne de la civilisation, c'est de nous entendre avec le Macina, sans lequel nous ne pouvons rien, avec lequel nous pouvons tout, puisque le chef peut à la fois affamer Tombouktou et empêcher les caravanes comme les pirogues de s'y diriger. Pendant que j'étais dans le Macina le cheihk refusait de se placer sous notre protectorat et proposait un traité de commerce à des conditions inadmissibles. Il a été remplacé par Mounirou qui nous doit de régner et avec lequel nous pouvons espérer de nous entendre, de signer un traité favorable de commerce et d'amitié. Ne lui demandons pas tout d'abord le protectorat, véritable abdication à laquelle il ne consentirait probablement pas de suite et qui réveillerait les défiances des populations ; mais exigeons de lui un engagement de faire dériver les produits nègres vers nos possessions et aussi de n'acheter qu'à nos marchands les produits européens. C'est ainsi qu'on agit dans les rivières du sud du Sénégal et ces sortes de prohibitions n'ont rien d'extraordinaire pour les noirs. Tidiani lui-même, dans ses articles, posait comme condition que nous n'achèterions les chevaux et les esclaves qu'à Bandiagara.

Ce traité passé, il faut que la route soit libre vers Bammako, et, pour cela, exiger à tout prix de nos protégés jusqu'à Diafarabé, Toucouleurs ou Bambaras, qu'ils laissent passer les dioulas sans dommages et sans entraves. Cela n'aura lieu qu'avec la fin de la lutte des bambaras contre Ségou, dont il nous faut hâter l'issue. Ségou marchant vers la ruine et Ahmadou n'étant pas assez puissant pour commander, comme on y avait pensé autrefois, aux bambaras et aux populations du Haut-Sénégal, notre intérêt est de précipiter la chute des débris de l'ancien empire toucouleur.

C'est surtout dans le bassin de Diafarabé que les canonnières auront à exercer la police du fleuve. L'expédition du *Niger* jusqu'au port de Tombouktou, à travers des pays plus ou moins hostiles, a surabondamment prouvé la possibilité pour une canonnière de se suffire à elle-même, dans des circonstances difficiles. Quand nous aurons sur le Dioliba plusieurs canonnières d'un type convenable, approprié au rôle qu'elles doivent jouer, suffisamment habitables, rien ne sera plus aisé que d'exercer la police pendant l'hivernage, au moment même de la navigation des pirogues, et de châtier les indigènes qui auraient commis des délits pendant la saison sèche. C'est ainsi que les choses se passent dans les rivières du sud du Sénégal. Ce ne sont pas les quelques postes composés d'Européens peu nombreux et anémiés qui retiennent ou peuvent punir les rebelles.

Concurremment avec cette mission de police, les canonnières exploreraient les affluents du Niger, s'efforceraient d'y créer de nouveaux débouchés au commerce, visiteraient le Macina, le pays de Tombouktou, descendraient le fleuve jusqu'à obstacle infranchissable, résoudraient en passant les nombreux problèmes scientifiques et géographiques que nous cache encore le grand fleuve, tâche multiple, difficile, mais non sans grandeur.

Les canonnières ont sur les postes l'avantage de la mobilité et de l'économie. Pendant ma mission j'ai dépensé 150,000 fr., en comprenant le transport d'un outillage, l'établissement d'un chantier et la construction d'une coque à Bammako, toutes choses qui restent, et qui seront utilisables.

Nous n'aurions presque rien fait même en ouvrant le Niger à la navigation libre, jusqu'à Bammako si, concurremment, nous n'avions pas tracé une route facile, par terre, entre Kayes et Bammako. Cette route est tellement importante que l'on peut dire que, dans sa construction, réside presque toute la question économique du Soudan Français.

Qu'on ne s'y trompe pas pourtant : ce n'est pas aux noirs qu'elle est absolument nécessaire : mais bien à nous. L'indigène, qui ne tient pas compte du temps, descendra de Bammako à Kayes, poussant devant lui son âne qui ne lui coûte aucun entretien et vivant lui-même à bon marché. A l'indigène il suffit d'une route sûre et la commodité ne vient qu'en seconde ligne.

Notre route aura donc surtout pour but de faciliter les transports de commerce ou autres, de diminuer les frais d'occupation et, bien entendu, rien n'empêchera l'indigène d'en profiter (1). Il y a quelques années on avait calculé qu'une tonne coûtait 6000 fr. pour être transportée de Kayes à Bammako. Il résulte du compte spécial que j'ai établi que le prix est tombé en 1887 à 2000 fr., en décomptant trop largement les frais puisque l'on supposait que le matériel employé avait été usé pour la moitié de sa valeur, ce qui était loin d'être exact. Quoi qu'il en soit et même en admettant que la tonne n'ait coûté que mille francs, ce prix est beaucoup trop élevé.

A l'origine de l'occupation du Soudan Français, on avait pensé à construire un chemin de fer entre Kayes et Bammako, mais depuis, cette entreprise a été abandonnée, à juste titre, comme beaucoup trop dispendieuse et sans rapport d'ici longtemps avec le matériel et les marchandises à transporter. Toutefois avec les premiers matériaux achetés et les crédits d'entretien votés chaque année, la voie ferrée a été poussée jusqu'à Bafoulabé et puisque ce travail est accompli, il serait illogique de ne pas l'utiliser, d'autant qu'entre Kayes et Bafoulabé la navigation du Sénégal n'est pas pratique en saison sèche. Ce tronçon de chemin de fer a cent kilomètres environ et il ne reste plus que 326 kilomètres de Bafoulabé à Bammako.

A partir de Bafoulabé et jusqu'à Badoumbé (90 kilomètres), le Bakhoy est navigable sans grande difficulté. Il résulte du compte spécial que j'ai dressé que dix-sept tonnes transportées en six jours, par le Bakhoy, ont coûté 2000 fr. environ, le quart du prix par la voie de terre. La route fluviale est donc économique au Soudan comme ailleurs. En améliorant les petits barrages, en construisant des écluses, en

(1) Les noirs ont vite pris l'habitude du chemin de fer de Dakar à Saint-Louis.

organisant convenablement le service des pirogues, en établissant un Decauville à Dioubéba, comme à Kalé, l'espace qui sépare Bafoulabé de Badoumbé serait rapidement franchi et à bon marché. Peut-être même l'établissement des écluses aurait-il pour résultat de permettre aux pirogues de remonter jusqu'aux chutes de Billy, trente kilomètres plus loin, dans le voisinage de Tudora. Dans ce dernier cas un Decauville qui n'aurait que 15 kilomètres de longueur mènerait au gué de Toukolo, à 205 kilomètres de Kayes, presque à moitié route de Bammako.

Entre ce fort et le gué de Toukolo, la route suivie par les colonnes présente beaucoup de difficultés tant à cause des montagnes que l'on traverse que des nombreux marigots que l'on rencontre et, à quelque solution que l'on s'arrête, il est certain qu'il faudra construire de nombreux ouvrages d'art capables de résister aux pluies et aux marigots torrentiels qu'engendre l'hivernage. Actuellement le transport a lieu par mulets, ânes, petites voitures attelées, ou encore sur la tête des porteurs, tous moyens imparfaits, dispendieux, ne permettant pas le charroi d'objets pesants et qui doivent être abandonnés le plus tôt possible. Deux solutions ont été proposées : l'une de faire une route empierrée, l'autre de construire une voie ferrée étroite. Nos préférences sont pour la dernière : mais, avant de rien décider, il conviendrait de bien étudier la question.

L'établissement d'une voie économique et sûre aurait pour premier résultat de diminuer les frais de transport des vivres, du matériel, destinés au corps d'occupation, de faciliter les mouvements des troupes, de permettre de diminuer le nombre des hommes de la colonne aussi bien que les garnisons des forts, sans que pour cela le pays cessât d'être paisible. Cette voie supprimerait l'usage des porteurs, corvée insupportable aux indigènes qui a pour résultat de leur faire fuir la ligne des postes déjà dévastée par les guerres anciennes et de les empêcher de cultiver la terre, de telle sorte que les colonnes ne trouvent pas sur leur passage les vivres nécessaires. Le mil, base de toute la nourriture, pousserait aussi bien sur cette ligne qu'ailleurs, si le sol ne manquait de bras.

La voie de communication entre Kayes et Bammako étant faite et le commerce du Niger moyen dérivé vers nos possessions, le budget d'occupation du Haut-Sénégal sera bien diminué, résultat qui paraîtra faible à ceux qui veulent que les colonies rapportent immédiatement. L'histoire de la colonisation ne prouve-t-elle pas que nos meilleures ont nécessité une longue suite d'efforts. Devons-nous donc considérer ceux que nous faisons dans le Soudan comme destinés à demeurer stériles ou bien réserver l'avenir ?

En certains endroits la population du Soudan n'est pas suffisamment dense, telle notre ligne de postes dépeuplée pour les raisons énumérées ci-dessus ; mais sur le Niger, dans le bassin de Bammako à Diafarabé (450 kilomètres), on peut estimer la population à 90.000 habitants. De Diafarabé à Mopti on n'en compte guère plus de 5000. Entre Mopti et le lac Dhéboë, les inondations obligent les villages à se retirer dans l'intérieur et néanmoins on peut évaluer à 8000 le nombre des indigènes qui peuplent les rives. Entre Sa et Dar Salam il y a au moins 30.000 habitants sur le fleuve. A partir de Dar Salam, il faut aller jusqu'à Tombouktou pour trouver une grande agglomération, et l'on ne rencontre que çà et là des campements sur la place des villages ruinés par Tidiani, en tout peut-être 6000 âmes.

Ainsi et à ne considérer que les bords du Niger sur une bande de 1200 kilomètres de longueur et de 6 kilomètres de largeur, soit 7200 kilomètres carrés, on trouve une population de 140.000 âmes environ, et en moyenne 20 habitants par kilomètre carré. En vérité la race noire est prolifique ; elle se multiplierait rapidement, n'étaient la guerre, l'esclavage, la famine, le manque d'hygiène, et, partout où existent des conditions suffisantes de paix et de bien-être, on est certain de rencontrer des agglomérations.

Un second reproche, plus fondé, adressé aux noirs, c'est la paresse. Vivant de peu, n'ayant que de rares besoins, l'indigène, si l'on en excepte le dioula, ne comprend pas la nécessité du travail. Il en était autrefois ainsi sur les bords du Sénégal où maintenant le noir se fait traitant, employé, domestique ouvrier, tirailleur ou laptot, par amour du gain et aussi pour satisfaire aux nouveaux besoins que notre civilisation lui a créés. La même transformation s'opérera d'ici bien longtemps dans le Haut-Sénégal et sur les bords du Niger, où l'on peut même dire qu'elle a déjà commencé dans le voisinage des postes.

Une autre objection souvent répétée, c'est l'infertilité du sol. Elle est inexacte quant aux produits naturels au pays et n'a de valeur, encore relative, qu'en ce qui concerne les arbres ou plantes exotiques. Ainsi on peut citer comme susceptibles d'être cultivés : le blé, le caféier, l'arbre à kolas, la vigne, le tabac, le goyavier, le citronnier, l'oranger, le papayier, les piments, le bananier, l'ananas et quelques légumes d'Europe: tomates, aubergines, radis, salades, carottes, choux, etc.

Nous reconnaissons avec tous l'insalubrité du climat et la presque impossibilité pour les Européens de séjourner dans le pays pendant de longues années, sans rentrer en France. C'est pour cette raison que le Soudan ne saurait jamais être autre chose qu'une colonie de commerce ou d'exploitation, comme le Bas-Sénégal ou les rivières du sud. Ces dernières sont au moins aussi malsaines que les rives du Niger et, cependant les représentants ou employés des factoreries y séjournent fréquemment quatre ou cinq ans de suite, sans interruption. Ce qui a causé la mort de tant d'Européens dans le Haut-Sénégal, c'est le manque de confortable, l'impossibilité de suivre une hygiène, la mauvaise nourriture, les marches au soleil plus mortelles que le combat, enfin le manque de communications permettant de renvoyer à temps les malades. Avec la paix et de bonnes routes, la plupart de ces causes meurtrières disparaîtraient bientôt. Déjà les dernières colonnes ont beaucoup moins souffert, grâce aux précautions qui ont pu être prises.

Certes nous sommes loin de nous dissimuler les difficultés d'une transformation du Soudan Français, telle que nous venons de l'esquisser : mais nous avons confiance dans l'avenir et nous sommes de ceux qui disent qu'avant de déclarer une transformation impossible, il faudrait essayer. On n'en a pas eu le temps encore et, depuis 1880, le Haut Sénégal n'a cessé d'être le théâtre de luttes incessantes. Il serait vraiment extraordinaire qu'après tant de sacrifices d'hommes et d'argent, alors que la paix est revenue, sans avoir même essayé nous disions : « Allons-nous-en, il n'y a rien à faire. » Oserions-nous d'ailleurs, au mépris de la civilisation et des engagements pris, abandonner une population de plus de trois millions d'âmes, s'étendant jusqu'à Diafarabé, et qui a eu confiance en nous.

Jusqu'ici, voulant répondre à une question souvent posée : « Que rapportera le pays ? » nous n'avons parlé que de l'intérêt purement commercial qu'il peut y avoir pour la France à persévérer dans le Soudan Français. D'autres considérations, d'un ordre plus élevé, militent cependant en faveur de cette colonie. Aujourd'hui, toutes les nations européennes se partagent l'Afrique et se saisissent de territoires qui ne sont ni plus riches ni plus sains que ceux possédés par la France. Le but de la plupart de ces nations est de pénétrer au centre du continent si longtemps mystérieux et elles ont confiance dans l'avenir des terrains neufs et mal exploités de l'Afrique. La France qui possède l'Algérie et le Sénégal ne peut se désintéresser de ce mouvement et doit profiter de sa situation exceptionnelle. Ses efforts doivent tendre à relier l'Algérie au Soudan, non par des entreprises grandioses et prématurées, mais par un rayonnement progressif et continu, à la fois dirigé du Sud de l'Algérie et de Bammako vers le centre de l'Afrique, sinon elle risque de se voir couper cette route stratégique par une nation rivale et mieux avisée.

A côté de la question politique, au-dessus même se place l'intérêt de la civilisation. On a dit que le noir du Soudan n'y était pas accessible et, j'en conviens en partie, pour le Toucouleur, conquérant, fanatique : mais si le marabout est notre ennemi, il faut ajouter que l'islam n'a pas fait autant de prosélytes que l'on pourrait bien le croire entre Kayes et Tombouktou. Le musulman y est en minorité, le fétichisme y domine avec la race mandingue, accessible à notre religion et, par suite, plus facilement à nos mœurs. Dans le Macina, les bozos, les sonraïs, tombos, bobos, ne sont pas mahométans et les pouhls eux-mêmes ne m'ont pas paru bien convaincus. Je ne crois donc nullement que les populations noires soient toutes réfractaires à notre civilisation dont le principal bienfait sera, dans l'avenir, la suppression de la traite, que l'on confond souvent avec l'esclavagisme. La condition sociale du noir vendu, devenu captif, est presque égale et devient même égale, à la seconde génération, à celle de son maître dont il partage la case, la nourriture et les richesses : on a vu des captifs libérés retourner de leur plein gré chez leurs maîtres. Ce qui reste hors nature, c'est que des noirs puissent être enlevés de leur patrie, à la suite d'une guerre ou autrement, pour être transportés et vendus au loin contre leur volonté. Devant notre civilisation, la traite, barbare et cruelle, disparaîtra certainement : mais elle ne pourra être supprimée que progressivement, à moins d'entreprendre des expéditions aussi coûteuses en hommes qu'en argent et peut-être inutiles. Une révolution sociale, même au Soudan, ne saurait durer, si l'on emploie la force et, pour aller trop vite, on risquerait de compromettre une grande œuvre.

En terminant ces conclusions je ne puis m'empêcher de manifester un certain étonnement de voir des esprits éminents séparer deux choses intimement liées, l'intérêt commercial et la civilisation. Où celle-ci pénètre n'est-on pas assuré de voir arriver la prospérité! Aussi, et j'en ai confiance, la France ne faillira pas plus dans le Soudan qu'ailleurs à sa mission de civilisation.

E. CARON,
Lieutenant de vaisseau.

VOCABULAIRE SONRAÏ

LANGUE PARLÉE A TOMBOUKTOU

NOTE DE L'AUTEUR

Le sonraï qui se trouve dans le vocabulaire suivant est celui parlé à Tombouktou. Il n'est pas pur comme celui des environs de Gao, la capitale actuelle des Sonraïs, située sur le Niger, à quinze ou vingt jours de marche dans l'est de Tombouktou. On y retrouvera des mots arabes, aussi des mots bambaras, ce qui tendrait à prouver que les Mandingues ont conquis les Sonraïs ou tout au moins ont exercé sur eux une grande influence. Il n'en est pas de même des Pouhls ou Toucouleurs, dont la langue ne fournit presque aucun mot au présent vocabulaire.

Dans le récit du voyage de René Caillié, par Jomard, on trouve un commencement de vocabulaire sonraï. Jomard dit qu'il est remarquable que tous les mots du major Denham sont confirmés par Caillié. Nous pouvons dire à notre tour que, d'une façon générale, les mots communs à Caillié, au major Denham et à nous-même, sont concordants. Ainsi de la numération tout entière. Toutefois, on peut observer qu'à cause de sa nationalité, le major Denham écrit le même mot d'une façon différente, preuve qu'il est nécessaire de s'entendre sur l'orthographe des noms étrangers.

Pour étudier une langue au point de vue grammatical, il faut réunir beaucoup de phrases, ce que nos multiples préoccupations ne nous ont pas donné le temps de faire. Cependant, on peut tirer quelques remarques de celles que nous avons recueillies, et nous les indiquerons dans le courant de ce modeste vocabulaire, qui pourra, nous l'espérons, être utile à ceux qui nous suivront.

NOMS DE NOMBRE

Un.	Afo	(Denham, Caillié, Caron).
Deux.	Ainka.	—
Trois.	Aindia.	—
Quatre.	Ataki.	—
Cinq.	Igou.	—
Six.	Idou.	—
Sept.	Yé.	—
Huit.	Yaha.	—
Neuf.	Yaga.	—
Dix.	Oué.	—
Onze.	Oué hindé fo.	—
Douze.	Oué hindé inka.	—
Treize.	Oué hindé india.	—
Quatorze.	Oué hindé taki.	—
Quinze.	— igou.	—
Seize.	— idou.	—
Dix-sept.	— yé.	—
Dix-huit.	— yaha.	—
Dix-neuf.	— yaga.	—
Vingt.	Ouaranka.	—
Trente.	Ouarandia.	—
Quarante.	Ouetaki.	—
Cinquante.	Ouegou.	—
Soixante.	Ouedou.	—
Soixante-dix.	Oueyé.	—
Quatre-vingt.	Oueyaha.	—
Quatre-vingt dix.	Ouéyaga.	—
Cent.	Yangoufou (ou Diangoufou).	id.
Mille.	Yangououé (ou Diangououé).	id.

REMARQUE

Il est facile de voir comment cette numération se forme. Elle est décimale, comme dans tout le pays de Tombouktou et aussi chez les Bambaras. Les Pouhls, au contraire, ne comptent que jusqu'à cinq, et disent cinq un, cinq deux..., etc.

Pour montrer le peu de différence qui existe entre Caillié, Denham et nous, prenons comme exemple onze.

        Oué kindi fau. . . . . Caillié.
        Auwy kind ofoo. . . . . . . Denham.
        Oué hindé fo. . . . . Caron.

On peut dire qu'il n'y a qu'une différence d'écriture.

A

Abeille.	Younia (singulier ou pluriel).
Accepter (j'accepte).	Aiyedda.
Acheter (j'achète)	Aigodé (daye C). (1)
Achat.	Aigodé ayia (j'achète quelque chose).
Affaires	Yentassou.
Aider.	Fabé.
Aigle.	El badj.
Aimer.	Bakoy.
Ailleurs	Diré diré
Aller (je vais)	Aigo koy (koyé C, — koen D).
A l'instant.	Marida marida.
Allumer.	Dindi.
Ambre.	Aloban (Bambara) — (Saca C).
Ambitieux.	Sandé alamato (solide pour arriver)
S'amuser.	Ouanassou (maure).
Ane.	Farka (forka C, furka D).
Anesse.	Farka ark.
Ancre..	Sasark.
Animaux.	Gangidié.
Année.	Ghirou.
Apporter.	Katé (kati C, kata D).
Appeler	Katiga..
Apprendre	Dienté.
Approcher.	Mané.
Approuver	Nieddé voila (accepter beaucoup).
Après.	Wodibanda.
Après-demain	Souba-Si.
Après-midi	Aloula.
Argent.	Dierfou (n'surfa D).
Arriver	Maka.
Arachides.	Matiga (bambara).
Arbres.	Tougourinia.
Armée.	Wangou.
Arranger.	Hinsa.
Arranger (des affaires) — (j'arrange)	Aigo fier.
S'arrêter	Kaye.

(1) La lettre *C* veut dire Caillié et la lettre *D* Denham.

Arriver (j'arrive).	Aigo ka.
Assassin	Borowi (tuer quelqu'un).
S'asseoir	Ouıkiré ou goro (assieds-toi, gro C).
Assez.	Ato.
S'associer.	Alkeyratou.
Attacher.	Aougha.
Attaquer.	Karkiéré.
Attendre (un peu).	Mozo ; attends, batou.
Aujourd'hui.	Hon (han C).
Aube.	Arab.
Aucun.	Ayaséga.
Auparavant.	Dia ané ané.
Auprès.	Odibanda.
Autant.	Odikiné.
Autour.	Diwanga.
Autrefois.	Dialawal (Maure).
Autruche.	Taï taï.
Avaler.	Yan ou Yon.
Avancer.	Kiné.
Avant-hier.	Bifo.
Avare.	Kambasendo.
Avertir (j'avertis).	Aigoba hindini.
Aveugle.	Déño.
Aviron.	Sausou.
Avoir.	Nigouna.
Y a-t-il.	Elagabo.
J'ai besoin.	Aigoba imogouna.
J'ai faim.	Héri.
J'ai peur.	Aigo hambou.
J'ai froid.	Foufou diné.
J'ai chaud.	Koron diné.
J'ai soif.	Far yuega.

B

Bagages.	Ghiné.
Se baigner	Tinmeï.
Balle (de fusil).	Rassass.
Barbe.	Kabé (kabi C, kabi D).
Bateau.	Hi.
Bateau à vapeur.	Sisi Hi (fumée, bateau).
Bâtir.	Abor hou (bâtir une maison).
Bâton.	Boundou.
Bâton (donner des coups de bâton).	Dieldou.
Se battre.	Hendié.
Se battre (combattre)	Kérékouna.

Beaucoup (numérique)	Bobo-Ouala-Ayobo.
Beaucoup (extrêmement)	Goumo goumo (Abean C).
Beau	Ogo beinté (cela beau (Koro C, Belle tienta C).
Berger	Kourou koy (Garder troupeaux).
Beurre frais	Bara koura (Gui C. c'est le karité).
Bélier	Féghiou Ahr.
Biche	Ghiéré.
Bien	Bainté.
Biens (richesses)	Alman bobo.
Bientôt	Kaina.
Bijoux	Korbo.
Blanc	Ikoray.
Blanchir (du linge)	Imendi.
Blé	Al khama (Arabe).
Blesser	Amaré.
Bleu	Firighi.
Bois (à brûler)	Tougouri (Toucouri C, Togoolee D).
Boubou (vêtement)	Derbé.
Bœuf	Haou (Haou C, Hou D).
Bœuf porteur	Yéghi.
Boire	Nin (Niné C).
Boîte	Ghineï ou Soundou.
Bon	Abainté (Agouman C, Aboree D).
Bonjour	Ni da sobo (à plusieurs).
—	Ni da sobo (à un seul).
Bonsoir	Ouar hoy allafia.
Bonnet	Foula.
Bottes	Timakou.
Bouche	Mé (Mi C, Mey D).
Boucle d'oreilles	Hanga oura (oreille or).
Boutique	Tendé.
Bracelets	Kamba diendié (Kamba, poignet).
Branche	Tougouri kambâ (arbre, poignet).
Bras	Kamba ghindé.
Brave	Arnono.
Bride (mors)	Aldian.
Bride complète (rênes)	Aldian karfo.
Brebis	Féghiwi.
Brousse	Sao.
Bruit	Ghindé agououn (quelque chose, bruit).
Brûler	Mouné toun.

C

Cacher	Toughou (bambara).
Cachet	Taba.
Cadeau	No.

Cailloux	Tondi.
Caïman	Karé.
Caïman (qui mange les personnes)	Karéki.
Calebasse (à bagages)	Ghiné (Tio C).
Calicot	Soukakoré.
Camp (campement des Maures)	Gha.
Camp de guerre	Wanghou Dagha.
Canard	Toughono (bambara).
Canon	Marfa koro.
Canot	Kandié.
Captif	Tam (Banīa C).
Captive	Kongo (Coumon C. Kongo D).
Homme captif	Bañé (Bunnea D).
Case	Hou.
Casser (je casse)	Aiba.
Cavalier	Barikoy.
Cauris	Nor (Kolo C).
Ceci	Wo.
Cela	Wondawo ou Ogo.
Cheveu	Boûghon hambir.
Ce que	Ayédi.
Chèvre	Anki.
Chaise	Touhoulé ou Goro touboulé.
Chaleur	Koron.
Chameau	Hio (Vio C — Yeo D).
Chandelle	Souma fitila.
Changer (échanger)	Bar.
Chanson	Don.
Chapelet	Tisbia (maure).
Charger (un fusil)	Asisi.
Charger (un mulet)	Maidiédié (bambara).
Charger (sur la tête)	Malendié n'di boro.
Charitable	Sara (bambara).
Chasser (du gibier)	Arami.
Chasser (quelqu'un)	Garéni ?
Chat	Moshi.
Chauffer	Tientié.
Charbon de bois	Dendi bibi.
Chef	Gakoy.
Chemin	Fondo.
Cher	Sandou.
Chercher (je cherche)	Aigou wouir.
Chien	Aikhi.
Chienne	Aikhiwil.
Choisir	Souba niba.
Chavirer (pirogue)	Farma.
Cheval	Bari (Bari C — Barree D).
Quelque chose	Ayia.

Ciel.	Béné (Bini C).
Cimetière pour tous.	Sarey.
— pour un seul.	Alkabour.
Ciseaux.	Masou (bambara).
Citron.	Lemoun.
Cire.	Souma.
Clochette.	Londi.
Colonne.	Wangou.
Coq.	Gorougho Ahr.
Cousin.	Ababa ighié.
Content.	Gnali (bambara).
Cœur.	Biné.
Colère (je vais me mettre en).	Aigo Dingar.
Colline.	Gouré.
Corde.	Korangol.
Côté (de l'autre).	Héré.
Combien.	Mardié (Morgué C).
Commencement.	Lawal.
Comment.	Manam.
Commerce.	Dékaba.
Commerçant.	Alman alakoy.
Commercer (je commerce).	Aigo dékaba.
Couteau.	Ouri (Girni C — Hoorie D)
Comprendre.	Mo.
Compter.	Kabo.
Connaître (je connais).	Ai go baï.

D

Dattes.	Gharbaï
De suite.	Marida Marida.
Demain.	Souba Souba.
Demander (je demande).	Yéla nomo.
Dessus (Au-).	Sébéné.
Dieu.	Yerkoy.
Dîner.	Aouré.
Dire.	Ahr.
Drapeau.	Désawal.

E

Echanger.	Bar.
Encore.	Ni ?
Encrier.	Darvakon.
Est.	Alkébilé.
Et.	Hindé (Kindi C — Kind D).
Eté.	Karka.

F

Faire	Damga.
Feu	Nouné (Nounez C).
Fer	Gourou Bibi.
Fin	Banda.
Finir	Aben.
Fleuve	Issa (Hissa C — Issa D).
Foie	Tazan.
Frère	Bérégouma.
Froid	Foufou.
Fumée	Sisi (bambara).
Fusil	Malfa (bambara).

G

Grand	Ber.
Guinée	Bibi.

H

Heure (Tout à l')	Kaina.
Hier	Bifo.
Homme	Boro (Harre C, Harree D).

I

Ile	Gounkou (bambara).
Impôts	Al Oussoul ou Ousourou.
Individu	Boro.

J

Je	Aï.
Jour (opposé à nuit)	Diaré heré.
Journée	Ghirbi ?
Jument	Barikoywi.

L

Lait	Oua (Oi C, Wah D).
Lait frais	Ouaghani.
Lait caillé	Ouamro.
Laisser (je laisse)	Aigounan.
Langage	Kini.
Linge	Derbédi.
Livre	Kitabé (arabe)
Long	Fondo.

M

Mauvais	Foutou (Fouté C, Affootoo D).
Maison	Hou (Ho C, Hoo D).
Malade	Sendou.
Manger	Gna (Lem lem C, Ngha D).
Marigot	Gania ou Isédi.
Marchandises	Alman (Almane C).
Matin (le)	Souba, Souba (arabe), — Soubah C).
Merci	Sabi.
Mère	Ma.
Midi	Diari masou.
Mil	Atam (Haini C).
Monter (je monte à cheval)	Aigo kara bari.
Monde (tout le)	Koul (arabe).
Mors	Aldiam.
Mouton	Féghi (Firgui C, Fagee D).
Mou (d'animal)	Koumbou.
Montagne	Tondi ber (grands cailloux).
Mon	Aiwoué, Ma, Aï.

REMARQUE

Mouton se dit Féghi, brebis Féghiwi, et bélier Féghiou ahr. C'est là une règle générale, croyons-nous, pour désigner les mâles et les femelles. Cependant, ânesse se dit Farka ark.

N

Non (négation)	Na.
Noir	Souka.
Nord	Dighi.
Nous	Yerto ou Yergo.
Nuit	Kidi (Kiki C, Keegee D).

O

Œufs	Gorongo, gougouri.
Or	Oura (Hora C, Oora D).
Oreilles	Hanga.
Ouest	Ouéna Kanghay.

P

Parents (qui ont même père)	Babafo.
— (qui ont même mère) . . .	Mafo.
Pays.	Gandédi.
Peu.	Asébo ou Kaina (Kini kini C).
Personne (aucune)	Ayia séga.
Père	Baba.
Peur	Hambou.
Pierre.	Tondi (Tondi C).
Plumer des oiseaux.	Hambir.
Plus.	Yango ?
Poignet	Kamba (Kambah D main).
Poulet.	Gorongo (Grongo C).
Poil.	Hambir.
Pointe (promontoire)	Niné.
Prendre (je prends).	Aigo dio.
Prix	Asgo ?
Propriétaire	Alakoy.

Q

Quelqu'un.	Boro.
Quelque chose	Agououn.

R

Rassembler (je rassemble).	Omara ?
Rênes	Karfo.
Rendu (arrivé)	Déito.
Riche	Almanbobo (Almankoye C).
Riz.	Mo (Mau C).
Rognons	Goungou goungouri.

S

Savoir (je sais bien)	Goumou
Serrure	Zoukouron.
Séparation.	Safaï.
Si	No.
Sud.	Issa.

T

Taureau	Aoukhar.
Table	Gna touboula.
Tel (un)	Felané.
Tête	Bougon (Homo C, Boogo D).
Terre	Ganda (Ganda C et D).
Touareg	Sourgou.
Tombe	Al kabour.
Ton	Ni.
Tuer	Wi.
Troupeau	Gourou.
Travail	Goidoukouna.

V

Valeur	Alakou.
Vendre (je vends)	Aigonéra (Nira C).
Voilà	Yago.
Village	Kouéré (Koyéra C).
Voyage	Moro.
Voir (as-tu vu)	Deigouna (Emagouno. Voir C).

PHRASES

Je vais à Tombouktou	Aigo koy Tombouktou.
	(Je aller Tombouktou).

Remarque. — Aigo indique qu'on va faire la chose de suite ; à ne se traduit pas.

Je l'aime beaucoup	Ai bakoy goumo goumo.
Je vais ailleurs	Aigou diré diré (sens futur).
Je monte à cheval	Aigo karabari.
Voilà un cavalier	Barikoy yago.
Allumer du feu	Dindi noué.
Je vais apprendre le sonraï	Aigou dienté sonraï kini.
Je rassemble une armée	Omara marfadi koul.
J'arrangerai bientôt les affaires	Batou kaina aigo fier yentassou.
Attends un peu	Batou kaina.
Nous allons arriver à Tombouktou	Aigo ka Tombouktou.

Remarque. — Aito, si je suis seul. Yerto, tout le monde.

Je vais attaquer.	Koy karkiéré.
Je vais attendre encore ici quatre jours.	Aigo batouni ghirbi takı.
Y a-t-il beaucoup de plumes d'autruches.	Elagabo voila asébo taïtaï hambir. (Y a-t-il beaucoup ou peu autruches plumes.)
Avec moi.	Aindéni.
J'ai besoin de bois.	Aigo ba imogouna tougouri.
Je te donnerai cinquante coups de bâton.	Khamsin (arabe) dieldou.
Deux hommes se battent.	Boroinka gohendié.
Deux armées se battent.	Wangouinka yérou kérékouna.
Ce sera bien.	Ouogo bainté.
Je me porte bien.	Aigou subi yerkoy.
Je vais blanchir le linge.	Koy imendi derbédi.
Un boubou bleu.	Derbé firighi.
De la guinée noire.	Souka bibi.
Je vais boire.	Eygoni.
J'ai cassé mon fusil.	Ai marfa diba.
Je prends ceci et je te laisse cela.	Aigo dio wo, Aigounan wo.
Un tel et un tel sont parents.	Félane hindefélan n'ghi gaki ababa ighié.
Les Touaregs sont mauvais.	Sourgou ago foutou (1).
Je suis bon.	Ai go bainté.
Tu es malade.	Asi sendou.
Il est riche.	Ai go moy alman bobo.
Nous sommes heureux.	Yéri aientasso ainsa.
Vous êtes contents.	Ori gnali ouala.
Ils sont très contents.	Ai gnali goumo goumo.
Je vais chasser.	Arami go koy ho.
Je te chasse d'ici.	Aigo garéni.
Le chemin est plus court par le marigot de Diaka.	Dia usédi fondo ganko man.
Est-ce que le riz est cher à Tombouktou?	Mo aïgo sandou Tombouktou.
Tu es chez moi.	Mi goi hou.
Je vais me mettre en colère.	Aigo diugar.
Deux armées sont en présence.	Wangouinka igouwir kakouboy.
Deux armées se battent.	Wangouinka karékéré.
Je vais sur la pointe.	Ossi niné.
Je dépasse la pointe.	Aiki niné dibéné.
Je vais de l'autre côté de Tombouktou.	Aigo koy Tombouktou héré.
Le ciel est au-dessus de la terre.	Béné aigo ganda sébéné.
Je commence un long voyage.	Aigou di fondo moro. (Je vais prendre long voyage.)
J'ai fini mon travail.	Ai doubon goidoukouna.

(1) On peut se rendre compte par ces quelques phrases de la conjugaison du verbe être.

J'ai pris son livre.	Ai dio ni kitab.
As-tu vu son cheval ?	Déigouna foulané baridi.
Comment as-tu fait ?	Manan dam.
J'ai bien fait.	Ai dem ayia benté.
Je ferai tout mon possible.	Aigo damga bandi.
As-tu fait ce que je t'ai dit ? . . .	Ayédi kaiar ellemdamga voila.
J'ai acheté un couteau ce matin. . .	Ai dé ouri souba souba.
J'ai vendu ma jument.	Ai néré ai barigoidi.
Commences-tu à comprendre le français ?	Yéla nomo francés kini kounakaina voila.
Je te demande	Yéla nomo.

Remarque. — *Voila* est une expression qui termine souvent les phrases dans le sens oui ou non, ou d'un peu.

J'ai compris ce que tu m'as dit. . .	Ai mo aidi kaiar.
Je n'ai pas compris.	Ai na mo.
Compte-moi mille cauris	Kaboni diangoui nor.
Je connais bien son frère	Aigo bainé ni bérégouna.
Je connais bien la valeur du mil . .	Aigo bai atam alakou goumou.
	(Je connais mil valeur, je sais bien.)
Il connaît bien le Coran	Afizou al Coran (arabe).
Connais-tu le pays de N'To ? . . .	Yéle yéla nobai N'To Gandési.
Je serai bien content quand je serai à Diafarabé	Déito Diafarabé baréma gnali goumo goumo.
	(Rendu Diafarabé je serai content beaucoup.)

TABLE DES MATIÈRES

Chapitre Premier
Départ de Bordeaux. — Dakar. — Arrivée à Saint-Louis. — Séjour dans cette ville 7

Chapitre II
Arrivée du Commandant Supérieur du Soudan Français. — Départ de Saint-Louis. — Séjour à Kayes. — Départ pour Diamou . . 17

Chapitre III
Départ de Diamou. — Le Sénégal, de Soufalo à Bafoulabé . . . 25

Chapitre IV
Bafoulabé. — Le Bakhoy de Bafoulabé à Badumbé. — Séjour à Badumbé 37

Chapitre V
Fangalla. — Tudora. — Le gué de Toukolo. — Goniokory. — Kégne-Ko. — Séjour à Kita. 45

Chapitre VI
Départ de Kita. — Le pont du Badingo. — Ruines du Maréna. Faragangalla. — Poste de Tambaguina. — Guénikoro. — Rampe de Siguiféri. — Fort de Koundou. — Les griots de Guisoumalé. — Delasabakoro. — Diago. — Arrivée à Bammako 51

Chapitre VII
Le fort de Bammako. — Titi. — Le village de Bammako. — La circoncision. — Construction d'une coque en bois. — Inauguration du chantier. — Route de Bammako à Manambougou. — Le poste de Manambougou. — La canonnière le « Niger ». — Mœurs bambaras. — Palabres. — Retour à Bammako. — Un mariage . 61

Chapitre VIII

Cour martiale. — Les Termites. — Un dimanche à Bammako. — Changement de temps. — Baptême du « Mage. » — El Hadj Abd el Kader. — Karité. — Teintures. — Première tornade. — M. Lefort. — Voyage à Manambougou. — Difficultés de se procurer du mil. — Les gris-gris. — Construction d'un chaland. — Cartes indigènes. — Un Européen à Bandiagara. — Opinion de Tidiani sur les Français 79

Chapitre IX

Violente tornade. — Le « Mage » est mis à flot. — Départ définitif de Bammako. — Le Dr Jouenne. — Da. — Fin du Rhamadan. — Retour d'Abd el Kader. — Composition de la mission de Tombouktou. — Instructions. 97

Chapitre X

Départ de Manambougou. — Barrage de Toulimandio. — Koulikoro. — Tafala. — Passe de Massassian. — Séjour à Yamina. — Les trois villages de Sama. — Ségou. — Incident de Somonodougoumi. 107

Chapitre XI

Les bozos de Noy. — Le village de Merou. — Arrivée à Diafarabé. — J'envoie une lettre à Tidiani. — La nuit du 14 juillet. Mouillage de Koakourou. — Boubakar amiral des pirogues du Macina. — Dienné et le Diennéri. — Arrivée à Mopti. — Nous sommes mis en quarantaine. — Mahmadou Sarro, envoyé de Tidiani, m'apporte la réponse du cheihk qui m'appelle à Bandiagara. 125

Chapitre XII

Départ pour Bandiagara. — Difficulté de la route. — La femme de Mahmadou Sarro. — Arrivée à Bandiagara. — Journées de fièvre. — Premiers palabres. — Discussion du traité. — Le cheihk refuse de nous laisser aller à Tombouktou. — Description de Bandiagara. — Le marigot de Samba-Galadio. — Retour à Mopti . 151

Chapitre XIII

Description de Bandiagara. — Route de retour. — Départ de Mopti.   185

Chapitre XIV

Histoire et description géographique du Macina   197

Chapitre XV

Départ de Mopti. — Tentative pour remonter le courant. — Nous prenons la route de Caillié. — Banandougou. — Mouillage du bois. — Lac Dhéboë. — René Caillié. — Didhiover. — Village de Sa. — Kolikoli et la province de Ghimbala. — Mauvais accueil à Dar-Salam. — Mouillage de Koirétago. — Arrivée à Koriumé   213

Chapitre XVI

Pourparlers avec les chefs et notables de Tombouktou. — Insuccès des négociations. — Départ de Koriumé. — Description historique et géographique du pays de Tombouktou.   241

Chapitre XVII

Pourparlers infructueux avec Liouarlish. — Barrage de Toundoufarma. — Iowarou, Abbidin et le Fermagha. — Tempête dans le lac Dhéboë. — Traversée du marigot de Diaka-Peñhé. — L'Almamy de Dia   275

Chapitre XVIII

Arrivée à Mérou. — Excellent accueil. — Traité avec Baroba signé à Kokry. — Le Sarrau. — Commerce de Sansandig. — Les Toucouleurs nous refusent du bois. — Démolition du chaland. — Bambaras et Toucouleurs. — Arrivée à Manambougou. . .   301

Chapitre XIX

Les courriers de Bandiagara. — Mahmadou Koita envoyé de Madani. — Mort de Tidiani. — Départ pour la France. — Arrivée à Kayes. — J'y trouve mon ami Davoust.   333

Conclusion. 343
Vocabulaire sonraï. 36

CARTES

I. — Carte Générale 6
II. — Itinéraire de Mopti à Bandiagara 151
III. — Vue de Ségu-Sikoro. 322
IV. — Cours du Niger (deux feuilles). 376

DIJON, IMP. DARANTIERE, RUE CHABOT-CHARNY, 65

Augustin CHALLAMEL, éditeur. — Librairie Coloniale

Paris, 5, rue Jacob. — 2 rue Furstenberg

Guide hygiénique et médical du voyageur dans l'Afrique centrale, rédigé au nom d'une commission de la Société de Médecine pratique, par MM. les docteurs NICOLAS (Ad.), LACAZE et SIGNOL. — 2ᵉ édition, in-18, cart. toile. 7 fr. »

Paul Soleillet. — Voyage à Ségou (1878-1879), rédigé d'après les notes et journaux de voyage de Soleillet, par GRAVIER (Gabriel), président de la Société normande de Géographie. — Grand in-8°, orné d'un portrait. . 7 50

L'Afrique occidentale — Sénégambie et Guinée. — La région gabonaise. — La nature et l'homme noir, par BARRET (Paul), médecin de la marine. — 2 volumes in 8°, accompagnés de 2 cartes en couleurs. . . . . 15 »

Sénégal et Soudan. — *Travaux publics et Chemins de fer*, par le commandant BOIS. — Broché, in 8°, avec carte. 2 50

Sénégal et Soudan. — *De Dakar au Niger*, par le commandant BOIS. — Brochure in-8°. 1 50

Les Pionniers de la France dans l'Afrique occidentale, par HAURIGOT, René CAILLIÉ, André BRUE, BONNAT, Alfred HARCHE, SAVORGNAN DE BRAZZA. — In-18, orné de 6 gravures . . . . 2 »

Petite Géographie de l'Afrique en général. — *Géographie de la Sénégambie* en particulier, par MATHIEU, professeur. — 1 vol. in-18 cartonné, avec cartes . . . . 2 »

Les Etablissements français du golfe de Bénin. — Géographie, commerce, langues, par L. D'ALBÉCA, administrateur de Grand Popo et Agoué. — In-8°, avec carte . . . . 6 »

Carte des Etablissements français du Sénégal, par MM. MONTEIL et BINGER, membres de la mission topographique du Haut-Sénégal. — 4 feuilles grand aigle, 3 couleurs. — Echelle 1 750 000ᵉ . . . . 15 »

Carte du Sénégal et dépendances, d'après les documents les plus récents, par A. LARGENT et A. FORET. — 1 feuille, 2 couleurs, renfermant de nombreux cartouches . . . . 8 »

Carte du Soudan. — 1 feuille, 3 couleurs. — Echelle 1/50 000ᵉ. . . . . . . 3 »

Carte du Gabon et Congo français, par le commandant KOCH. — 1 feuille, 4 couleurs. — Echelle 1/200 000ᵉ . . . . 2 »

Croquis du Dahomey et des régions voisines, par le commandant KOCH. — 1 feuille, 5 couleurs. — Echelle 1/1 360 000ᵉ 1 50

DIJON, IMPRIMERIE DARANTIERE, RUE CHABOT-CHARNY, 65